权威·前沿·原创

皮书系列为
"十二五""十三五""十四五"时期国家重点出版物出版专项规划项目

BLUE BOOK

智 库 成 果 出 版 与 传 播 平 台

数字经济蓝皮书
BLUE BOOK OF DIGITAL ECONOMIC

重庆数字经济发展报告（2022）
ANNUAL REPORT ON DIGITAL ECONOMIC DEVELOPMENT OF
CHONGQING (2022)

重庆社会科学院（重庆市人民政府发展研究中心）
数字重庆大数据应用发展有限公司
主　编 / 刘嗣方　严志强

社会科学文献出版社
SOCIAL SCIENCES ACADEMIC PRESS (CHINA)

图书在版编目(CIP)数据

重庆数字经济发展报告.2022/刘嗣方,严志强主编.--北京:社会科学文献出版社,2023.2
（数字经济蓝皮书）
ISBN 978-7-5228-1335-6

Ⅰ.①重… Ⅱ.①刘… ②严… Ⅲ.①信息经济-经济发展-研究报告-重庆-2022 Ⅳ.①F492.3

中国版本图书馆 CIP 数据核字（2022）第 254280 号

数字经济蓝皮书
重庆数字经济发展报告（2022）

主　　编 / 刘嗣方　严志强

出 版 人 / 王利民
组稿编辑 / 吴　敏
责任编辑 / 张　媛
责任印制 / 王京美

出　　版 / 社会科学文献出版社·皮书出版分社（010）59367127
　　　　　　地址：北京市北三环中路甲29号院华龙大厦　邮编：100029
　　　　　　网址：www.ssap.com.cn
发　　行 / 社会科学文献出版社（010）59367028
印　　装 / 三河市东方印刷有限公司

规　　格 / 开　本：787mm×1092mm　1/16
　　　　　　印　张：23　字　数：343千字
版　　次 / 2023年2月第1版　2023年2月第1次印刷
书　　号 / ISBN 978-7-5228-1335-6
定　　价 / 249.00元

读者服务电话：4008918866

▲ 版权所有 翻印必究

《重庆数字经济发展报告（2022）》
编辑委员会

主　　　　编　刘嗣方　严志强

副　主　　编　吴昌凡　郭林元

编 辑 部 主 任　陈　舟

编辑部执行主任　李万慧

编 辑 部 成 员　谢　攀　何佳晓　王延伟　全巍威
　　　　　　　　卢　飞　罗重谱　曾　晖　陈　竞

主编简介

刘嗣方 重庆社会科学院党组书记、院长,重庆市社会科学界联合会兼职副主席,《改革》杂志社社长兼总编辑,《重庆社会科学》编委会主任兼主编。

严志强 数字重庆大数据应用发展有限公司党委书记、执行董事、总经理。智慧城市建设专家,长期从事宏观经济和数字经济管理实践与理论研究。

植数字经济发展良好生态和文化氛围，筑牢网络和数据安全屏障，携手成渝地区构建双城数字经济圈，深化共建"一带一路""西部陆海新通道"数字经济国际交流合作平台，持续释放数字技术对经济发展的放大、叠加、倍增效应，助力城乡区域融合发展、助力绿色低碳发展、助力扎实推进全体人民共同富裕、助力全面推进中国式现代化。我们坚信，只要坚定信心、咬定目标、久久为功，就一定能够在新时代新征程上推动高质量发展、创造高品质生活，建设内陆开放高地、建设山清水秀美丽之地，在推动成渝地区双城经济圈建设等现代化建设目标任务中发挥更大作用，为奋力书写重庆全面建设社会主义现代化新篇章贡献智慧和力量。

2022年初，重庆社会科学院（重庆市人民政府发展研究中心）和数字重庆大数据应用发展有限公司联合成立了**重庆数字经济研究中心**，携手开展数字经济领域的基础理论研究、应用对策研究以及决策咨询服务工作，每年推出《重庆数字经济发展报告》是其中一项重要合作内容。重庆社会科学院（重庆市人民政府发展研究中心）是全市重要的马克思主义理论阵地、市委市政府的"思想库"和"智囊团"、综合性人文社会科学研究机构；数字重庆大数据应用发展有限公司是市政府批准设立的战略性、平台型国有全资大数据企业，以推进重庆大数据应用发展为主要职责，是"数字重庆"云平台、数据共享交换平台、数据开放平台及大数据生态建设和运营的主体，由市政府依法授权作为全市政务数据运营的载体平台。依托双方优势深化合作，顺应大势、水到渠成。

编写本年度研究报告，旨在全面反映重庆在数字基础设施建设、数字产业化和产业数字化、数据要素、数字科技、数字人才、数字治理、数字生态等方面的新情况、新进展、新成就、新趋势，旨在动态跟踪重庆数字经济年度变化及发展趋势，旨在深入发掘典型案例、总结经验做法以资借鉴。我们希望以编撰《重庆数字经济发展报告》为载体，以更高层次、更大范围、更深程度汇聚新型智库专业机构、党政部门专家型领导、企业研究中心等各方研究力量，聚焦数字经济领域全局性前瞻性战略性重大问题，聚焦当前面临的紧迫现实问题，尤其是聚焦解决关键领域创新能力不足、传统产业数

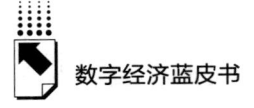

化转型相对缓慢、数字经济跨界融合不够、数据共享体制机制障碍、数据跨境流通交易规则标准和数字经济指标体系不健全等问题开展课题攻关，形成对于重庆数字经济的常态化、年度性、系统性、权威性研究，为研究机构和社会大众了解重庆数字经济发展情况提供参考依据，为重庆市委、市政府科学决策提供服务、支持和保障，以尽到微薄之力。

摘 要

发展数字经济是把握新一轮科技革命和产业变革新机遇的战略选择。为更好地分析把握数字经济时代发展脉搏，推动重庆数字经济发展，重庆社会科学院和数字重庆大数据应用发展有限公司联合成立重庆数字经济研究中心并组织撰写《重庆数字经济发展报告（2022）》，对重庆数字经济发展进行综合分析和科学预测，力求全面、真实地反映重庆数字经济发展的动态趋势。

本书包括总报告、数字基础设施篇、数据要素篇、数字产业化篇、产业数字化篇、数字社会与数字治理篇、应用案例篇7个部分。

研究表明，重庆坚定不移实施以大数据智能化为引领的创新驱动发展战略行动计划，不断夯实数字基础设施，加强关键数字技术创新，推动数据要素市场化改革，推动数字产业化和产业数字化，促进数字经济与实体经济融合发展，推动数字技术赋能传统产业数字化转型，加快推进新型智慧城市建设，全面提高数字治理水平，数字经济呈现良好的发展势头，并已进入全国第一方阵。同时，重庆数字经济也面临数字关键技术研发瓶颈突出、新兴数字产业规模不足、龙头企业偏少、数字场景开放不足和数字人才供给不足等问题，需要加以克服和解决。为进一步推动重庆数字经济发展，一是要围绕产业链部署创新链，围绕创新链布局产业链，深入推动数字产业发展；二是要加快数字经济与实体经济融合发展，为传统经济赋能赋智，助力工业与农业的数字化转型；三是要加快培育数字经济新产业、新业态、新模式，拓展数字经济应用新场景、新领域；四是要打造数字经济人才集聚新高地，为数字经济发展提供强大的人才支撑；五是要加大力度推进公共数据开放，进一

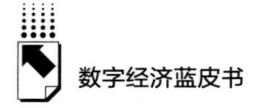

步挖掘公共数据价值；六是要健全数据合规交易流通机制，推动数据要素交易市场建设。在成渝地区双城经济圈建设的背景下，报告亦针对数字经济赋能成渝地区双城经济圈建设提出了政策建议。

关键词： 数字经济　数据要素　数字产业化　产业数字化　数字治理

Abstract

Developing digital economy is a strategic choice to grasp the new opportunities of the new round of scientific and technological revolution and industrial transformation. In order to better analyze and grasp the development pulse of the digital economy era and promote the development of Chongqing digital economy, Chongqing Academy of Social Sciences and Digital Chongqing Big Data Application Development Co., LTD jointly established Chongqing Digital Economy Research Center and organized and wrote the Research Report of Chongqing Digital Economy Development (2022) to make a comprehensive analysis and scientific forecast of the development of Chongqing digital economy. Strive to fully and truly reflect the dynamic trend of Chongqing's digital economy development.

This book consists of 7 chapters, including general report, digital infrastructure, data elements, digital industrialization, industrial digitization, digital society and digital governance, and digital economy application cases.

The report shows that Chongqing firmly implements the strategic action plan of innovation-driven development led by big data intelligence, continuously tamping digital infrastructure, strengthening key digital technology innovation, promoting market-oriented reform of data elements, promoting digital industrialization and industrial digitization, and promoting the integrated development of digital economy and real economy. We have promoted the digital transformation of traditional industries enabled by digital technologies, accelerated the construction of new smart cities, and comprehensively improved the level of digital governance. The digital economy is showing a good momentum of development and has entered the first phalanx in China. On the other hand, the digital economy of Chongqing is also faced with such problems as prominent "bottleneck" in the research and development of digital key technologies, insufficient scale of emerging digital industries, few leading enterprises, insufficient opening of digital scene and insufficient supply of digital talents, which need to be overcome and solved. In order to further promote the development of digital economy in Chongqing, the report suggests that firstly, the innovation chain should be deployed around the industrial chain, the industrial chain should be laid out around the innovation chain, and the development of digital industry should be further promoted. Second, we need to accelerate the integrated development of the digital economy and the real economy to empower the traditional economy and facilitate the digital transformation of industry and agriculture. Third, we need to accelerate the cultivation of new industries, new forms and new models of the digital economy, and expand the application of the digital economy in new scenarios and new areas. Fourth, we need to create new heights for the gathering of talents in the digital economy to build strong talent support for the development of the digital economy. Fifth, we should make great efforts to promote the opening of public data and further tap the value of public data. Sixth, we should improve the data compliance trading circulation mechanism and promote the construction of data element trading market. Under the background of the construction of Chengdu-Chongqing dual city economic circle, the general report also puts forward policy suggestions for the construction of the dual city economic circle in Chengdu-Chongqing region empowered by digital economy.

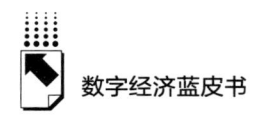

Keywords: Digital Economy; Data Elements; Digital Industrialization; Industrial Digital; Digital Governance

目 录

Ⅰ 总报告

B.1 2022年重庆数字经济发展形势与2023年展望
………………………………… 重庆数字经济研究中心 / 001
B.2 推动数字经济赋能成渝地区双城经济圈建设研究
………………………… 刘嗣方　李万慧　彭劲松　程　凯 / 019
B.3 重庆数字经济发展：测度与评价 ………… 李万慧　谢　攀 / 033

Ⅱ 数字基础设施篇

B.4 重庆新型信息基础设施建设：进展、挑战与对策
………………………………… 陆佳佳　顾朝辉　杨博深 / 056
B.5 重庆"东数西算"建设的机遇、挑战与应对 …………… 李秀林 / 066
B.6 重庆工业互联网平台建设与运行情况分析 …… 杨威威　华晶晶 / 079
B.7 重庆科技创新平台建设：进展、挑战与对策
………………………………………… 重庆市科学技术局 / 092

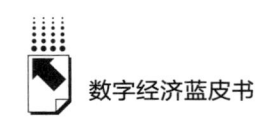

Ⅲ 数据要素篇

B.8 重庆市数据要素交易流通研究……………… 奚　洋　王　涛 / 105
B.9 重庆市公共数据授权运营面临状况及对策研究
　　……………………………………………………… 田庆刚 / 128

Ⅳ 数字产业化篇

B.10 重庆市数字产业发展态势、挑战与应对 ……………… 谢　攀 / 140
B.11 重庆数字产品制造业发展态势、挑战与应对
　　………………………………… 重庆市经济和信息化委员会 / 157

Ⅴ 产业数字化篇

B.12 重庆工业互联网产业生态培育创新发展现状、问题及对策研究
　　……………………………………………………… 谭　强 / 163
B.13 重庆主城都市区中小制造企业数字化创新发展对策研究
　　……………………………………………………… 江薇薇 / 179
B.14 重庆市制造业数字化转型路径研究 ……… 黄庆华　潘　婷 / 192
B.15 重庆农业数字化转型发展的思考 ……………………… 张　莉 / 202
B.16 发展国产汽车操作系统的思考 ………………………… 杨芳勋 / 213
B.17 搭建产业平台赋能中小型企业数字化转型与创新
　　……………………………………………………… 刘能惠 / 219
B.18 重庆自贸试验区数字贸易发展探讨 …………………… 马晓燕 / 230

Ⅵ 数字社会与数字治理篇

B.19 重庆市新型智慧城市建设研究 ………………………… 何佳晓 / 243

B.20 构建"渝快办"政务服务体系　推动数字政府建设提质增效
　　　　 ………………………………………………………… 李宗磊 / 255
B.21 重庆市数字政府建设：现状、挑战与应对 ………… 张永恒 / 263
B.22 重庆智能网联汽车与智慧城市的协同发展研究 ……… 卢　飞 / 274
B.23 数字医疗促进重庆卫生健康事业高质量发展的实践探索
　　　　 ……………………………………… 重庆市卫生健康委员会 / 283
B.24 重庆市数字经济发展的法治保障研究 ……… 叶　明　陈　亿 / 294
B.25 重庆数字经济人才队伍建设研究 …………………… 王　涛 / 305

Ⅶ　应用案例篇

B.26 中新（重庆）国际互联网数据专用通道建设：
　　　发展与展望 ………………… 重庆市大数据应用发展管理局 / 319
B.27 重庆"东数西算"建设进展与展望
　　　　 ………………………………… 重庆市大数据应用发展管理局 / 323
B.28 两江数字经济产业园打造数字产业标杆
　　　　 ………………………………… 重庆两江新区经济运行局 / 327
B.29 渝中倾力建设基层智慧治理平台　奋力推进新时代
　　　基层治理现代化 ………………………… 渝中区大数据发展局 / 330
B.30 垫江县聚焦全域数字化转型　加快推进数字经济
　　　与实体经济融合发展 ………… 垫江县经济和信息化委员会 / 333
B.31 探索"平台+龙头企业"合作模式　飞象工业
　　　互联网助力企业转型升级 …… 重庆飞象工业互联网有限公司 / 336

总 报 告

B.1
2022年重庆数字经济发展形势与2023年展望

重庆数字经济研究中心*

摘　要： 数字经济是现代经济的重要组成部分，也是当前发展最为迅猛的领域。重庆自实施以大数据智能化为引领的创新驱动发展战略以来，加快数字产业化、产业数字化，数字经济得到长足发展，并已进入全国第一方阵，但也面临关键技术不硬、新兴数字产业规模不大、龙头企业偏少、数字场景开放不足和数字人才供给不足等问题。为进一步推动重庆数字经济发展，本报告建议围绕产业链、创新链深入推动数字产业发展，加快数字经济与实体经济融合发展，加快培育数字经济新产业、新业态、新模式，打造数字经济人才集聚新高地，加大力度推进公共数据开放以及健全数据合规交易流通机制。

---

* 执笔人：陈舟、李万慧、何佳晓、曾晖。

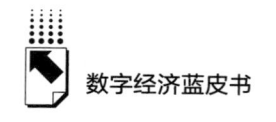

关键词： 数字经济　大数据　智能化　重庆

当今世界，互联网、大数据、云计算、人工智能、区块链等技术加速创新，日益融入经济社会发展各领域全过程，数字经济发展速度之快、辐射范围之广、影响程度之深前所未有。党中央高度重视发展数字经济，将其上升为国家战略。党的二十大提出"加快发展数字经济，促进实体经济和数字经济深度融合，打造具有国际竞争力的数字产业集群"。2018年、2019年和2021年，习近平总书记先后三次向在重庆举办的中国国际智能产业博览会致贺信，对推动数字经济发展作出重要指示要求。习近平总书记关于数字经济发展的重要讲话和指示要求，为重庆推动数字经济发展指明了方向、提供了遵循。重庆市委和市政府认真落实党中央部署要求，抢抓新一轮科技革命和产业变革机遇，推动数字技术赋能经济高质量发展，推动数字经济和实体经济融合发展，发挥数字技术在疫情防控中的重要作用，数字经济日益已成为驱动全市经济社会发展的强大引擎。

一　2022年重庆数字经济的总体态势和显著特点

2022年，面对复杂严峻的国际环境和国内新冠疫情带来的严重冲击，全市上下全面贯彻党中央决策部署，高效统筹疫情防控和经济社会发展，全市生产需求逐步恢复，高质量发展持续推动，经济总体运行在合理区间。数字经济方面，重庆坚定不移实施以大数据智能化为引领的创新驱动发展战略行动计划，集中力量建设"智造重镇"，加快建设"智慧名城"，坚持一手抓数字产业化、一手抓产业数字化，加快数字基础设施建设，加强关键数字技术创新，推动数据要素市场化改革，促进数字产业发展，加快推进新型智慧城市建设，全面提高数字治理水平，"芯屏器核网"全产业链加快构建，"云联数算用"全要素群日益完善，"住业游乐购"全场景集不断拓展，数字经济呈现良好的发展势头。

2022年，全市以数字产业为代表的新兴产业持续发展壮大。上半年，高技术制造业和战略性新兴制造业增加值分别增长7.0%和9.4%，分别高于规上工业0.7个和3.1个百分点，分别占全市规上工业增加值的19.1%和32.4%，高技术制造业占比与2021年全年持平，战略性新兴制造业占比提高了3.5个百分点，有力推动工业经济结构转型升级。新兴产品增势强劲，光伏电池（53.8%）、工业机器人（28.1%）、服务机器人（73.5%）、集成电路圆片（13.2%）等新产品产量快速增长。[1]

2022年1~7月，市级重大项目中数字经济项目完成投资62.6亿元，占年度计划投资的80.7%，同比提高11个百分点。中科曙光先进计算中心、华为AI算力中心按计划顺利开工，一批5G基站项目扎实推进，建设进度均达到计划预期。1~7月完成战略性新兴产业项目投资255.8亿元，占年度计划投资的75.1%，领先市级重大项目平均水平10.5个百分点。其中，两江康宁前段熔炉项目、九龙坡博世氢材料发动机项目等46个项目，年度计划投资均已完成70%以上。

根据中国信息通信研究院发布的《中国数字经济发展报告（2022年）》，2021年中国数字经济规模同比名义增长16.2%，占GDP比重达到39.8%。[2] 根据重庆市统计局，2021年重庆数字经济增加值增长16.0%，占GDP比重为27.2%[3]，比全国平均水平低12.6个百分点。2018~2021年，全市数字经济增加值年均增长16.0%，高于地区生产总值年均增速9.9个百分点，占地区生产总值的比重提高5.8个百分点[4]，重庆数字经济企业已达1.85万家，重点平台企业351家，规上数字经济核心产业企业超过1700

---

[1] 重庆市统计局、国家统计局重庆调查总队：《2022年上半年重庆市经济运行情况》，2022年7月19日。
[2] 中国信息通信研究院：《中国数字经济发展报告（2022年）》，2022年7月。
[3] 重庆市统计局：《殷殷嘱托重千钧 策马扬鞭开新局——2016年以来重庆市推动长江经济带高质量发展成就报告》，2022年8月11日。
[4] 重庆市统计局：《殷殷嘱托重千钧 策马扬鞭开新局——2016年以来重庆市推动长江经济带高质量发展成就报告》，2022年8月11日。

家，数字产业业务收入突破 1 万亿元①，充分发挥了引领经济社会高质量发展的主引擎作用。另外，由国家工业信息安全发展研究中心编制的《全国数字经济发展指数（2021）》报告对 2021 年我国整体及 31 个省（自治区、直辖市）数字经济发展情况的测算结果显示，截至 2021 年底，我国数字经济发展指数持续稳步提升，全国数字经济发展指数为 130.9，重庆和四川是仅有的两个排名跻身前十的中西部省份，指数分别为 160.9 和 133.6，在中西部地区发挥数字经济辐射带动作用。②

归纳起来，2021~2022 年重庆数字经济发展呈现以下特点。

（一）数字基础设施建设协调推进，数字底座不断夯实

以 5G 为代表的新型数字基础设施已成为拉动新一轮经济增长的重要引擎。重庆加快推动 5G 网络、工业互联网、数据中心等布局建设，筑牢数字经济发展基础条件，确保新一代信息基础设施早部署、广覆盖。2021 年建成 5G 基站 7.3 万个，截至 2022 年 8 月每万人拥有 5G 基站数超过 16 个，居西部第一，实现乡镇 5G 网络到达率 100%。③ 截至 2022 年一季度末，全市光纤接入端口占比达 95.75%，千兆宽带用户达 40.93 万户。"星火·链网"超级节点（重庆）、国家顶级节点（重庆）互联网域名 F 根镜像节点落户重庆，标志着重庆成为全国工业互联网基础设施最完备的地区之一。成功获批建设全国一体化算力网络国家枢纽节点成渝枢纽，成为全国 4 个节点之一。目前，重庆市数据中心集群已具备 9 万个机架、45 万台服务器的支撑能力，建成数字重庆云平台，也形成"一云承载"的共享共用共连云服务体系，目前政务云的上云率是 100%，在全国处于第一方阵。重庆构建了以云计算、高性能计算、边缘计算为主体的多元化先进计算产业生态体系，目前已经落地中科曙光先进计算中心、重庆人工智能创新中心，中新国际超算中心已经启动建设，已投用京东探索研究院超算中心、中国移动边缘计算平台，

---

① 《重庆"数智"引领动能转换》，《经济日报》2022 年 8 月 1 日。
② 国家工业信息安全发展研究中心：《全国数字经济发展指数（2021）》。
③ 《重庆每万人拥有 5G 基站数超 16 个》，《重庆日报》2022 年 8 月 24 日。

全市规划算力达 1200P。此外，重庆建成投用了中国首条、针对单一国家、点对点的中新国际数据通道，推动"云贵川桂"共建共享共用通道，目前正在推进量子通信、物联网等数字基础设施建设。根据国家互联网信息办公室发布的《数字中国发展报告（2021 年）》，重庆在数字基础设施建设评价中位列全国第 7。[①]

（二）公共数据有序开放，数据要素市场化体系建设稳步推进

随着大数据、云计算和人工智能等新一代信息技术的快速发展，数据已成为数字时代的基础性战略资源和革命性关键要素。2020 年 4 月 9 日，中共中央、国务院发布《关于构建更加完善的要素市场化配置体制机制的意见》，将数据确立为五大生产要素之一。2021 年底，国务院办公厅出台《关于印发要素市场化配置综合改革试点总体方案的通知》，进一步对数据要素市场化改革作出部署。

重庆积极推动公共数据有序开放。政府部门拥有庞大的信息数据，其中有大量高价值的数据资源，是数据体系的重要组成部分。为了促进和规范重庆市公共数据开放和利用，提升政府治理能力和公共服务水平，推动数字经济高质量发展，重庆出台《重庆市公共数据开放管理暂行办法》《重庆市建立健全政务数据共享协调机制加快推进数据有序共享实施方案》等，分类分级厘清数据共享、开放责任，政务数据汇聚共享、公共数据开放应用等制度体系初步建立。《重庆市数据条例》进一步建立健全公共数据资源体系，将数据范围由政务数据延伸至医疗教育、供电供气等公共服务领域，并规范了公共数据的目录建设。此外，《重庆市数据条例》在既有的全市公共数据共享开放立法基础上进行创新，提出建立公共数据授权运营机制，以期激活公共数据，带动数据开发，发掘数据价值。目前，《重庆市公共数据授权运营管理暂行办法》正在征求意见。

重庆积极培育数据要素市场。数据具有极高的经济价值，数据交易可以

---

① 国家互联网信息办公室：《数字中国发展报告（2021 年）》，2022 年 7 月。

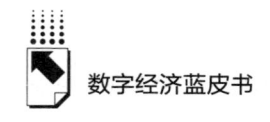

最大限度发现数据价值，对于推进数字产业创新和数字经济发展具有深远意义。目前，在全国层面，以数据交易为核心的数据要素市场建设还处于初期探索阶段。2022年7月15日，西部数据交易中心在重庆市正式投用，标志着重庆在促进数据要素流通发展上迈出关键一步。西部数据交易中心是重庆市探索建设西部数据资产交易场所、建设国家数字经济创新发展试验区和西部金融中心的重大举措，该中心将致力于建设成为集聚西部大数据产业链各节点、各行业数智化协同的枢纽，力争用10年时间服务数据交易规模达到1000亿元。目前，西部数据交易中心主要聚焦电力、金融等数据要素比较活跃的领域，已引入数据服务商75家，上线数据产品200多款，探索开展数据交易。同时，西部数据交易中心还联合深圳数据交易所、上海数据交易所等相关省市共同打造数据要素的生态圈。

（三）数字产业发展提档升级，数字经济和实体经济融合发展

数字产业是经济高质量发展的新动能。重庆突出抓好智能制造，大力发展智能产业，加快构建"芯屏器核网"全产业链，培育引进大数据、人工智能、云计算、区块链、超算等领域龙头企业，大力发展集成电路、智能终端等产品制造，全力打造数字产业集群。"芯"，重庆聚集了华润微电子、万国半导体、中国电科等70余家芯片制造企业、40余家设计企业，全市基本形成"芯片设计—晶圆制造—封装测试—原材料配套"产业链条，其中功率半导体晶圆产能位居全国前列。"屏"，重庆聚集了京东方、康佳、康宁、莱宝等一批显示器制造企业，全市基本建成"基板玻璃—显示面板—显示模组"产业链条和"硬件+内容"产业体系，其中显示面板总产能在全国排名前10位。"器"，全市集聚了VIVO、OPPO、华硕、广达、英业达、富士康等一大批知名品牌商、整机和配套企业，成为全球智能终端的重要生产基地；截至2021年底，全市微型计算机、手机产量均历史性突破1亿台，占全国比重分别达到22.1%、6.7%。"核"，以比亚迪、赣锋锂电、吉利等动力电池项目为代表的核心零部件产业链供应链逐渐成形，新能源汽车"大小三电"、汽车电子、仪器仪表产业不断壮大，智能网联新能源汽车产

业集群建设不断提速。"网",成渝地区工业互联网一体化发展示范区、工业互联网国家新型工业化产业示范基地、国家工业互联网数字化转型促进中心等相继获批建设,忽米网、广域铭岛、励颐拓等助力重庆构建"一链一网一平台"生态体系。2021年,重庆主要数字产品持续放量,新能源汽车产量比上年增长2.5倍,笔记本电脑增长19.1%,智能手机增长11.5%,集成电路增长13.4%,液晶显示屏增长29.7%。[1]

软件和信息服务业是新一代信息技术的灵魂,是数字经济发展的基础,是重庆建设"智造重镇""智慧名城"的重要支撑。重庆把软件产业作为加快新旧动能转换的突破口,作为优先发展的重点产业,立足制造业优势"以硬生软",推动软件技术在新能源汽车、工业互联网等领域的深化应用,让软件为制造业"赋能、赋值、赋智"的作用加速显现。2021年,重庆大数据和软件服务业分别实现增加值157.56亿元、187.33亿元,分别增长24.7%、36.0%,两年平均分别增长30.5%、38.2%。[2] 2022年,重庆推出《重庆市软件和信息服务业"满天星"行动计划(2022—2025年)》,聚焦中心城区,以楼宇为空间载体,大力发展以软件和信息服务业为重点的数字产业,构建创新驱动、协同开放、富有竞争力的软件和信息服务业体系。2022年前三季度,重庆市软件业务收入实现2010.5亿元,同比增长12.6%,高于全国平均水平2.8个百分点,预计全年实现营收3000亿元。[3]

智能化改造传统产业。重庆全面深化新一代信息技术与制造业融合发展,加强大数据智能化在传统产业中的应用,持续推动以智能化改造为重点的智能制造,打造数字化车间和智能工厂,以数字技术赋能传统产业发展,制造企业数字化率稳步提高。截至2022年10月,重庆累计实施4800多个

---

[1] 重庆市统计局:《全面改革持续深化 创新活力不断释放——2021年重庆高质量发展报告·创新发展篇》,2022年6月16日。
[2] 重庆市统计局:《全面改革持续深化 创新活力不断释放——2021年重庆高质量发展报告·创新发展篇》,2022年6月16日。
[3] 《1~9月重庆软件业务收入同比增长12.6%,预计全年实现营收3000亿元》,《重庆日报》2022年10月30日。

智能化改造项目，建设734个数字化车间和127个智能工厂，生产效率提升到59.8%，运营成本平均降低21.5%。正在推动建设584个网络化协同、个性化定制、服务化延伸等新模式项目。作为新一代信息通信技术与制造业深度融合的产物，工业互联网通过供应链、产业链、价值链的有效连接，赋能各行各业数字化转型，正在成为推动重庆经济社会高质量发展的重要引擎。截至2022年10月，重庆集聚了上百家工业互联网企业，涌现出一批行业领先的工业互联网平台企业。例如，忽米网"忽米H-IIP工业互联网平台"、广域铭岛"际嘉（Geega）工业互联网平台"成功创建国家跨行业、跨领域"双跨"平台。全市"上云用数赋智"企业超11万家。自国家工业互联网标识解析顶级节点（重庆）2018年底落地以来，已接入西部9个省份32个二级节点，接入企业节点超过2800家，标识注册量累计突破124.5亿个，标识累计解析量达到76.1亿次，服务于汽摩、电子、石化、建材、医疗器械等19个行业。

（四）大力应用数字技术，新业态新模式不断涌现

以云计算、大数据、物联网、人工智能、5G为代表的新一代数字技术的应用，改变了传统的生产方式和管理模式。特别在抗击新冠疫情的过程中，我国数字经济展现出强大的活力和韧性，新产业新业态新模式不断涌现，在助力疫情防控和支撑稳定就业等方面发挥了不可替代的作用。重庆借助数字技术，加快发展生产性互联网服务业，抓好生活性互联网服务业，着力扩大线上消费，创新服务模式，丰富服务内容，激发消费动能。以大数据智能化为引领，重庆加快商圈信息化基础网络和信息共享平台建设，优化商圈业态布局，打造智慧导览、智慧停车场、智慧银行、无人超市等数字消费新场景。加快推进国家电子商务进农村综合示范创建，不断强化农村电子商务公共服务体系、物流配送体系等支撑能力，成功打造一江津彩、寻味武隆、綦珍綦宝等26个区域农村电商公共品牌，培育脐橙、腊肉、牛肉等180余个主打农产品网货。加快直播电商发展，不断壮大直播电商产业集群，完善直播电商供应链，规范直播电商行业发展，截至

2021年底，全市累计建成直播电商基地34个。重庆作为我国跨境电子商务试点城市、跨境电商综合试验区之一，加强跨境电子商务制度创新，2021年全市跨境电商交易额达322.1亿元，同比增长63.3%。此外，重庆还开展个性化设计、柔性化生产，精准、高效满足不断升级的消费需求；聚焦游戏、电竞、短视频、网络直播、文创设计等领域，加快打造数字文创产业集群。

（五）新型研发机构集聚发展，数字人才队伍发展壮大

数字经济具有高创新性的特点，新型研发机构是数字技术创新的重要载体和主要力量。重庆坚持高质量培育和引进新型研发机构，形成促进新型研发机构高质量发展的新推力，打造产学研融合创新载体，促进科研机构与产业融合发展。截至2022年10月，共引进和培育新型研发机构179家，其中新型高端研发机构77家，新型研发机构数量居西部第一。此外，重庆已累计引进上百家国内外知名高校院所企业来渝设立分院分所，在智能产业领域建成国家级企业技术创新中心20多家，上千家企业拥有独立研发机构。

人才作为数字经济发展的基础和主体，是驱动数字经济发展的关键要素。重庆谋划实施万名高层次人才集聚、十万产业人才培养、百万紧缺实用人才开发等十大行动共32个专项任务，统筹抓好智能人才与技能人才，推动人才与发展有效匹配、教育与产业紧密对接、科技与经济深度融合。围绕推动提质增效，积极推动"双一流"建设，大力引进优质高校联合办学，不断深化产教融合，教育兴市建设成果丰硕。新设人工智能、大数据、软件工程等本科专业，建设智能制造等30个"人工智能+"学科群，大数据智能化领域有关学科专业人才规模超过25万人。重庆还先后获批成为"智能+技能"数字技能人才培养试验区、成立我国首家数字经济人才市场——中国重庆数字经济人才市场。全市数字人才总量超过80万人。

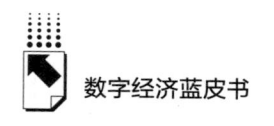

（六）数据规则不断完善，"依法治数"有序推进

数据是数字经济发展的关键要素，加快推进数据治理工作是保障数字经济高质量发展的重要前提。重庆出台《重庆市数据条例》《重庆市政务数据资源管理暂行办法》《重庆市公共数据开放管理暂行办法》等多项重要法律法规，探索构建多层次全覆盖的数据基础制度体系。此外，重庆还编制实施了全国第一部数据治理专项规划《重庆市数据治理"十四五"规划》。

重庆将数字技术广泛应用于政务服务、社会治理、市民生活，推进政府管理和社会治理模式创新。在全国率先推行"云长制"，助力智慧城市建设。"云长制"由市政府主要领导任"总云长"，全市110个市级部门、区县政府、开发区管委会主要负责人任各单位"云长"，按照"云联数算用"要素集群的思路扎实推进新型智慧城市建设，着力推进大数据智能化在民生服务、城市治理、政府管理、产业融合和生态宜居等5个领域的应用。重庆全市政务信息系统上云率达到100%。强化公共数据资源管理。着力打造公共数据资源管理平台，在全国率先建立起"国家—市—区县"三级数据共享交换体系，有效破除数据壁垒，实现数据资源"聚通用"。截至2022年10月，重庆公共数据资源管理平台实现数据共享10288类、开放5493类，数据调用量累计超192.5亿条，在全国处于前列。同时，重庆推动川渝政务数据互联互通，两地144个部门实现跨省共享数据11892类，311项公共服务互通互认，"川渝通办"每天平均办件2万件以上。提高基层治理智能化水平。构建"1+3+3+7+N"基层智慧治理数字化体系，即建设1个基层智慧治理平台，打通党务、政务、综合治理3类数据，贯通3级政府（市—区县—街镇）、7级管理（市—区县—街镇—社区—网格—物业—楼栋），打造N个基于数字孪生的基层智慧治理应用场景。

二 当前重庆数字经济发展面临的挑战与机遇

（一）存在的主要困难

一是数字关键技术研发"瓶颈"突出。重庆"芯屏器核网"产业链不长，产业链完整性不强。据统计，全市33条重点产业链合计441个主要环节，存在严重短缺和发展不足的分别占34%、40%；关键核心技术创新能力不足，是制约重庆产业链供应链现代化水平提升的重要因素，汽车、电子整体配套率虽然分别超过70%、85%，但高端芯片、高端传感器等核心零部件仍依赖进口。[①] 重庆汽车、笔电等主机产品整体处于产业链中低端，附加值不高，知名品牌不多，供给侧与需求侧匹配度还需提升。例如，重庆笔电产业门类齐全，在全国数一数二，但缺乏制造核心零部件的能力，核心技术依旧掌握在品牌商、主机制造商手里。又如汽车产业，重庆在传统燃油车的高性能发动机、自动变速器等核心领域，仍然需要补齐短板，在智能网联汽车感知部件、车路协同、系统软件、高精地图等系统零部件方面较为欠缺。

二是新兴数字产业规模不足、龙头企业偏少。全市千亿级以上制造业企业仅1家、百亿级以上企业仅25家，对产业链整体拉动能力较弱。2020年，重庆生产集成电路45.49亿块，仅占全国的1.74%，不仅与东部发达地区江苏（836.45亿块、32%）、广东（373.57亿块、13.29%）、北京（170.71亿块、6.53%）有极大的差距，即使在西部地区，也低于甘肃（17.49%）、四川（4.07%）和陕西（2.14%）。[②] 2022年上半年，重庆软件业务收入1302.1亿元，仅占全国软件业务收入的2.81%，与北京（9840.1亿元）、广东（8329.0亿元）、江苏（6101.9亿元）、山东（4144.1亿元）、四川（1981.7亿元）等存在不小差距。[③] 重庆还缺乏总部型、平台型及从

---

① 《看重庆如何多措并举增强产业链稳定性和竞争力》，《重庆日报》2022年1月28日。
② 根据计算整理。
③ 根据工业和信息化部运行监测协调局《2022年上半年软件和信息技术服务业主要经济指标完成情况表》计算整理。

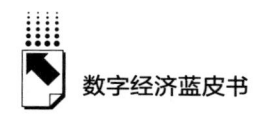

事底层技术研发的龙头软件企业,现有企业在大数据、云计算等新兴领域还处于起步阶段。企业技术创新能力不足,基础研究、软件研发设计、数据处理分析等核心业务企业较少,产品整体技术含量不高、市场占有率和行业利润低。2021年中国"独角兽"Top100企业榜单中,重庆仅有3家,与北京(21家)、上海(19家)、深圳(16家)差距明显。

三是数字场景开放不足。政府数据壁垒仍然存在,政务数据、公共数据和社会数据的共享利用场景和融合开发利用机制不健全,数据要素资源作用发挥不够。市级部门开放数据类型较为单一、数量较少、应用不足,截至2022年10月,重庆已开放58个部门、5493个数据集、14个数据应用,与广东省(55个部门、25558个数据集、102个数据应用)、浙江省(54个部门、26203个数据集、78个数据应用)、北京市(115个单位、14360个数据集、107个数据应用)、上海市(50个部门、5466个数据集、60个数据应用)①等省份相比还有较大差距。各单位主动向社会推送开放数据的质量和数量在满足社会需求方面还有待进一步提高,已开放数据中实现无条件开放的高价值数据所占比例不高。根据复旦大学数字与移动治理实验室发布的《中国地方政府数据开放报告——城市(2021年度)》,在全国所有上线了地方政府数据开放平台的173个城市中,重庆未进入"中国开放数林指数"②城市综合排名前50名。在四个直辖市中,上海以综合指数70.74位居第1,北京和天津分别以41.03和40.26居第34位和第35位,而重庆综合指数仅为27.34③,较其他三个直辖市还有很大差距。

四是数字人才仍显薄弱。近年来,尽管重庆数字经济人才规模不断增长、平台建设稳步推进,但总体来看,重庆数字人才总量不足,缺口较大,结构性供求矛盾突出,产业领军型、复合型人才稀缺,应用型、操作型技工也供不应求。重庆计算机、通信和其他电子设备就业人员,信息传输、软件

---

① 根据各省份公共数据开放平台整理。
② "中国开放数林指数"是我国首个专注于评估政府数据开放水平的专业指数。
③ 复旦大学数字与移动治理实验室:《中国地方政府数据开放报告——城市(2021年度)》,2022年1月20日。

和信息技术服务业从业人员占全国的比重还比较低。目前，重庆制造业软件人才供需矛盾突出，存在人才外流现象，企业普遍缺乏高层次的系统架构师、项目总设计师，以及大量的基础性软件开发人员和项目管理人员。

（二）拥有的重大机遇

一是多项国家数字经济政策叠加的机遇。重庆自实施以大数据智能化为引领的创新驱动发展战略行动计划以来，抢抓数字经济发展新机遇，积极争取国家有关数字经济发展改革试点，先后获批建设首批国家数字经济创新发展试验区、国家新一代人工智能创新发展试验区，成功入围工业互联网标识解析五大国家顶级节点建设城市、国家首批5G规模组网和应用示范城市、智慧城市基础设施与智能网联汽车协同发展试点城市，等等。可以预见，随着重庆数字经济领域改革发展先行试点的推进，重庆将进一步占据先发优势，进一步抢抓数字经济的制高点，为推动数字经济发展带来重大机遇。

二是大数据智能化创新动能持续积累带来的机遇。当前，以互联网、大数据、云计算、人工智能、区块链、元宇宙等为代表的新一轮科技革命和产业变革深入发展，加快推动数字经济发展是大势所趋。重庆抢抓数字经济发展机遇，及早布局数字产业，已连续五届举办智能产业博览会，累计发布33项新技术、164项新产品、136项新场景、65项新成果，集中签约项目323个，已到位资金1310.6亿元，158个大数据智能化项目落地实施。仅2022年智博会就线上集中签约重点项目70个、总投资2121.1亿元。此外，2022年2月，我国在8个区域布局建设国家算力枢纽，启动全国一体化大数据中心体系"东数西算"工程，其中重庆被明确要求建立数据中心集群。随着大数据智通化创新驱动发展战略的实施、智博会各个项目的落地以及"东数西算"等工程的实施，重庆将会持续形成新的数字经济增长点，为重庆数字经济发展持续带来重大机遇。

三是重庆实体经济数字化转型的机遇。重庆是国家重要现代制造业基地，拥有全国41个工业大类中的39个，已经形成以电子、汽车、装备、化工、材料、消费品和能源等为主导的产业体系。作为工业大市和工业强市，

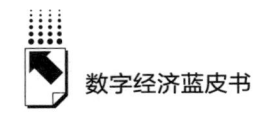

重庆实体制造企业众多、门类齐全、场景丰富，对自动化、数据化、智能化等方面都有较大需求，2021年规上制造企业"上云上平台"比例超过90%，是工业互联网应用的理想场所。重庆正在成为国内工业互联网重要的"试验场"和产业重镇。工信部公布的15家跨行业跨领域工业互联网平台中已有11家在渝落地布局，阿里、百度、腾讯等龙头企业均在重庆布局工业互联网应用平台，重庆目前已发展出以忽米网为代表的具有全国领先性的工业互联网平台。重庆实体制造企业数量多、门类全、场景多、需求专业精细的产业特点，既产生数字化转型的大量需求，也为数字化转型服务供给带来更多的机遇。

四是成渝地区双城经济圈建设加快推动的机遇。数字经济是成渝地区双城经济圈建设的重要内容，双方均将发展数字经济作为核心战略。重庆构建"芯屏器核网"全产业链，四川省打造"芯屏存端软智网"等数字核心产业全产业链，成都市大力实施"上云用数赋智"行动，成渝地区在数字经济核心产业领域有诸多交集。自成渝地区双城经济圈建设实施以来，双方深入推动川渝全方位合作，提升"双核"发展能级，发挥好重庆和成都两个中心城市的带动作用，数字经济协同发展渐入佳境。2021年4月，工业和信息化部批复支持四川省和重庆市建设成渝地区工业互联网一体化发展示范区，成为继长三角之后第二个跨省级行政区域的国家级工业互联网示范区。2022年5月，由川渝两地联合申报的"国家网络安全产业园区（成渝）"获工信部批复，成为继北京、长沙之后全国第三个获此国家级称号的地区，也是国内首个跨省域国家级网络安全产业园区。可以预见，随着数字经济赋能成渝地区双城经济圈高质量发展，成渝地区数字经济的融合发展将迎来新的机遇。

三 2023年推动重庆数字经济发展的对策建议

2023年是全面贯彻落实党的二十大精神的开局之年，也是实施"十四五"规划、开启全面建设社会主义现代化国家新征程的关键之年。重庆将完整、准确、全面贯彻新发展理念，深入贯彻落实党的二十大精神，预计数字经济将继续保持高于地区生产总值的增长速度，占地区生产总值的比重将进一步提高。针对重庆数字经济存在的问题，为推动重庆数字经济高质量发展，为经济赋能、为生活添彩，促进数字产业化、产业数字化，需要采取以下政策措施。

一是深入推动数字产业发展。要围绕产业链部署创新链，围绕创新链布局产业链，集聚创新资源，不断提升产业能级。围绕"6+5"现代产业体系和33条重点产业链，推动产业链供应链"链长制"发展。聚焦重点产业链，分链条梳理关键共性技术和核心基础零部件（元器件）、关键基础材料、工业基础软件、先进基础工艺等基础领域需求，实施产业基础再造，加强重点产业链关键环节和基础领域研发攻关，攻克一批"卡脖子"关键核心技术，产生转化应用一批科技成果。精准实施补链、延链、强链，进一步深化产业链国内外合作，加快培育一批具有核心竞争力的产业链条，夯实产业链现代化水平提升的基础，不断提升重庆市在全球产业链、价值链分工中的地位，建设若干具有国际影响力的先进制造业集群和战略性新兴产业集群。要立足重庆产业发展现状与未来产业布局，聚焦关键领域和关键环节，围绕"建链补链""强链延链"，着力在工业软件、信息安全软件、基础软件等领域全面发力，推进行业应用软件、新兴技术软件、信息技术服务等优势领域提质增量。

二是加快数字经济与实体经济融合发展。要积极推进企业"上云用数赋智"，加快推进设备、产线、工厂车间等的数字化改造，加强网络、平台、安全三大体系建设，积极搭建面向细分行业的信息共享平台、中介平台、众创平台等，促进行业间、上下游、产供销的协同。要将重庆市制造业关键领域和产业链关键环节的中小企业作为数字化转型试点的重点方向，精心遴选升级潜力大的细分行业或特色产业集群，找准行业共性问题，开展数字化转型试点，提升数字化公共服务平台服务中小企业能力，打造一批小型化、快速化、轻量化、精准化的数字化系统解决方案和产品，加快带动一批中小企业成长为"专精特新"企业，推进产业基础高级化、产业链现代化。要推动传统企业与金融机构、数据公司、评级机构等广泛合作，畅通融资渠道，创新融资产品，确保企业数字化转型的融资需求。要以数字乡村建设为契机，将发展智慧农业作为重要抓手，进一步加快乡村信息基础设施建设，加快农业农村数字化转型，推动大数据智能化为现代农业赋能，推动互联网与特色农业深度融合，促进农业农村经济高质量发展。

三是加快培育数字经济新产业、新业态、新模式。数字技术催生新产业、新业态、新模式。要在提升数字基础设施普惠服务能力的基础上，挖掘培育应用场景，进一步激活消费新市场，健全完善与线上服务新业态新模式相适应的制度规则，创新服务模式供给，进一步壮大线上教育、互联网医疗、线上办公、数字化治理等线上服务新业态；要发展壮大共享经济新业态，推动形成高质量的生活和生产服务要素供给新体系，推动产品智能化升级和商业模式创新，发展生活消费新方式，推广线上线下融合服务，鼓励企业开放平台资源；要发展基于数字技术的智能经济，加快优化智能化产品和服务运营，培育智慧销售、无人配送、智能制造、反向定制等新增长点。要有序引导多样化社交、短视频、知识分享等新型就业创业平台发展，培育共享生活、共享生产、共享生产资料、数据要素流通等共享新模式。要围绕数据要素市场体系建设，大力发展包括数据评估、评级、审计、托管、法律等在内的数据托管商、数据经纪商、数据服务商等数商生态体系。要充分把握元宇宙兴起的势头，开发数字藏品（NFT）内容，推动数字资产、数字艺术品、数字影视版权等合规交易。

四是加快打造数字经济人才集聚新高地。要加速集聚"芯屏器核网"全产业链人才，打造"云联数算用"人才集群，为重庆打造"智造重镇"、建设"智慧名城"提供坚强的数字人才保障。建立教育链、人才链、产业链、创新链有机衔接的产教融合机制。面向全球构建人才基础信息库，有针对性地加强数字经济领域优秀人才和创新团队引进。切实加强高校学科专业建设，构建紧密对接创新链、产业链的学科专业体系。持续实施市级重点学科建设专项、市级一流学科建设专项、"人工智能+学科"建设行动计划。促进数字技能人才培养链与产业链、创新链有效衔接，顺应"智能+"融合传统产业、"智能+"接棒互联网产业发展趋势对技能人才的需求，围绕

"智能+战略性新兴产业、重点制造业",有针对性地培养"智能+技能"的复合型人才。

五是加大力度推进公共数据开放。要优化公共数据供给体系,开展全市政务数据普查摸底,构建全市数据图谱,逐步形成全市数据"一张图"。强化政务服务与数据共享协同,建立政务服务事项目录与数据目录关联机制,实现"数"尽其用。推动政务数据授权运营,探索建立政务数据运营制度,开展政务数据授权运营试点。重点解决数据要素特别是高价值政务数据在市场经济中的应用问题,更新与新增开放具有较高价值的公共数据集。建立健全政务数据运营规则,研究制定政务数据授权使用服务指南。深化公共数据开发利用,贯彻落实数据分类分级开放制度。聚焦"住业游乐购"全场景集,打造数据要素资源建设场景,丰富服务产品供给。引导社会、企业、高校科研机构等相关单位开放自有公共数据集,实现公共数据与社会数据的有效融合,更好支撑智慧城市建设、民生服务、社会治理和数字经济发展。积极探索公共开放数据衍生出来的多元化商业模式,全面发力创造多元化商业模式。

六是健全数据合规交易流通机制。要进一步健全数据要素市场规则,构建数据要素市场化配置制度规则,制定数据交易管理办法,出台数据要素市场化配置改革行动方案,提高数据要素市场配置效率,促进数据要素有序高效流动。研究制定数据交易管理办法,加快数据交易中介服务、数据登记确权、数据价值评估、数据交易收益分配等配套制度建设,探索建立数据产品和服务进场交易机制。探索数据资产价值化管理,探索建立数据资产分类计量体系,建立数据资产确权登记和评估制度,探索公共数据资产化管理模式。加快西部数据交易中心建设,规范数据交易行为,建设全流程数据要素流通交易平台,提供数据交易、结算、交付、安全保障、数据资产管理等综合配套服务。

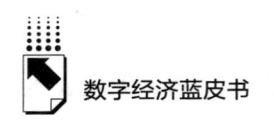

参考文献

习近平：《不断做强做优做大我国数字经济》，《求是》2022年第2期。

《重庆"数智"引领动能转换》，《经济日报》2022年8月1日。

《2022中国国际智能产业博览会新闻发布会》，2022年7月28日。

重庆市统计局：《全面改革持续深化　创新活力不断释放——2021年重庆高质量发展报告·创新发展篇》，2022年6月16日。

《"智造重镇"轮廓初显　"芯屏器核网"全产业链加速发展》，《重庆日报》2022年8月2日。

B.2
推动数字经济赋能成渝地区双城经济圈建设研究

刘嗣方 李万慧 彭劲松 程 凯*

摘 要: 当今时代是科技创新引领的时代,是区域板块竞争的时代,是数字经济崛起的时代。实施成渝地区双城经济圈建设战略以来,川渝两地加强顶层设计、强化政策协同,提升合作层级、完善合作机制、落实合作项目,采取一系列重大务实举措推动双城经济圈建设,数字经济发展保持强劲态势,但两地在数字经济合作领域仍存在一些短板和不足。做大做强成渝地区双城经济圈数字经济关乎未来、事关大局,加强川渝两地合作势在必行、恰逢其时。本文对推动数字经济赋能成渝地区双城经济圈建设展开了深入分析,提出创新性路径办法和针对性对策措施。

关键词: 数字经济 数字赋能 成渝地区双城经济圈

推动成渝地区双城经济圈建设是习近平总书记亲自谋划、亲自部署、亲自推动的国家重大区域发展战略。党的二十大提出"推动成渝地区双城经济圈建设"并明确提升到国家区域发展战略层面,强调要"加快发展数字

---

* 刘嗣方,重庆社会科学院党组书记、院长;李万慧,重庆社会科学院财政与金融研究所副所长、研究员,重庆数字经济研究中心,研究方向为财政经济、数字经济;彭劲松,重庆社会科学院城市与区域经济研究所所长、研究员,重庆数字经济研究中心特聘研究员,研究方向为区域经济;程凯,重庆社会科学院产业经济研究所助理研究员,研究方向为产业经济。

经济，促进实体经济和数字经济深度融合，打造具有国际竞争力的数字产业集群"，成渝地区双城经济圈战略地位进一步提升，数字经济重要性进一步凸显。习近平总书记也非常重视成渝地区双城经济圈数字经济发展，三次向将重庆作为永久举办地的中国国际智能产业博览会致贺信，要求"加快推进数字产业化、产业数字化，努力推动高质量发展、创造高品质生活""推动数字经济和实体经济深度融合""共创智能时代，共享智能成果"；在四川视察工作时也强调"推进科技创新，要在各领域积极培育高精尖特企业，打造更多'隐形冠军'，形成科技创新体集群"。习近平总书记对建设成渝地区双城经济圈重要的指示批示和关于发展数字经济的重要论述，是川渝两地抓好数字经济发展工作的根本遵循和行动指南。总体上看，目前成渝地区双城经济圈已是名副其实的全国数字经济新的增长极、西部数字经济先行区。面向新时代新征程，川渝两地要立足现有优势、基础条件和发展潜力，加强战略策略协同，深化全方位合作，积极抢抓数字经济重大战略机遇，在服务和融入新发展格局中发挥更大作用、争取更大作为。

一 成渝地区双城经济圈数字经济发展的总体进展

在国家重大区域发展战略和网络强国、数字强国战略引领下，近几年川渝两地高度重视和谋划推动数字经济发展，这一领域呈现高速增长态势，对经济社会发展的引领带动作用日益凸显。党的十九大以来，重庆紧紧围绕把习近平总书记殷殷嘱托全面落实在重庆大地上，把科技创新作为高质量发展的主动力，把大数据智能化作为科技创新的主方向，部署实施大数据智能化引领创新驱动发展战略行动计划，以中国西部（重庆）科学城和两江协同创新区为重要平台，以推进国家数字经济创新发展试验区和新一代人工智能创新发展试验区建设为关键抓手，加快建设数字信息基础设施，引进培育一大批新型研发机构，推进数字产业化、产业数字化，推动数字经济同实体经济深度融合，"智造重镇""智慧名城"建设不断取得新进展，"芯屏器核网"全产业链加快构建、"云联数算用"全要素群日益完善、"住业游乐购"

全场景集不断拓展，连续五届智博会成功举办，重庆数字经济企业达1.85万家，重点平台企业351家，规上数字经济核心产业企业超过1700家，数字经济增加值年均增长16%，数字经济产业增加值占GDP比重达到27.2%，大数据智能化创新发展提质提速，为推动高质量发展、创造高品质生活注入强大动能。此外，依托数字技术，重庆建设服务超大城市治理的超级应用。"渝康码"平台助力智慧防疫，注册用户超7000万人、访问量超200亿次，成为全国少数未宕机的健康码平台，对全市疫情防控发挥重要作用。支撑"渝快办"政务服务"全渝通办"，对近600项高频事项加以优化，通过数据关联复用、自动核检，不断增强"一站式"服务能力。四川也全面加强战略谋划部署，以建设国家数字经济创新发展试验区为契机，推动"芯屏存端软智网"数字产业集聚发展，启动建设大数据资源中心，加快建设数字化转型促进中心，组建国家级先进存储实验室，加快打造全球"存储谷"，培育数字应用新业态，力争建成国家战略科技力量重要承载区和创新要素加速汇集地。2021年，四川省数字经济核心产业增加值4012.2亿元。

成渝地区双城经济圈建设战略实施以来，川渝两地全方位加强数字经济合作。在重庆四川党政联席会的四次会议上，先后审议通过了汽车产业、电子信息产业、装备制造产业三个万亿级产业集群协同发展实施方案，川渝两地将共同打造"世界级产业集群"，双方还将就特色消费品产业出台第四个协同发展实施方案。据统计，在共建成渝地区双城经济圈2022年重大项目中，数字经济（产业）项目就有10个，总投资达954亿元。2021年4月，工业和信息化部批复支持四川省和重庆市建设成渝地区工业互联网一体化发展示范区，成为继长三角之后第二个跨省级行政区域的国家级工业互联网示范区。2022年5月，由川渝两地联合申报的"国家网络安全产业园区（成渝）"获工信部批复，成为继北京、长沙之后全国第三个获此国家级称号的地区，也是国内首个跨省域国家级网络安全产业园区。此外，两地实施三批311项"川渝通办"事项，包括创业、交通、就业、医疗、生育等事项，方便群众和市场主体。截至2021年12月底，通办事项累计办理超过868万件。双方数字经济合作持续升温，形成了合作领域和合作项目不断深化与强

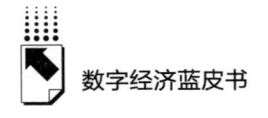

力推动的良好态势。

总体上，川渝地区数字经济已迈入全国一流方阵，做大做强数字经济的基础更坚实、条件更成熟。重庆和四川均为全国首批国家数字经济创新发展试验区，重庆市和成都市均为国家新一代人工智能创新发展试验区、国家首批5G规模组网和应用示范城市、智慧城市基础设施与智能网联汽车协同发展试点城市。针对未来数字经济发展，川渝已经制定相关规划，在双方党代会报告中进行新一轮布局。重庆提出要"推动数字经济和实体经济深度融合，加快数字产业化和产业数字化步伐""加快建设'智造重镇''智慧名城'"；四川提出要"壮大数字经济核心产业，构筑数字经济发展高地"，川渝两地数字经济的发展前景十分广阔。

二 成渝地区双城经济圈数字经济发展面临的困难挑战

尽管成渝两地数字经济协作发展取得了一定成效，呈现加速发展的良好态势，但也要看到，相比京津冀、长三角、大湾区仍有较大差距，重庆数字经济总量分别只占三者的70%、25%、47%，无论是从总量和结构看还是从数字化能力和水平看都存在不小差距，成渝地区双城经济圈数字经济发展还面临不少困难与挑战。

一是数字产业协同有待加强。成渝两地发展数字产业虽然各有特色，但由于两地历史渊源深厚，资源禀赋、区位条件大致相同，两地均形成了以电子信息、装备制造为主导的工业体系，产业同构化现象在所难免。"十三五"期间，重庆和成都均选择电子信息产业、汽车产业及高端装备制造产业作为发展重点，导致成渝两地在集成电路、新型显示、智能终端、新一代信息技术、汽车制造等细分领域均存在同质化竞争和资源错配问题，尚未形成跨区域产业优势互补、差异互促、联动协同发展模式。

二是数据要素市场发展缓慢。2021年底重庆获批成立西部数据交易中心，四川省也在启动建设大数据交易中心。这使得两地在未来数据要素交易中可能形成事实上的各自建立数据交易场所、相互竞争的问题。成渝数据要素市场建设还处于初期探索阶段，重庆目前上架数据产品、成交笔数与成交额均很有限，相较北京、上海等先进省市差距很大，上海数据交易机构2021年的交易量已占全国一半左右。

三是数字化转型技术支撑不足。数字经济具有高创新性的特点，科技研发投入是支撑数字经济发展的关键动力。尽管川渝两地近年来持续加大研发投入力度，但还未从根本上扭转与全国平均水平的差距。2021年重庆、四川、成都的研究与试验发展经费支出分别为603.8亿元、1214.5亿元、631.92亿元，分别占地区生产总值的2.16%、2.26%、3.17%，重庆和四川研发投入比重均低于全国平均水平（2.44%），相较于北京、上海、深圳等城市差距更大。目前，川渝两地无论是在数字经济的硬件还是软件层面，都还存在关键核心技术缺失的问题，还不能有效支撑数字化转型的需要。

四是数字人才缺口较大。发展数字经济，关键是人才。成渝地区数字经济人才规模不断增长、平台建设稳步推进，重庆现有数字经济人才总量约80万人，还获批全国首个数字经济人才市场。但总体来看，川渝两地数字人才总量不足，缺口较大，数字经济人才的供给尚不能很好地满足需求。尤其是近年来，大数据行业向其他领域渗透，新业态、新行业、新模式不断涌现，对数字人才的需求日益旺盛，对岗位的数字能力也提出新的要求，川渝两地数字人才结构性供求矛盾突出，产业领军型、复合型人才稀缺，应用型、操作型技工也供不应求。

五是数字生态不够完善。数字经济培育壮大需要厚植发展生态，营造良好氛围。目前，川渝两地在数字经济的主体培育、协同攻关、应用示范、开放共享等方面的发育程度还不够。两地科研机构在数字技术方面还处于各自为战的状态，尚没有建立联合攻关机制。两地金融机构对于与数字经济相适应的金融服务尚处于摸索之中，还没有建立起与成渝地区共建西部金融中心相协调的数字金融服务机制。两地在数字经济领域的创新探索与试点示范也还较少，尚未形成川渝两地具有引领性的示范项目和标准。两地数字经济的互动交流也比较缺乏，还没有建立起具有国内国际影响力的交流对话机制。

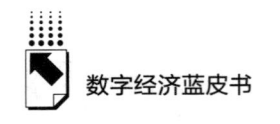

三 推动数字经济赋能双城经济圈建设的战略路径

迈向全面建设社会主义现代化新征程，川渝两地要深入学习贯彻习近平总书记的重要指示要求，共同落实好《成渝地区双城经济圈建设规划纲要》，紧盯国家重大战略导向和数字经济发展方向，更加注重从全局谋划一域、以一域服务全局，重点谋划好未来五年，确定重点领域和关键环节，全方位深化战略合作，破除体制机制障碍，与时俱进打造数字经济升级版，持续推动新旧动能转换，紧紧依托数字经济更有力地促进成渝地区双城经济圈发挥在国内大循环的关键节点作用和国内国际双循环中的战略链接作用。

要放在"三新一高"新要求下谋划推动，使数字经济成为支撑区域高质量发展的最大当量。当前，以信息技术为代表的新一轮科技革命和产业变革正在重构全球创新版图和经济结构。数字经济发展速度之快、辐射范围之广、影响程度之深前所未有，正在成为重组全球要素资源、重塑全球经济结构、改变全球竞争格局的关键力量。立足新发展阶段，完整、准确、全面贯彻新发展理念，积极服务和融入新发展格局，推动高质量发展，发展数字经济需要全新理念和更高站位。成渝地区要在这些重大判断、决策部署、实践要求的大背景下谋划和推动数字经济发展，以数字化驱动中国式现代化，利用数字技术促进创新发展、协调发展、绿色发展、开放发展、共享发展，助力城乡融合发展，助力促进共同富裕，助力实现碳中和目标，助力改善民生福祉，在培育发展新动力、拓展发展新空间、构建产业新体系、完善发展新机制等方面发挥更大作用。

要放在"国之大者"新布局下谋划推动，使数字经济成为推动国家战略部署实施的最强能量。数字经济具有高创新性、强渗透性、广覆盖性，成渝地区要借势借力使之全面融入国家战略布局及重大举措之中，助力经济社会发展整体、全面、系统数字化转型，赢得数字经济发展的战略主动权。要携手打通川渝两地经济社会发展的信息"大动脉"，将发展数字经济深度融入推动新时代西部大开发形成新格局、共建"一带一路"、长江经济带发展、西部陆海新通道建设、中新（重庆）战略性互联互通示范项目等一系列重大国家战略，统筹布局、双向赋能、协同推进，发挥数字经济放大、叠加、倍增作用，奋力抢占新一轮发展制高点。

要放在"两化融合"新趋势下谋划推动，使数字经济成为赋能产业转型升级的最快变量。数字经济与实体经济的深度融合是重组实体经济要素资源、重塑实体经济结构、提升实体经济竞争力的关键所在。成渝地区要紧紧围绕深化供给侧结构性改革这条主线，打好数字经济融合发展的主动仗，全面赋能传统产业转型升级，促进全要素生产率和资源配置效率提高，使数字经济成为推动质量变革、效率变革、动力变革的加速器。智能科技、绿色科技、生命科技是科技革命和产业变革的重要方向，是 21 世纪最富生机、最有前途的重要领域。两地要强化科技赋能和数字赋能双核牵引，加速推进数字经济与绿色低碳科技、生命健康科技深度融合渗透、相互促进，催生裂变一批具有数字属性的新产业、新生态、新科技、新动能，开辟区域经济高质量发展新赛道、构筑成渝地区高质量发展新优势。

要放在"两中心两地"新定位下谋划推动，使数字经济成为助力成渝地区双城经济圈建设的最优增量。数字技术、数字经济是驱动区域高质量发展的新引擎，是新一轮区域竞争的重点领域、必争之地。成渝地区要立足比较优势、独特区位和特殊地位，牢固树立一盘棋思想和一体化发展理念，以"两中心两地"战略定位为牵引，强化政策集成、资源互补、高效协同，打造"数字双城""数字双圈"，以数字经济引领深化各领域合作，展现大数据智能化为经济赋能、为生活添彩的新愿景。

四 推动数字经济赋能双城经济圈建设的对策措施

数字经济关乎川渝未来。川渝两地就数字经济赋能双城经济圈建设形成初步共识，拥有携手发展数字经济的良好产业基础和丰富应用场景，需求庞大、前景广阔。双方要加强谋划、优势互补、协同发力，精准选择着力点和突破口，在融合创新、全面赋能上狠下功夫，以深化国家数字经济创新发展

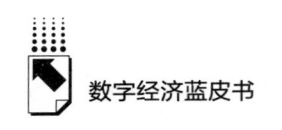

试验区建设为契机，合力打造西部数字经济高地，以此带动区域数字经济综合实力和整体竞争力提升。

（一）共建数字赋能产业转型升级引领示范区

一是协同推动制造业数字化转型。制造业是实体经济的基础，智能制造是制造业数字化转型的主攻方向。成渝地区要把智能制造、制造智能作为优先发展的重点，根据双方重点产业和行业领域精准对接，构建川渝统一开放的产业链供应链数字化共享平台，制定数字化转型系统解决方案和技术路线图谱，携手开展制造业数字化转型行动和中小企业数字赋能行动，打造数字化制造"灯塔工厂"，培育具有数字生态主导力的产业链"链主"企业。要聚焦智能网联新能源汽车，围绕车规级芯片、人工智能算法、激光雷达、车载操作系统、智能计算平台、线控执行系统等关键领域组织联合攻关，推动5G车用无线通信网络多源融合感知、高精度时空基准服务、交通系统实时数字孪生等共性交叉技术方案在川渝系统落地，实现川渝"车—路—网—云—图"一体的自动驾驶融合感知与规划控制。要协同建设成渝地区电子信息和软件产业聚集引领区，深入分析两地电子信息和软件产业链、供应链、价值链的异同，深入协调推动两地细分领域的合并重组与资源重构，实现电子信息和软件产业的优势互补、错位竞争，共同打造具有全球竞争力的电子信息和软件产业高地。要加快建设成渝地区工业互联网一体化发展国家示范区，完善工业互联网标识体系，共建工业互联网大数据中心，搭建工业互联网特色服务平台，推动工业互联网数据资源合作共享，构建全国领先的"5G+工业互联网"生态，全面提升重点产业链供应链稳定性和竞争力，有效支撑成渝地区智能制造高速发展。要搭建汽车、先进装备制造、新材料、消费品等制造业上下游企业共同联合体，聚集整合制造企业、方案供应商、系统集成商、软硬件生产商、科研院所等线上线下数据资源，成为创新资源集聚、组织、运行、开放、结构多元的综合性产业技术联盟和智能化新生态，加快人机智能交互、工业机器人、智能工厂、智慧物流等技术和装备应用，创新协同设计、按需生产、个性化定制、用户直联制造等新模式，推动

"川渝制造"向"川渝智造"转变。

二是共同做大做强智能建造产业。共同推动智能建造与建筑工业化基础共性技术和关键核心技术研发，合作打造智能建造协同平台，做大智能施工设备产业，发展智能装配式建造，构建智能建造工程数字化管理系统，探索制定先进适用的智能建造及建筑工业化标准体系，搭建智慧住建云和行业数据中心，积极拓展智能建造应用场景，共同打造全国智能建造示范"样板"。

三是合力打造川渝智慧农业示范区。成渝地区农业发展具备比较优势，两地耕地面积1.09亿亩、占全国耕地总面积的5.7%，是西部地区农业生产条件最优、集中连片规模最大的区域之一。充分发挥川渝两地在种植、养殖、加工和特色农业带等方面的优势，结合国家乡村振兴战略、国家数字化农业战略等，围绕培育现代高效特色农业带，着力建设西部农业人工智能技术创新中心，合作加强核心农业传感器、高端农业智能装备、智能算法模型、感知元器件和应用系统软件的创新研发，推广农业智能化关键技术和成套设备，推进多场景下的无人农场试点，制定智慧农业应用标准规范，促进信息技术与农机农艺跨界融合应用，实现农业生产全过程的信息感知、定量决策、智能控制、精准投入、个性化服务，带动沿线、沿江、沿界智慧农业协同发展。

四是共建智能物流供应链体系。围绕打造成渝地区国际性物流枢纽，共建智能物流供应链管理系统，合作研究建立统一的物流数据标准，实现铁、公、水、空物流供应链链路、环节的系统对接，打造智能物流供应链标准引领区。利用云计算、AI等新一代信息技术协同搭建国际性的物流信息公共服务平台，建设物流大数据中心，实现成渝地区物流信息互通共享。共推智能物流与重点产业深度融合，实现产业链、供应链上下游多方主体参与的数据共享。推进工业互联网与跨境电子商务平台协同创新，共建面向"一带一路"和西部陆海新通道的跨境供应链平台，鼓励川渝企业与境外企业建立跨境产业链供应链供需联盟，加快推进川渝产业链供应链融入全球价值链的步伐。

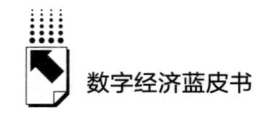

五是共建西部数字金融应用高地。川渝双方要探索金融科技标准体系建设，引导金融机构积极应用金融科技标准，推动川渝地区成为我国金融科技标准领导者。联合推动传统金融行业实现数字化转型，加强数字金融领域核心技术、共性关键技术的研发与创新应用，促进数字技术与金融发展深度融合。培育适用于数字经济的金融服务新业态新模式，打造数字经济时代的信用评估、数据要素定价、投融资体系。抓住数字人民币试点先发优势，壮大区块链和数字支付等数字金融重点产业，吸引金融机构和大型科技企业设立金融科技子公司、金融科技事业部、金融科技研发中心和开放式创新平台，加快培育西部金融科技企业集群。

六是打造巴蜀特色的国际数字消费目的地。以培育建设国际消费中心城市为重点，充分发挥新一代信息技术的创新引领作用，大力推动数字消费发展，培育巴蜀特色的数字消费体验场景，丰富购物和体验数字化场景，打造巴蜀特色的场景化、智能化、国际化的高品质步行街和城市核心商圈，发展巴蜀特色的数字体验消费、新型内容消费、智慧门店、无人零售等消费新场景。培育巴蜀特色的文旅资源数字消费，充分把握元宇宙兴起的势头，合力发展数字文创，围绕巴蜀最具代表性的建筑和景点等文旅资源，予以数字化、虚拟化、IP化，拓展全景旅游等新模式。培育巴蜀特色的数字藏品消费，充分发挥区块链技术在数字版权保护方面的价值，开发数字藏品（NFT），推动数字资产、数字艺术品、数字影视版权等合规交易，为数字作品的确权及流转提供创新解决方案。

七是共建川渝数字大健康产业基地。围绕深耕医疗卫生、医药制造、养生养老、健身康体、健康管理五大领域，将生物医药产业作为战略性新兴产业重点培育，形成聚焦化学药、现代中药、医疗器械、生物制药、健康制品等细分领域的产业体系，合作做大精准医疗市场规模，推动医药产业数字化，推动川渝区域医疗信息共享互认。协同打造养老大数据信息服务平台，推动智慧养老院、智慧社区等建设，打造安全可靠的智能化居家适老环境，促进养老服务数字化转型。共建川渝体育大数据中心，推动各类体育大数据的整合集成，构建覆盖两地的智慧体育服务体系。推进川渝健康管理大数据协同应用，充分发挥大数据政用、商用、民用价值，推动新技术和健康管理服务相融合，为健康管理插上"智慧的翅膀"。

（二）共建西部数字科技创新中心

一是协同推进新型基础设施建设。协同促进战略谋划和前瞻布局，推进5G、区块链、人工智能、卫星互联网、IPv6、数据中心等新型基础设施共建共用，以计算、网络等支撑城市数字化转型的关键设施为基础，整合数字经济资源共建区域性国际数据中心、西部数据资源交易中心，提升数字经济新型基础设施服务能级。

二是联合开展核心技术攻关。围绕汽车芯片、汽车传感器、智能终端、工业软件等重点领域，选择优势产业领域的高端芯片、基础操作系统、人工智能基础算法等数字经济关键核心技术和零部件研发应用领域携手攻关，着力突破一些数字经济发展面临的"卡脖子"问题。

三是合力构建数智化算力网络。打造"超算中心+智能计算中心+云计算中心+边缘计算中心"的算力支撑体系，全面升级通信网络基础设施，形成高速泛在、万物互联、天地一体的通信网络支撑体系，推动云网协同、算网融合，增强数字经济发展基础支撑力。

（三）共建统一数据要素大市场标杆区

一是推进川渝两地数据产权制度建设。出台数据要素权属相互认定办法，统一数据产权领域法律适用标准和裁判尺度，建立体现效率、促进公平的数据要素收益分配制度。创新数据交易模式，联合培育数据交易市场和市场主体，建立数据资产定价机制。

二是建立健全数字要素市场体系。激活数据要素潜能，释放数据要素价值，推动两地数据跨区域、跨系统、跨层级、跨部门、跨业务流通共享。加强两地公共数据开放平台建设，完善数据流通共享机制，规范数据交易流通行为，探索建立统一高效的数据要素流通和交易制度。

三是构建成渝一体化数据安全保障体系。依托成渝高校科研优势资源，

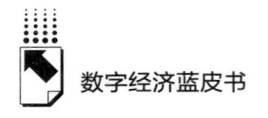

建设成渝地区数据中心网络安全防护体系，建设联合异地灾备数据基地。锚定数据安全需求，加强数据通信安全、风险监测、分布式存储和隐私保护等核心技术攻关，加大通信网络、重要信息系统和数据资源保护力度。

（四）共建数字应用场景创新发展试验区

一是厚植成渝"智慧双圈"应用场景。在智慧城市建设中强化战略联动、规划衔接、政策协同、信息共享等工作机制，布局完善新一代信息基础设施，积极建设全面覆盖、泛在互联的城市智能感知网络，利用数字孪生技术升级"城市大脑"，推动彼此对接实现"一网统管""一网管双城"，让双城更聪明一些、更智慧一些。加强毗邻地区跨省域数字应用合作，共同打造数字经济特色小镇，构建生活圈、农贸圈、旅游圈应用典型。

二是开发川渝无人驾驶汽车数字干线。积极布局车联网与自动驾驶的创新技术和应用，推动汽车的智能化和网联化发展，围绕智能网联汽车等优势产业，联手突破汽车操作系统、智能座舱系统、智能驾驶系统、智能车控系统等核心技术，先期在货运、物流等领域开展无人驾驶应用，逐步拓展无人驾驶、智能网联公交车、自主代客泊车等应用场景。

三是打造数字开放通道。面向RCEP以及共建"一带一路"国家，利用数字技术赋能，合力建设数字西部陆海新通道，联手推进"一带一路"数字合作，推动数字贸易领域扩大开放，联合建设国家数字服务出口基地，搭建数字经济产业跨境投资促进平台，共同打造高水平数字贸易应用场景。

四是推动数字绿色低碳应用。开展利用数字技术提升节能减排效能示范，联合建立健全基于现代感知技术和大数据技术的生态环境监测网络和监管体系，构建智慧高效的生态环境管理信息化体系，强化自然资源、生态环境、水利、土壤和能源等领域数据连续采集、实时监测及深度应用，推动区域内江河湖泊全流域一体化动态监测调控，更好地推动数字化绿色化协同转型发展。

（五）共建数字协同治理创新发展引领区

一是构建高效一体化数字政务服务平台。推进政企联动、行业联动的数字经济信用资源深度整合和开发共享共用，聚焦双城经济圈内企业创设、不动产交易、工程建设项目并联审批等重点领域，建设政务服务事项一张网，推进社情民意电子化、办公办事掌上化，打造更多"一件事一次办"场景，实现政务服务"一网通办"，推动双城经济圈川渝政府履职更加协同高效。

二是构建数字化高品质生活圈。聚焦建设高品质生活宜居地，紧扣两地重点公共服务领域，梳理一批健康、教育、就业、社保、养老、救助等高频事项和服务场景，推进数字化创新成果与公共服务深度融合，进一步打通川渝民生服务堵点卡点。

三是提升区域数字化一体安全应急保障能力。推进双城经济圈数字大脑建设，完善大数据辅助科学决策机制，提升区域生态环保、国土资源、能源、水利、地震等领域的数据监测、分析、预警、管理、决策等应急防灾管理和服务保障能力。

（六）共建数字经济生态培育示范区

一是共建全国数字经济人才集聚高地。争取设立国家数字经济人才发展先行区，协同引进大数据、人工智能等领域头部企业、平台企业设立区域总部，建立跨区域高端人才调配机制，激发数字经济人才发展活力。聚焦工业互联网、智能网联汽车、智能终端等领域，绘制全球人才图谱，发布"揭榜招贤"需求清单，协同引进一批战略科技人才、一流科技领军人才和创新团队，联手做大做强数字经济人才市场。强化两地双一流高校和双一流学科合作，加强传统专业"智能+""大数据+"改造，协同培养数字领域中高端人才。

二是建立协同攻关技术联盟。鼓励两地工程技术中心、重点实验室和科研院所的科研数据共享，开展技术研发协作攻关，构建"大装置+大数据""AI+研发"新模式，推动实施一批大数据应用科研项目。积极发展"互联网+创新创业"，打造一批特色鲜明、功能互补的数字产业特色园区和在线新经济生态园。支持两地企业和研发机构在工业互联网、区块链、人工智能应用、产业元宇宙等领域深化开展技术标准合作、解决方案联合开发。

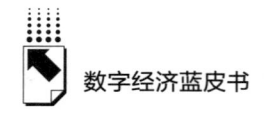

三是完善互促融合的服务体系。以成渝共建西部金融中心为契机,积极探索区别于传统产业、传统生产要素的数字产业、数据要素特殊定价机制和特殊金融服务需求,鼓励风投、创投、天使投资等助力川渝数字经济协同发展。探索开发数据资产等质押贷款业务,推广知识产权、应收账款质押等融资新模式。支持金融和保险机构根据互联网和数字技术企业需求开发相应的金融产品。

四是开展创新先行探索示范。共同加强与相关国际组织和科研机构对接,推进数字经济技术、标准、园区和人才培养等领域合作的试点示范,支持一批数字经济国际合作项目落地。共建双城经济圈"一带一路"国际大数据交易中心,探索数据交易规则、技术实现路径和商业模式,提供面向全球的数据价值发现、数据资产交易服务,共同推动"21世纪数字丝绸之路"建设。深化服务贸易创新发展试点,依托川渝自贸区探索共建数字贸易先行示范区。积极向国家争取加大数字产品安全检测、安全能力认证、增值电信业务牌照等方面的试点开放力度。

五是搭建双向互动交流载体。积极承办世界工业互联网大会、中国大数据应用大会、人工智能国际合作大会等国际国内交流活动。积极创办川渝数字经济应用场景创意大赛、数字技能大赛,创办双城经济圈数字经济发展高峰论坛、数字经济赋能双城经济圈高峰对话会,构建国际国内多方参与的数字经济合作发展对话磋商机制,提升双城经济圈数字经济数字技术国际交流频度。建立双城经济圈数字经济智库研究院,发布双城经济圈数字经济发展年度白皮书。联合创办双城经济圈区块链产业学院和网络安全产业学院。

参考文献

习近平:《不断做强做优做大我国数字经济》,《求是》2022年第2期。
中共中央、国务院:《成渝地区双城经济圈建设规划纲要》,2021年10月。

B.3
重庆数字经济发展：测度与评价[*]

李万慧 谢攀[**]

摘　要： 客观分析区域数字经济的发展水平及其差异是进一步发挥数字经济正外部性的基础，也是缩小区域差异的新途径。本文从数字基础设施、数字产业化、产业数字化、数字治理四个维度选取22个指标构建数字经济发展评价指标体系，并基于横向比较与纵向比较、时空演变等角度对2016~2020年重庆数字经济发展水平进行探究。评价结果表明，重庆在数字经济发展中存在数字基础设施配套、"两化"深度融合、自主研发和创新能力仍需进一步加强等问题，本研究提出了着力夯实数字基础设施支撑、高效推进"两化"深度融合、加大科技创新力度、加强数字人才培养等针对性建议。

关键词： 数字经济　熵值法　重庆

数字经济是经济提质增效的新变量，也是推动经济转型增长的"新蓝海"，发展数字经济是新一轮科技革命和产业变革的大势所趋。党的十八大以来，党中央高度重视发展数字经济，将推动数字经济发展上升为国家战略。党的十九大提出，要建设数字中国、智慧社会。2021年10月18日，

---

[*] 项目支持：本文系重庆社会科学院自主支持项目"重庆数字经济发展指标评价体系研究"阶段性成果。

[**] 李万慧，重庆社会科学院财政与金融研究所副所长、研究员，重庆数字经济研究中心，研究方向为财政经济、数字经济；谢攀，重庆社会科学院财政与金融研究所助理研究员，重庆数字经济研究中心，研究方向为金融理论与政策、数字经济。

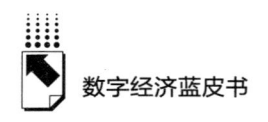

习近平总书记在中共中央政治局第三十四次集体学习时强调，要不断做强做优做大我国数字经济。重庆作为西部地区数字经济发展的重要支点，是除北京、上海、广东、浙江、江苏等东部省份外数字经济发展较好的西部省份。2021年12月，重庆出台《重庆市数字经济"十四五"发展规划（2021~2025年）》，将数字经济作为实现高质量发展的战略选择。随着数字经济的快速发展，科学合理地评价数字经济发展情况也日益成为推动数字经济发展的重要内容，一个科学完善的指标体系能有效评估当前数字经济发展的成效与不足，找出发展短板并加以改进，为推动数字经济平稳健康发展"保驾护航"。

数字经济的概念由Tapscott于1996年提出以来，其内涵与外延不断拓展深化，对数字经济进行测度也一直是学界关注的重点和热点之一。学者们从不同角度对数字经济进行测度，这也为本文提供了有益借鉴。综合国内外数字经济测度研究，我们认为数字经济是一个多维综合的概念，其测度指标体系应当尽可能涵盖和量化数字经济运行过程中涉及的领域，有效反映数字经济发展水平，为制定数字经济政策提供决策依据。基于此，本文在现有研究的基础上，从重庆现实情况着手构建数字经济发展评价指标体系，采用熵值法，从横向和纵向、时间和空间等角度对2016~2020年重庆数字经济发展水平进行测度，进一步探究重庆数字经济发展时空演变规律，并通过各项指标的对比，发现重庆在数字经济实践中存在的问题，为数字经济发展提供可行性建议。

一　重庆数字经济发展评价指标体系

（一）指标体系与指标解析

在遵循科学性和可比性原则、系统性与层次性原则、针对性和可操作性原则的前提下，结合重庆数字经济发展现实情况与相关政策文本，本文从数字基础设施、数字产业化、产业数字化、数字治理等四个维度选取指标，构建重庆数字经济发展评价指标体系，衡量数字经济发展水平，指标体系最终细化为9个二级指标、22个三级指标，均为正向指标。

1. 数字基础设施维度

数字基础设施是数字经济发展的底座和基石，数字经济发展高度依赖硬件基础设施和网络基础设施的支撑，因此本文从这两方面选取 8 个三级指标对数字基础设施进行评估。硬件基础设施方面，本文选择长途光纤线路密度和移动电话基站分布密度指标，并增加移动电话普及率和互联网宽带接入端口指标，这是普通民众能够参与数字经济发展的硬件基础，体现硬件基础设施的普及程度；网络基础设施方面，本文选择互联网普及率指标和经过人均处理的域名数、网页数、IPv4 地址数指标。

2. 数字产业化维度

数字产业化与产业数字化一并构成了数字经济的核心，借鉴已有研究，本文认为数字核心产业即信息传输、软件和信息技术服务业与计算机、通信和其他电子设备制造业，因此从电信业务量、软件和信息技术服务业、数字媒介三方面选取电信业务收入、移动电话通话时长、移动短信业务量、软件业务收入、信息技术服务收入、数字电视分布密度 6 个三级指标对数字产业化发展能力进行评估。

3. 产业数字化维度

在产业数字化评估指标选取方面，本文主要考虑企业、电商、新业态新模式等三方面，基于重庆相关数据的可操作性，本文在选取企业信息化指标时着眼于企业拥有网站数和每百人使用计算机台数 2 个三级指标，通过企业的网站和计算机数量衡量企业对数字化的认知程度和利用程度；在选取电子商务指标时，本文选择有电子商务交易活动企业占总企业数比重和电子商务销售额 2 个三级指标衡量电商发展程度；在选取新业态新模式指标时，本文选择数字普惠金融指数 1 个三级指标作为新业态新模型的典型代表。

4. 数字治理维度

数字治理指政府运用数字化技术实现政府管理方式的变革和效率的提升，在指标选取方面，本文主要从数字政务方面选取 3 个三级指标，其中服务方式完备度指数指标衡量政府数字政务服务的"渠道可达"水平，服务

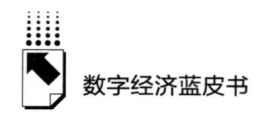

事项覆盖度指数指标衡量政府数字政务服务的"事项可见"水平，办事指南准确度指数指标衡量政府数字政务的"指南可用"水平（见表1）。

表1 重庆数字经济发展评价指标体系

一级指标	二级指标	三级指标	指标单位	指标说明	属性
数字基础设施	硬件基础设施	移动电话普及率	部/百人	—	+
		长途光纤线路密度	千米/千米^2	长途光纤线路长度/行政区域面积	+
		移动电话基站分布密度	个/千米^2	移动电话基站/行政区域面积	+
		互联网宽带接入端口	个/人	互联网宽带接入端口/常住人口数	+
	网络基础设施	互联网普及率	%	—	+
		域名数	个/百人	域名数/常住人口数	+
		网页数	个/人	网页数/常住人口数	+
		IPv4地址数	个/百人	IPv4地址数/常住人口数	+
数字产业化	电信业务量	电信业务收入	%	电信业务收入/GDP	+
		移动电话通话时长	分钟/人	移动电话通话时长/常住人口数	+
		移动短信业务量	条/人	移动短信业务量/常住人口数	+
	软件和信息技术服务业	软件业务收入	%	软件业务收入/GDP	+
		信息技术服务收入	%	信息技术服务收入/GDP	+
	数字媒介	数字电视分布密度	户/千米^2	数字电视用户数/行政区域面积	+
产业数字化	企业信息化	企业拥有网站数	个	—	+
		每百人使用计算机台数	台	—	+
	电子商务	有电子商务交易活动企业占总企业数比重	%	有电子商务交易活动企业数量/总企业数	+
		电子商务销售额	%	电子商务销售额/社会消费品零售总额	+
	新业态新模式	数字普惠金融指数	—	—	+

续表

一级指标	二级指标	三级指标	指标单位	指标说明	属性
数字治理	数字政务	服务方式完备度指数	—	—	+
		服务事项覆盖度指数	—	—	+
		办事指南准确度指数	—	—	+

注："指标说明"中标注"—"表明该指标数据可以直接从年鉴或相关报告中获取。

（二）测度方法

学界对指标体系的测度方法较多，但总体上可分为主观测度法与客观测度法两大类。其中，熵值法是一种客观赋权的测度方法，其根据每项指标提供的信息量来赋予相应的权重，可以较好地避免人为因素带来的误差，可信度较高。因此，本文采用熵值法测算数字经济发展指数，用以评价数字经济发展水平，数字经济发展指数越大，则表明数字经济发展水平越高。熵值法的具体步骤如下。

假设有 m 个评价对象，n 个评价指标，X_{ij} 表示第 i 个评价对象的第 j 个指标（$i=1, 2\cdots m$；$j=1, 2\cdots n$）。

第一步，对指标数据 X_{ij} 进行标准化处理。

对于正向指标，标准化处理如下：

$$S_{ij} = \frac{X_{ij} - Min\ X_{ij}}{Max\ X_{ij} - Min\ X_{ij}}$$

对于负向指标，标准化处理如下：

$$S_{ij} = \frac{Min\ X_{ij} - X_{ij}}{Max\ X_{ij} - Min\ X_{ij}}$$

其中，S_{ij} 表示 X_{ij} 的标准化，$Min\ X_{ij}$、$Max\ X_{ij}$ 分别表示第 j 个指标的最小值、最大值。

第二步，计算标准化数据 S_{ij} 的权重：

$$W_{ij} = \frac{S_{ij}}{\sum_{j=1}^{m} S_{ij}}$$

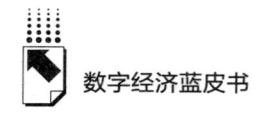

第三步，计算第 j 个指标的熵值：

$$H_{ij} = -k \times \sum W_{ij} \times \ln(W_{ij})$$

其中常数 $k=1/\ln(m)$，因此 H_{ij} 的取值范围为 [0, 1]。

第四步，计算第 j 个指标的信息效应值：

$$D_{ij} = 1 - H_{ij}$$

第五步，计算各个指标的权重：

$$Q_{ij} = \frac{D_{ij}}{\sum_{j=1}^{m} D_{ij}}$$

第六步，加权计算得到数字经济发展指数 V：

$$V_i = \sum Q_{ij} \times S_{ij}$$

（三）数据来源

鉴于西藏、香港、澳门、台湾相关数据缺失较多，且部分省份2021年统计年鉴还没发布，本文选择2016~2020年我国30个省份（不含西藏和港澳台地区）的数字经济发展数据测量数字经济发展水平。其中，三级指标中数字电视分布密度来源于《中国文化及相关产业统计年鉴》；数字普惠金融指数来源于北京大学数字金融研究中心发布的《北京大学数字普惠金融指数》；服务方式完备度指数、服务事项覆盖度指数、办事指南准确度指数来源于中央党校（国家行政学院）电子政务研究中心等发布的《中国电子政务发展报告》；其余数据均来自历年《中国统计年鉴》。个别缺失数据采用线性插值法补齐，整理得到2016~2020年30个省区市22个三级指标的基础数据，共计3300个。

二 重庆数字经济时空演变特征

（一）横向对比：2016年、2020年省级数字经济时空演变特征

根据上述熵值法的计算步骤，运用Stata 16软件计算出指标权重，进而

测量我国 30 个省份 2016 年、2020 年数字经济发展综合得分及数字基础设施、数字产业化、产业数字化、数字治理四项一级指标分类得分。由于指标得分普遍较低（<1），为了更易于观察和后续处理，我们将指标得分乘以 100。综合得分及 4 项一级指标得分具体如表 2、表 3 所示。同时，为更直观展现 2016 年、2018 年省级数字经济时空演变特征，观察重庆与相关省份数字经济发展差距，我们利用 ArcGis10.2 软件将表 2 中的得分分布情况进行可视化展示。

表 2 2016 年省级数字经济综合得分、分类得分

地 区		数字基础设施	数字产业化	产业数字化	数字治理	综合得分
东部地区	北京	26.39	14.60	7.07	1.10	49.16
	天津	5.05	6.06	2.93	0.75	14.79
	河北	2.51	1.23	1.93	0.54	6.20
	辽宁	3.05	4.02	1.84	1.21	10.12
	上海	15.07	14.70	6.87	1.38	38.03
	江苏	4.86	5.80	5.29	1.46	17.42
	浙江	7.50	6.07	5.16	1.43	20.17
	福建	7.14	4.92	2.84	1.30	16.20
	山东	2.83	3.59	4.19	1.15	11.76
	广东	6.16	5.16	6.47	1.19	18.98
	海南	2.78	2.26	3.29	0.94	9.27
	均值	7.58	6.22	4.35	1.13	19.28
中部地区	山西	2.38	1.42	1.25	0.86	5.91
	吉林	1.97	2.08	0.93	0.54	5.51
	黑龙江	1.62	1.21	0.94	1.27	5.04
	安徽	1.90	1.15	3.33	1.01	7.39
	江西	1.58	0.95	1.81	1.28	5.62
	河南	2.06	1.17	2.34	0.21	5.79
	湖北	2.15	2.01	2.89	0.81	7.86
	湖南	1.87	1.47	2.31	0.92	6.57
	均值	1.94	1.43	1.97	0.86	6.21

续表

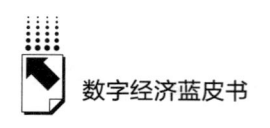

地区		数字基础设施	数字产业化	产业数字化	数字治理	综合得分
西部地区	四川	1.71	3.18	2.95	0.67	8.51
	重庆	2.47	3.11	2.64	1.01	9.23
	贵州	1.18	1.59	2.38	1.37	6.52
	云南	0.97	1.18	2.25	0.92	5.32
	陕西	2.31	3.51	2.25	1.07	9.14
	甘肃	0.82	1.54	1.27	1.19	4.82
	青海	1.40	1.09	2.28	0.60	5.37
	宁夏	1.84	1.52	1.69	0.77	5.82
	新疆	1.41	1.69	0.94	0.52	4.55
	广西	1.46	0.88	1.38	1.22	4.94
	内蒙古	1.29	1.14	1.61	0.60	4.64
	均值	1.53	1.86	1.97	0.90	6.26
总均值		3.86	3.34	2.84	0.98	11.80

表3　2020年省级数字经济综合得分、分类得分

地区		数字基础设施	数字产业化	产业数字化	数字治理	综合得分
东部地区	北京	41.40	23.47	10.57	1.49	76.93
	天津	8.91	12.11	5.15	1.01	27.18
	河北	4.16	3.52	3.29	1.36	12.33
	辽宁	4.78	4.95	3.38	1.18	14.29
	上海	19.75	18.95	8.44	1.51	48.66
	江苏	6.56	7.14	6.88	1.44	22.02
东部地区	浙江	8.53	8.19	6.51	1.56	24.80
	福建	7.14	5.72	3.96	1.61	18.43
	山东	4.49	6.16	5.52	1.08	17.25
	广东	7.60	7.69	9.38	1.54	26.21
	海南	4.93	5.05	3.87	1.22	15.07
	均值	10.75	9.36	6.09	1.36	27.56

续表

地　区		数字基础设施	数字产业化	产业数字化	数字治理	综合得分
中部地区	山西	4.26	3.85	2.40	1.24	11.75
	吉林	3.81	4.29	1.99	0.96	11.05
	黑龙江	3.09	2.96	2.30	0.95	9.29
	安徽	3.63	3.38	4.41	1.59	13.01
	江西	3.47	2.65	3.34	1.49	10.95
	河南	3.98	3.32	3.17	1.33	11.80
	湖北	3.67	3.63	4.18	1.12	12.60
	湖南	3.15	3.48	3.58	1.36	11.57
	均值	3.63	3.44	3.17	1.25	11.50
西部地区	四川	3.77	6.14	4.08	1.27	15.26
	重庆	4.06	5.82	3.92	1.33	15.13
	贵州	2.93	5.32	2.57	1.52	12.34
	云南	2.40	4.11	2.99	1.21	10.71
	陕西	3.91	7.41	3.57	1.23	16.12
	甘肃	2.23	4.59	2.06	0.97	9.86
	青海	2.71	4.56	2.63	0.88	10.78
	宁夏	3.36	4.35	2.22	1.29	11.22
	新疆	2.48	4.36	2.01	0.91	9.76
	广西	3.33	4.40	2.71	1.19	11.63
	内蒙古	2.60	2.91	3.00	1.20	9.71
	均值	3.07	4.91	2.89	1.18	12.05
总均值		6.04	6.15	4.14	1.27	17.59

注：东部地区包括北京、天津、河北、辽宁、上海、江苏、浙江、福建、山东、广东和海南11个省份；中部地区包括山西、吉林、黑龙江、安徽、江西、河南、湖北、湖南8个省份；西部地区包括四川、重庆、贵州、云南、西藏、陕西、甘肃、青海、宁夏、新疆、广西、内蒙古12个省份，表格中不包括西藏。

在本部分横向对比方面，本文选择重庆横向对比的省份为北京、天津、上海、四川、陕西，选择前三个省份的理由在于：一是重庆与这三个省份均为直辖市，在争取中央数字经济政策等方面具有相似点，这三个省份的政策也可为重庆弥补短板提供参考；二是这三省份均位于东部，数字经济发展时间较早，发展态势良好，可为重庆提供借鉴经验。选择四川和陕西的理由在于：重庆与这两个省份均位于西部且相邻，经济联系较为密切，且其数字经

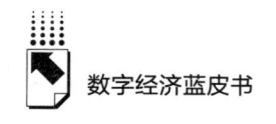

济发展态势优于重庆，也是重庆可以学习和追赶的目标对象。

1. 我国数字经济总体水平时空演变分析

由表2和表3可知，我国省级数字经济综合得分普遍不高，省份间差异较大，但均呈现上升趋势。2020年数字经济综合得分最高的省份为北京市（76.93），有6个省份综合得分在20以上，4个省份的综合得分低于10，总平均得分为17.59，较2016年的11.80提升49.07%。其中，2020年东部地区数字经济综合得分较2016年提升42.95%，中部地区提升85.19%，西部地区提升92.49%，可见西部地区与东部、中部地区数字经济发展的相对差距逐渐缩小，发展潜力较大。从排名变化看，相比于2016年，2020年数字经济发展排名除了北京、上海、山东、广东、山西、吉林、重庆、内蒙古等8个省份保持不变外，天津、河北、安徽、河南、四川、贵州、陕西、甘肃、新疆、广西等10个省份排名均有上升，其余12个省份排名下降。排名上升较快的省份有广西、天津，分别上升7位、4位；湖南、辽宁、黑龙江则分别下降5位、4位、4位，下降幅度较大。

此外，我国东中西部地区数字经济发展水平存在显著的空间异质性，数字经济综合得分大体上是东部高、中西部低。2020年综合评分排名前10的省份中有8个属于东部地区，且为第1~8名，是我国数字经济发展的领先地区；中部地区内部数字经济发展水平差异较小，其综合得分均小于20，黑龙江综合评分小于10，其平均得分略低于西部地区，属于我国数字经济发展的成长地区；西部地区平均得分明显低于东部地区，综合评分排名后10的省份有6个，甘肃、新疆、内蒙古综合得分均小于10，未来发展空间和潜力较大，因而是我国数字经济发展的潜力地区。

从重庆和北京、天津、上海、四川、陕西等省份对比看，2020年重庆数字经济综合得分为15.13，排在第11名，属于中游偏上位置，但排名较2016年保持不变。综合得分与其余5个省份的差距分别为61.80、12.05、33.53、0.13、0.99，差距较2016年分别增加21.88、6.50、4.74、0.86、1.08，绝对差距不断扩大；同时，重庆数字经济综合得分的年均增长率为13.13%，其余5个省份分别为11.85%、16.44%、6.36%、15.73%、15.24%，可见除了北京、上海，重庆与天津、四川、陕西数字经济发展的相对差距也不断变大。

2. 我国数字基础设施时空演变分析

我国省级数字基础设施得分不高，但总体呈现稳中向好的趋势。2020年我国数字基础设施平均得分为6.04，最高得分为北京的41.40，最低得分为甘肃的2.23，除了前2名，其余28个省份得分均低于10，但与2016年平均得分3.86相比，提高了56.48%。其中，2020年东部地区数字基础设施平均得分提升41.82%，中部地区提升87.11%，西部地区提升100.65%。同时，东中西部地区数字基础设施得分存在显著的区域异质性，呈现由东到西依次递减的规律。2020年东部地区数字基础设施平均得分为10.75，排名前10的省份均位于东部地区；中部地区数字基础设施平均得分为3.63，内部差异较小，得分大多排在第11~20名；西部地区数字基础设施平均得分为3.07，11个省份中有8个排在第21~30名。

从重庆和北京、天津、上海、四川、陕西等省份对比看，2020年重庆数字基础设施得分为4.06，排在第13名，属于中游偏上位置，但排名较2016年下降1名。得分与其余5个省份的差距分别为37.34、4.85、15.69、-0.29、-0.15，差距较2016年分别增加13.42、2.27、3.09、0.48、0.01，绝对差距不断扩大；同时，重庆数字基础设施得分的年均增长率为13.14%，其余5个省份分别为11.91%、15.25%、6.99%、21.89%、14.04%，可见除了北京、上海，重庆与天津、四川、陕西数字基础设施发展的相对差距也在不断变大。

3. 我国数字产业化时空演变分析

我国省级数字产业化得分不高，但呈现上升趋势。2020年我国数字产业化平均得分为6.15，较2016年的3.34提升84.13%，除了北京、天津、上海3个省份，其余27个省份数字产业化得分均小于10，排名最低的为江西，其数字产业化得分为2.65。其中，2020年东部地区数字产业化平均得分较2016年提升50.48%，中部地区平均得分提升140.56%，西部地区平均得分提升163.98%。同时，东中西部地区数字产业化得分同样存在显著的区域异质性，呈现东部地区和西部地区相对较高、中部地区相对较低的

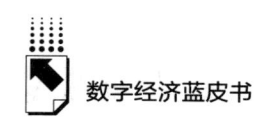

"U"形空间特征。2020年东部地区数字产业化平均得分为9.36，得分排名前10的省份中有7个位于东部地区；中部地区数字产业化平均得分为3.44，内部差异较小，8个省份中有7个得分排在第21~30名；西部地区数字产业化平均得分为4.91，11个省份中有6个排在第11~20名。

从重庆和北京、天津、上海、四川、陕西等省份对比看，2020年重庆数字产业化得分为5.82，排在第10名，属于中游偏上位置，排名较2016年上升2名。得分与其余5个省份的差距分别为17.65、6.29、13.13、0.32、1.59，差距较2016年分别增加6.16、3.34、1.54、0.25、1.19，绝对差距不断扩大；同时，重庆数字产业化得分的年均增长率为16.96%，其余5个省份分别为12.61%、18.88%、6.55%、17.91%、20.54%，可见除了北京、上海，重庆与天津、四川、陕西数字产业化发展的相对差距也不断变大。

4. 我国产业数字化时空演变分析

我国省级产业数字化得分同样不高，但呈现平缓上升趋势。2020年我国产业数字化平均得分为4.14，较2016年的2.84提升45.77%，除了北京，其余29个省份产业数字化得分均小于10，排名最低的为吉林，其产业数字化得分为1.99。其中，2020年东部地区产业数字化得分较2016年提升40.00%，中部地区平均得分提升60.91%，西部地区平均得分提升46.70%。同样的，东中西部地区产业数字化得分存在显著的区域异质性，呈现由东部地区向西部地区递减的态势。2020年东部地区产业数字化平均得分为6.09，得分排名前10的省份中有7个位于东部地区；中部地区产业数字化平均得分为3.17，分别有3个省份得分排在第11~20名和第21~30名；西部地区产业数字化平均得分为2.89，11个省份中有7个排在第21~30名。

从重庆和北京、天津、上海、四川、陕西等省份对比看，2020年重庆产业数字化得分为3.92，排在第12名，属于中游偏上位置，排名较2016年提升1名。得分与其余5个省份的差距分别为6.65、1.23、4.52、0.16、-0.35，差距较2016年分别增加2.22、0.94、0.29、-0.15、0.04，除了四川，重庆与北京、天津、上海、陕西的绝对差距不断扩大；同时，重庆数字产业化得分的年均增长率为10.37%，其余5个省份分别为10.58%、

15.15%、5.27%、8.42%、12.31%，可见除了上海、四川，重庆与北京、天津、陕西数字产业化发展的相对差距也在不断变大。

5. 我国数字治理时空演变分析

我国省级数字治理得分很低，得分大多位于1~2区间。2020年我国数字治理平均得分为1.27，较2016年的0.98增长29.59%，排名最高的为福建，其数字治理得分为1.61；排名最低的为青海，其数字治理得分为0.88。其中，2020年东部地区数字治理得分较2016年提升20.35%，中部地区平均得分提升45.35%，西部地区平均得分提升31.11%。同样的，东中西部地区数字治理得分存在显著的区域异质性，呈现由东部地区向西部地区递减的态势。2020年东部地区数字治理平均得分为1.36，得分排名前10的省份中有6个位于东部地区；中部地区数字治理平均得分为1.25，有3个省份得分排在第1~10名；西部地区数字治理平均得分为1.18，11个省份中有6个排在第11~20名。

从重庆和北京、天津、上海、四川、陕西等省份对比看，2020年重庆数字治理得分为1.33，排在第12名，同样属于中游偏上位置，排名较2016年提升4名。得分与其余5个省份的差距分别为0.16、-0.32、0.18、-0.06、-0.10，差距较2016年分别增加0.07、-0.05、-0.19、0.28、-0.16，除了天津、上海、陕西，重庆与其他省份的绝对差距不断扩大；同时，重庆数字治理得分的年均增长率为7.20%，其余5个省份分别为7.96%、8.02%、2.33%、17.31%、3.43%，可见除了上海与陕西，重庆与北京、天津、四川数字治理发展的相对差距也在不断变大。

（二）纵向对比：2016~2020年重庆数字经济时空演变特征

1. 重庆数字经济总体水平时空演变特征

图1为2016~2020年重庆数字经济总体水平的测度结果，可以看出，重庆数字经济总体水平运行在9.0~16.0区间，总体指数呈现稳步上升的趋势。具体来看，2020年重庆数字经济总体水平较2016年上升63.74%，2017~2020年数字经济总体得分别增长1.02、2.15、1.53、1.19，增速分

别为 11.04%、20.96%、12.33%、8.54%，2018 年增量和增速最高，2016~2018 年快速增长，2019~2020 年增速逐渐放缓并趋于稳定。可见，2016 年以来，重庆积极抢抓新一轮科技革命和产业变革机遇，依托电子信息产业基础优势，持续壮大"芯屏器核网"全产业链，不断加速推进智能产业补链成群，使得数字经济总体水平得到了很大提升。

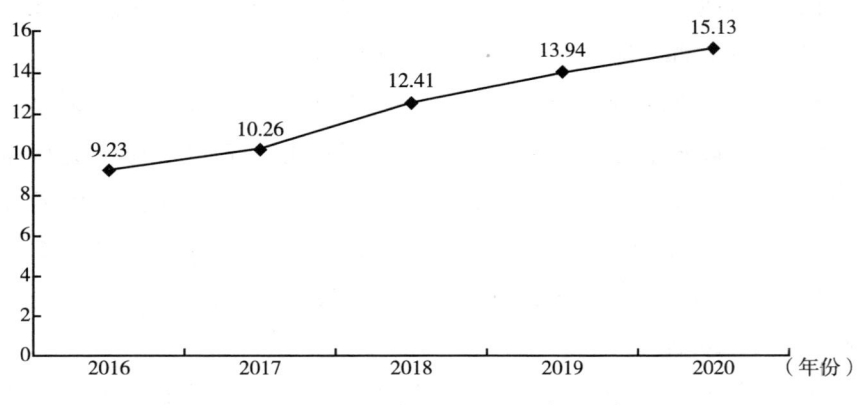

图 1 2016~2020 年重庆数字经济综合得分

2. 重庆数字经济分类得分时空演变特征

图 2 中（1）为 2016~2020 年重庆数字基础设施得分情况，可以看出，重庆数字基础设施得分运行在 2.0~5.0 区间，总体得分呈现快速上升的趋势。具体来看，2020 年重庆数字基础设施得分较 2016 年增长 64.37%，2017~2020 年得分分别增加 0.49、0.33、0.60、0.17，增速分别为 19.84%、11.15%、18.24%、4.37%，2019 年增长最多，2017 年增速最高，增量和增速呈现波动下降的趋势。2020 年，重庆累计建成开通 5G 基站 4.9 万个，建成国家级互联网骨干直联点，省际直联城市超过 32 个，省际互联网出口带宽达 36.8T，数字基础设施实现了全面提升。

图 2 中（2）为 2016~2020 年重庆数字产业化得分情况，可以看出，重庆数字产业化得分运行在 3.0~6.0 区间，总体得分呈现先缓慢增长后快速上升的趋势。具体来看，2020 年重庆数字产业化得分较 2016 年增长 87.14%，2017~2020 年得分分别增长 0.14、1.23、0.87、0.47，增速分别

为4.50%、37.85%、19.42%、8.79%，2018年增量和增速均为最高，增量和增速均呈现先升后降的趋势。2020年，重庆数字产业增加值达到1824亿元，实现了高速增长，软件和信息服务业营业收入规模突破2000亿元，集聚大数据智能化企业7000余家，数字产业化实现了快速壮大。

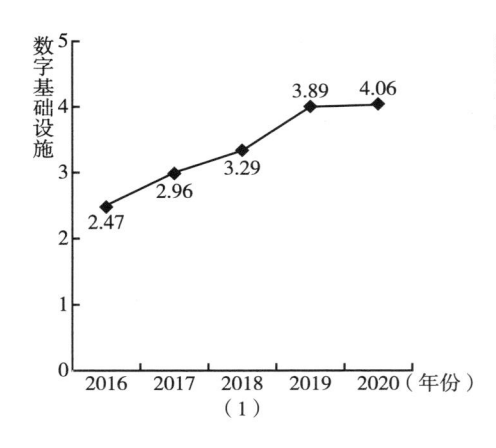

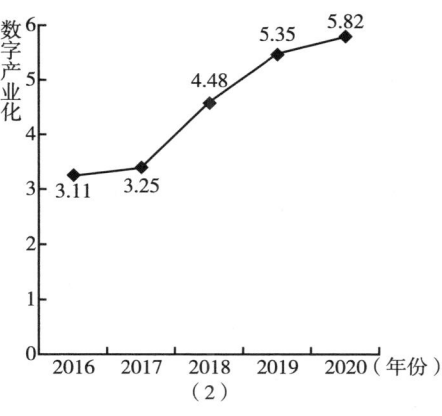

图2中（3）为2016~2020年重庆产业数字化得分情况，可以看出，重庆产业数字化得分运行在2.5~4.0区间，总体得分呈现稳步上升的趋势。具体来看，2020年重庆产业数字化得分较2016年增长48.48%，2017~2020年得分分别增长0.25、0.47、0.03、0.53，增速分别为9.47%、16.26%、0.89%、15.63%，2020年增长最多，2018年增速最高，增量和增速均呈现先增后降再增的趋势。2020年，重庆建成67个智能工厂和359个数字化车间，实施智慧工地2630个，集聚电商（网商）近66万家，产业数字化水平不断提升。

图2中（4）为2016~2020年重庆数字治理得分情况，可以看出，重庆数字治理得分运行在1.0~1.5区间，总体得分呈现上升趋势。具体来看，2020年重庆数字治理得分较2016年上升31.68%，2017~2020年得分分别增长0.14、0.14、0.02、0.02，增速分别为13.86%、12.17%、1.55%、1.53%，2017年增量和增速均为最高，增量和增速均呈现下降趋势。2020年，重庆全面实施"云长制"，上云率达到98.9%，市级共享数据突破3500类，日均交换数据超过300万次，但数据壁垒仍然存在，数据要素资源作用发挥不够，数字治理水平仍有较大提升空间。

（1）数字基础设施：2016年 2.47，2017年 2.96，2018年 3.29，2019年 3.89，2020年 4.06

（2）数字产业化：2016年 3.11，2017年 3.25，2018年 4.48，2019年 5.35，2020年 5.82

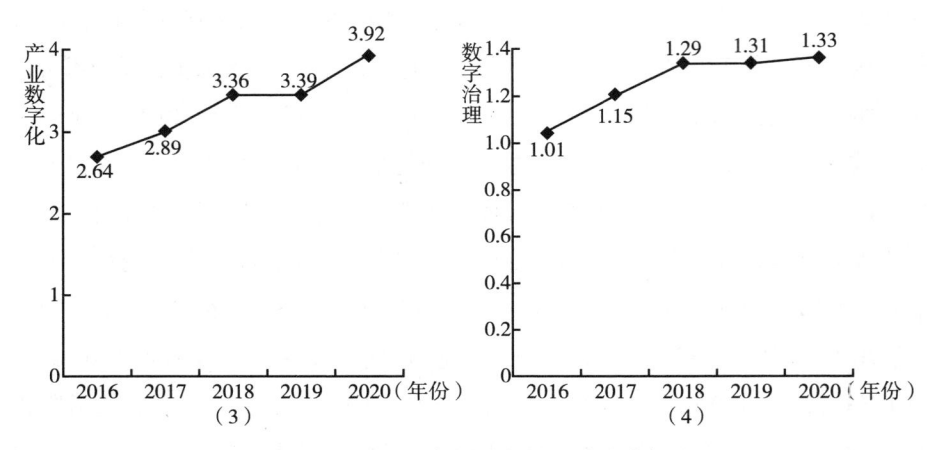

图 2　2016~2020 年重庆数字经济分类得分

3. 重庆数字经济发展的显著特点

（1）数字经济引领经济高质量发展

经济发展为数字经济持续繁荣提供强大、稳定的土壤，数字经济的快速发展也成为推动经济社会高质量发展的重要引擎。图 3 显示，数字经济与地区经济发展显著正相关，北京、上海、浙江、福建、陕西等数字经济发展水平排名前 10 的省份稳稳占据领先地位。宁夏、青海等 GDP 达 3000 亿元水

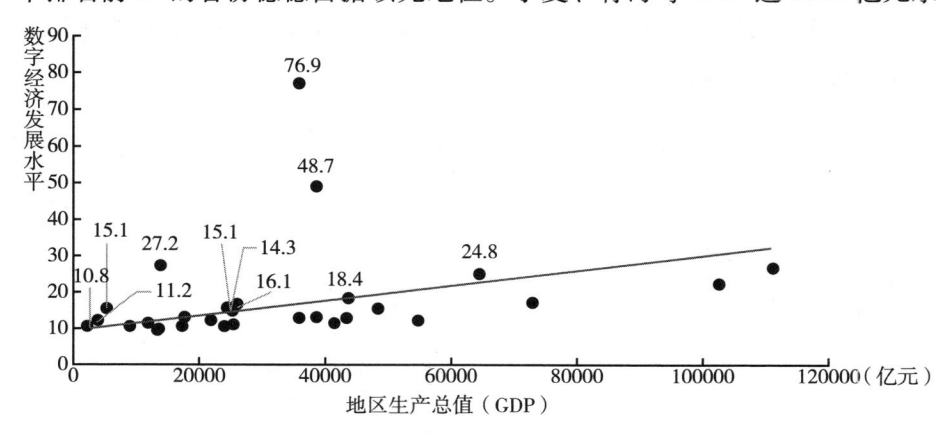

图 3　2020 年重庆数字经济发展水平与地区生产总值（GDP）

注：各省份地区生产总值数据来源于《中国统计年鉴 2020》。

平的省份数字经济也追赶上其经济发展水平。重庆凭借在数字经济领域的较好表现，相较于同处于 GDP 25000 亿元水平的江西和云南，其数字经济发展也取得了追赶甚至超越 GDP 发展水平的成绩。

（2）人才集聚为数字经济发展提供持续动力

数字人才是数字经济发展的关键因素，年轻劳动力的流入能为地区数字经济发展提供持续动力，地区数字经济发展提供的工作机会和人才需求又是吸引数字人才的重要因素。由图 4 可知，人口流入与数字经济发展高度正相关，北京、天津、上海、江苏、福建等省外人口流入量排名前 10 的省份占据领先位置。重庆着力打造"智造重镇""智慧名城"，积极构建数字产业创新发展体系，增强人才吸引力，2020 年重庆省外人口流入量全国排名第 15，在西部地区排名第三，是西部地区人才流入的重要省份，数字人才涌入为数字产业发展注入强大动力，新产业、新模式、新业态的不断涌现又持续扩大了对人才的需求，创造大量就业机会。近年来，重庆连续出台多项吸引人才的优惠政策，地区人力资源得到快速发展。

（3）数字经济为抗击疫情注入新动力

受益于数字经济发展的良好态势，北京、天津、浙江、河南、四川在数字化防疫中硕果累累，为高效抗疫筑起"智慧防线"，也给全国其他省份数字化防疫提供了借鉴样板。2020 年，重庆累计建成开通 5G 基站 4.9 万个，跻身全国第一梯队，建成全国首条、针对单一国家、点对点的国际数据专用

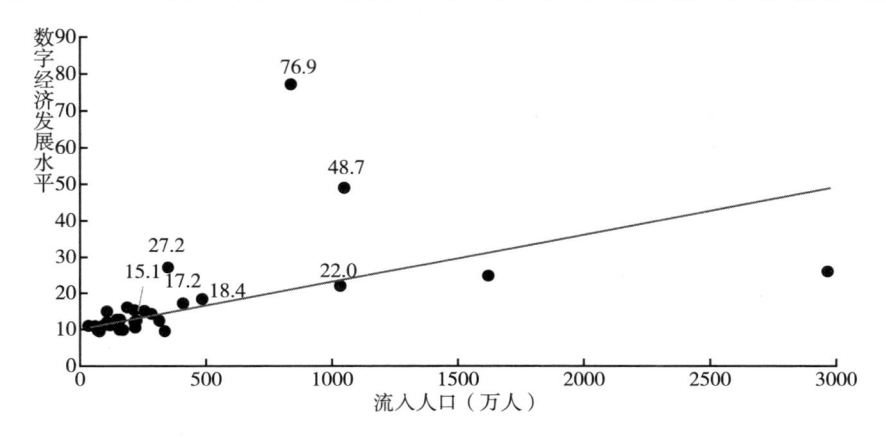

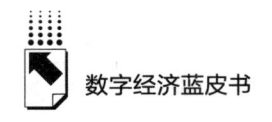

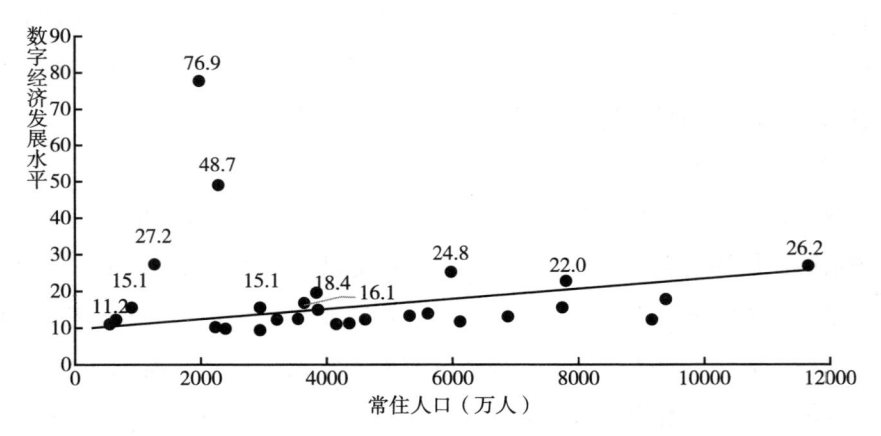

图4　2020年重庆数字经济发展水平与流入人口和常住人口

注：各省份流入人口与常住人口数据来源于《中国统计年鉴2020》。

通道——中新（重庆）国际互联网数据专用通道，数字基础设施的发力有效支撑了数字经济发展和数字化防疫，2020年一季度"渝快办"共接受企业群众查询服务179万件，网上办件总量超过7200万件；及时推出"渝康码"，有效促进企业科学组织复工复产，规范市民安全有序出行；陆续运营协同办公云平台、疫情排查信息系统等多个大数据平台，为全市数字化战疫提供了有力保障。

三　重庆数字经济发展存在的问题

虽然重庆在数字经济发展中取得了较好成绩，但要加快发展数字经济、建成国内领先和具有全球影响力的数字经济创新发展高地还面临一些问题。

（一）数字基础设施配套有待进一步完善

重庆数字基础设施全国排名第13位，虽好于四川和陕西，但与北京、天津、上海相比差距仍较大，同时现有的数字基础设施配套建设不到位，数字基础设施支撑数字经济发展能力受限。一是数字经济管理机制体制尚不健全。从全国范围来看，重庆的数字经济管理水平与先进省市存在差距（见图5），在把握数字经济发展状况和本地区具有的数字资源优势方面还需要进一步加强。二是数字经济发展的资金支持规模有限。数字经济是技术密集、人才密集的新兴经济形态，在产业发展初期往往面临着资金不足的窘境，从而制约数字经济产业的做大做强。三是数字经济产业的政企合作渠道不畅。虽然重庆已有一些较为成功的政企合作项目，对数字经济产业发展起到了示范作用，也形成了良好的社会效益，但政企双方之间的沟通渠道还相对单一，成果的产权和收益分配机制还缺乏制度性保障。

（二）"两化"深度融合水平有待进一步提升

重庆数字产业化和产业数字化的全国排名接近，明显落后于北京、天津、上海、四川等省份，同时，受制于数字经济起步较晚，重庆"两化"融合程度仍然偏低。一是领军企业辐射作用不足，带动作用有限。同先进地区的数字经济大型企业相比，重庆的领军企业竞争力较弱，还难以拉动上下游产业链的共同发展，整合程度不高，数据分布较为零散，重储存、轻挖掘，在工业化中应用场景略显单薄，存在着"数据孤岛"现象。二是数字化和产业化融合程度不高，经济效益尚未充分显现。与广东3C数字、浙江金华服装等数字化和产业化深度融合的产业集群相比，重庆数字经济发展还没有完全落到实处，物联网、移动互联网以及工业互联网与传统产业协调融合度偏低，拉动经济增长的效能有待进一步提升。

（三）自主研发和创新能力有待进一步加强

数字经济是创新型驱动经济，对自主研发和创新能力有更高的要求，目前，重庆数字经济发展中自主研发和创新能力有待进一步加强。一是核心技术不强，创新能力不足。重庆数字经济企业的对外技术依存度较高，核心技术和关键专利往往来自对外采购或外部合作，企业内部自主创新的能力和动力不足，制约了数字经济的发展。二是技术标准混乱，行业规范尚未成形。

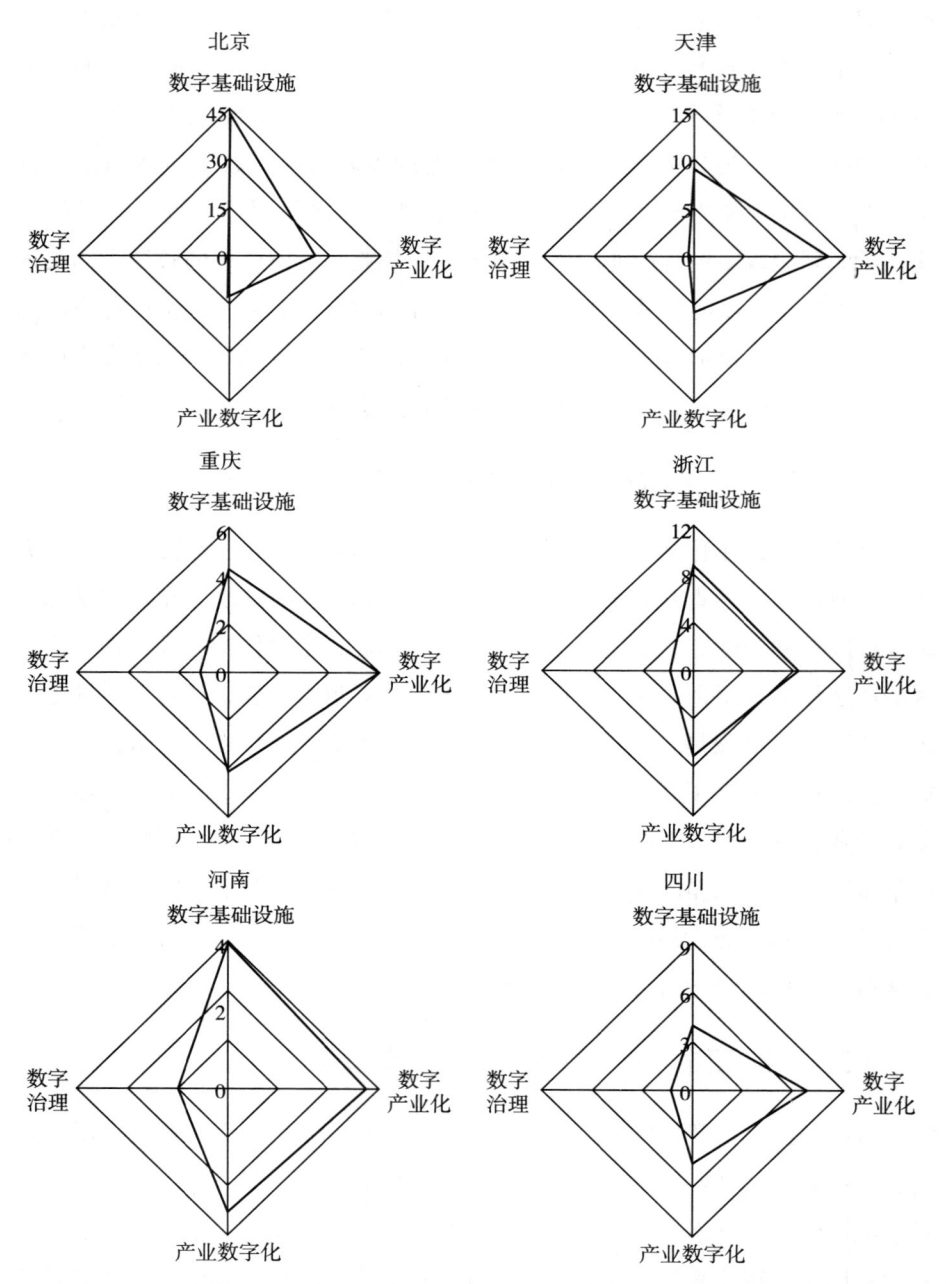

图 5 2020年北京、天津、重庆、浙江、河南、四川数字经济各领域发展水平

目前，重庆的数字经济企业多处于各自为政的阶段，各方之间数据存储、共享和分析标准不一，行业自律组织作用发挥不强，一些数字基础设施存在着重复建设的现象，阻碍数字经济企业形成规模效应。三是高水平人才短缺，薪酬激励机制有待完善。人才在数字经济发展中至关重要，东部沿海城市聚集了众多高校，收入水平较高，对人才的吸引力较强，如全国5G和集成电路研发人才集聚成都、上海等城市，但重庆在本地人才培养和薪酬激励方面还存在不足，人才缺口较为突出。

四　重庆数字经济发展建议

（一）着力夯实数字基础设施支撑

一是完善行政管理职能。建议由重庆市大数据发展局、市经信委等部门对重庆数字经济发展进行通盘考虑，集中力量解决一批阻碍重庆数字经济发展的障碍，牵头建设数字化平台，为数字经济发展提供良好的政策支持和外部环境。二是提供资金支持，改善金融条件。对于初创型的数字经济企业，充分引导金融机构根据企业的发展前景、技术储备和人才团队提供普惠性、优惠性贷款和风险投资，对于发展势头较好的企业要及时提供资金支持，推动其做大做强。三是畅通政企合作通道，实现良性互动发展。在公共服务和社会治理中，要注重结合本地数字经济企业的发展，建立政府和企业在数字资源开放方面的合作制度，实现社会效益和经济效益的共赢。

（二）高效推进"两化"深度融合

一是壮大领军企业，带动产业链发展。对具有核心技术、占有相当市场份额的企业要着重培养，壮大领军企业队伍，带动上下游企业的发展。二是实现"两化"深度融合。提高产业的数字化水平，加快传统产业的转型升级，挖掘传统产业的升级潜力，壮大数字经济产业的发展前景，实现对经济增长的有效拉动。三是打造产业集群，形成规模效应。依托国家整体战略布

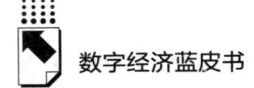

局，牢牢抓住西部地区数字经济发展的核心区位优势，打造中国西部地区在全国乃至全世界具有影响力的数字经济产业集群。

（三）加大科技创新力度

一是强化自主创新能力，突破核心技术难点。要对本地的数字经济企业加以引导和激励，提升创新能力，着力突破关键性、前沿性、颠覆性技术。二是制定统一技术标准，完善资源共享基础设施。在国家有关技术标准的基础上，立足行业惯例，制定统一的数据储存、交换、安全标准，为企业资源共享降低沟通成本，排除后顾之忧，提高数字资源的利用效率，拓宽数字资源的应用场景。

（四）加强数字人才培养

一是加强高等教育建设，着力培养本地数字人才。要加强产学研三方合作，引导企业更深入地参与学校学科建设，深化学校和企业在人才培养和培训就业方面的合作，盘活高校中现有的数字经济智力资源，增强数字经济发展的后劲。二是着力招才引智，吸引国内外优秀人才。要"走出去"招揽人才，深入东部发达地区设置招聘窗口，对本地区急需的数字经济高端人才要提供优惠政策，方便其在渝居住、教育、医疗，形成乐于来渝、乐于居渝、乐于为重庆数字经济发挥才能的良好氛围。

参考文献

黄敦平、朱小雨：《我国数字经济发展水平综合评价及时空演变》，《统计与决策》2022年第16期。

荆文君、孙宝文：《数字经济促进经济高质量发展：一个理论分析框架》，《经济学家》2019年第2期。

康铁祥：《中国数字经济规模测算研究》，《当代财经》2008年第3期。

刘军、杨渊鋆、张三峰：《中国数字经济测度与驱动因素研究》，《上海经济研究》

2020 年第 6 期。

孙毅、李欣芮、洪永淼等：《基于高质量发展的数字经济监测评估体系构建——以北京市全球数字经济标杆城市建设为例》，《中国科学院院刊》2022 年第 6 期。

许宪春、张美慧：《中国数字经济规模测算研究——基于国际比较的视角》，《中国工业经济》2020 年第 5 期。

张雪玲、焦月霞：《中国数字经济发展指数及其应用初探》，《浙江社会科学》2017 年第 4 期。

张勋、万广华、张佳佳等：《数字经济、普惠金融与包容性增长》，《经济研究》2019 年第 8 期。

赵涛、张智、梁上坤：《数字经济、创业活跃度与高质量发展——来自中国城市的经验证据》，《管理世界》2020 年第 10 期。

周丰祺、刘纳新：《G20 国家数字竞争力评价及启示》，《经济体制改革》2022 年第 3 期。

Tapscott, Don, "The Digital Economy: Promise and Peril in the Age of Networked Intelligence," *Educom Review*, 1996.

数字基础设施篇

B.4 重庆新型信息基础设施建设：进展、挑战与对策

陆佳佳　顾朝辉　杨博深*

摘　要： 随着数字经济快速发展，新型基础设施逐渐成为推动网络强国、数字中国建设的重要"数字底座"。近年来，重庆市抢抓发展机遇，大力推动新型信息基础设施建设，以5G和千兆光纤网络为重要内容的"双千兆"网络得到快速发展，为打造"智造重镇"、建设"智慧名城"提供了坚实的信息网络基础支撑。当前，在全国5G网络正处于规模化发展的关键阶段，千兆光纤网络步入快速建设期的趋势下，重庆要准确把握新型信息基础设施发展新形势、新要求，坚持创新驱动、绿色低碳发展，不断破解发展面临的新问题，促进全市新型信息基础设施高质量发展，有效发挥"双千兆"网络赋能作用，拉动重庆数字经济发展。

---

* 陆佳佳、顾朝辉、杨博深，工作单位：重庆市通信管理局。

关键词： 信息基础设施　5G　千兆光纤网络　重庆

一　重庆市新型信息基础设施建设现状

当前，国际环境日趋复杂严峻，世界经济下行压力增加，新型基础设施建设逐渐成为推动国内大循环、拉动经济增长的新兴力量，从短期来看，新型基础设施建设能够扩大内需，增强市场主体活力；从长期来看，新型基础设施建设能有效支撑经济长期稳定发展。2018年，中央经济工作会议首次提出新型基础设施建设。2020年，国家发展改革委明确了涵盖信息基础设施、融合基础设施及创新基础设施的新型基础设施概念及建设内容。其中，信息基础设施所涵盖的5G网络具有灵活性高、方便易用的优势，千兆光纤网络具有传输宽带大、抗干扰性强等优势，两者互相补充，形成合力，共同推动数字经济的发展。

近年来，重庆紧跟国家数字经济发展战略目标，准确把握新型基础设施发展节奏，抢占发展新高地，全市新型信息基础设施建设取得积极成效，为推动重庆市经济社会高质量发展提供坚实网络支撑。2021年重庆市信息通信业对重庆GDP增长的贡献率达5.3%，拉动GDP增长0.4个百分点。以5G、千兆光纤网络为代表的"双千兆"网络，在全市信息通信业固定资产投资中占比超过50%，是新型信息基础设施的重要组成和承载底座。

（一）发展环境日趋完善

1. 制定出台多项规划及政策，形成新型信息基础设施顶层设计

为深入贯彻落实重庆市以大数据智能化为引领的创新驱动发展战略行动计划，2019年，重庆率先制定《关于推进5G通信网建设发展的实施意见》，明确了工作机制及推动5G通信网建设的目标、任务及主要措施。并于同年制定印发《重庆市加快推动5G发展行动计划（2019—2022年）》，围绕5G网络建设、5G产业生态、5G融合应用三个方面明确了全市5G发展的路线图和时间表。2020年，印发《重庆市新型基础设施重大项目建设行动方案（2020—2022年）》，谋划推动一批重大项目，加快推进5G网络和千兆光纤网络等新型基础设施建设，加速重庆数字设施化、设施数字化进程。同年制定印发《关于保障5G网络基础设施建设的通知》，解决5G网络建设面临的土地、电力等要素保障问题，多方位、多维度保障5G发展环境，支持全市5G网络发展迈向更高水平。2021年，重庆市人民政府印发《重庆市数字经济"十四五"发展规划（2021—2025年）》，擘画信息基础设施建设发展蓝图，形成新型信息基础设施顶层设计，为重庆数字经济发展筑牢了基础条件。

2. 市级部门制定出台多项配套措施，完善新型信息网络建设保障支撑

"十四五"以来，重庆市级有关部门按照国家及市"十四五"发展规划，围绕主要建设目标及工作要求，配套制定促进重庆新型信息基础建设发展的各项政策措施。紧密衔接工业和信息化部"双千兆"网络协同发展方案，制定《重庆市"双千兆"网络协同发展实施方案（2021—2023年）》，统筹推动千兆光纤网络建设及5G基础网络建设互促、优势互补。2022年，市通信管理局、市发展改革委、市规划和自然资源局、市住房城乡建委、市经济信息委、市大数据发展局六部门联合印发《关于推进5G新型信息基础设施与传统基础设施协同建设的通知》，推动在传统基础设施的规划和建设中同步考虑5G新型信息基础设施建设，推动5G新型信息基础设施与传统基础设施的同步设计、同步施工、同步验收。市发展改革委印发《关于规范工商业转供电加价行为的通知》，为进一步规范信息通信领域转供电加价行为提供政策支撑。市住房城乡建委、市通信管理局两部门联合出台《建设工程配建5G移动通信基础设施技术标准》，并于2022年10月1日起正式施行，推动全市通信基础设施建设成为建筑物建设的必要条件。

（二）5G发展按下"快进键"

1. 5G网络建设保持全国第一梯队

近年来，重庆市统筹推进5G独立组网（SA）规模化部署，推动构建低中高频协同发展的网络体系，加快形成"以建促用、以用促建"的良性发展模式，为5G场景应用和数字经济发展奠定坚实网络基础。全市信息通信行业进一步加大投资力度加快5G建设，5G建设投资在电信固定资产投资中的占比逐年提升。2020年至2022年9月，重庆市信息通信行业企业累计完成固定资产投资259.98亿元，其中5G投资129.81亿元，占比近50%（见表1）。

表1 2020年至2022年9月重庆市信息通信行业投资情况

单位：亿元，%

年份	固定资产投资		5G投资		
	累计	比上年	累计	比上年	占比
2020	102.30	17.2	47.86	—	46.7
2021	88.57	-13.4	42.42	-20.02	47.9
2022（截至9月）	69.11	14.57	39.53	39.87	57.2

资料来源：重庆市通信管理局。

根据工业和信息化部统计数据，按照重庆市面积测算，重庆5G基站密度达0.74个/公里^2，位居全国第一方阵。重庆全市每万人拥有5G基站数18.99个，较2021年底提升5.79个，位居西部第一。重庆市渝中区、江北区、南岸区及两江新区每万人拥有5G基站数均超30个。

2. 5G网络覆盖范围进一步扩大

在重庆市委、市政府的坚强领导下，重庆在2020年实现全市区县重点区域5G网络全覆盖。为进一步弥补城乡"数字鸿沟"，持续巩固拓展脱贫攻坚成果同乡村振兴有效衔接，全市乡村信息基础设施建设持续推进，电信普遍服务项目深入实施，5G网络加快向乡镇覆盖、延伸，助力推动构建引领乡村产业振兴的数字网络体系。2022年6月，重庆已实现全市795个乡镇全部开通5G网络，重庆市乡镇5G网络到达率100%，乡镇5G网络发展迈上新台阶，为下一步逐步向重庆有需求、有条件的行政村推进5G网络建设打下坚实基础。

3. 5G网络质量同步提升

近年来，重庆市坚持"适度超前"原则推动5G规模化建设，稳步提升全市5G基站建设数量且同步考虑5G网络质量，积极打造5G精品网络。在2021

年工业和信息化部组织中国信息通信研究院对全国21个城市的主要道路、地铁、公园、商场、行政服务中心等重点场所开展的移动网络质量实地评测中，重庆市主要道路5G网络覆盖率达99.65%，排名全国第二，其中5G时长驻留比100%，并列全国第一，成为全国首批入选"全国主要道路5G网络质量卓越城市"的5个城市之一。中国信息通信研究院发布的《全国移动网络质量监测报告》数据显示，2022年第二季度重庆5G网络下行均值接入速率达411.41兆位每秒（Mbps），排名全国第一，持续位居全国前列。5G网络上行均值接入速率达74.55Mbps，较全国5G网络上行均值高出2.57Mbps。

4. 5G应用逐步深化

随着5G应用场景逐步向规模化复制演进，5G对实体经济的数字赋能作用开始释放，重庆市在农业、医疗、交通、物流、能源等多个领域建设5G行业虚拟专网，推动数字经济与实体经济不断融合。加之5G应用"扬帆"行动计划深入推进及"绽放杯"5G应用征集大赛等赛事活动对5G应用的深入挖掘，重庆在"5G+医疗健康""5G+智慧教育"等多个领域涌现出一批典型标杆应用，综合利用5G、大数据等技术手段支持远程医疗、教育资源互通，多个5G应用项目纳入国家试点。同时，5G个人应用在用户规模、新型终端上均取得积极进展。截至2022年9月，重庆5G手机终端连接数达1677.88万户。5G用户规模持续扩大，5G移动电话用户达1197.4万户，同比增长79.2%，较2021年底新增358.3万户；5G移动用户普及率37.28%，较2021年底增长11.15个百分点。

（三）千兆光纤网络发展步入"快车道"

1. 千兆光纤网络建设加速

随着数字化浪潮汹涌而至，千兆网络逐步成为助推各行各业数字化转型又一重要引擎。全市光纤接入（FTTH/O）端口建设稳步提升，全市光纤能力普遍超过百兆，并进一步向千兆以上速率升级。截至2022年9月，全市（固定）互联网带宽接入端口达2664.3万个，其中城市带宽端口1771.8万个，同比增长2.2%；农村宽带接入端口892.5万个，同比增长3.5%。其中，具备千兆网络服务能力的10G-PON端口达25.1万个，较2021年增加超10万个。

2. 宽带速率接入用户逐步向高速带宽转移

截至2022年9月，重庆光纤入户（FTTH/O）用户达1370.89万户，在（固定）互联网宽带接入用户中占比提升至95.24%，其中100Mbps及以上接入速率、1000Mbps及以上接入速率的宽带用户规模分别为1265.43万户、64.26万户。与2021年底相比，100Mbps及以上接入速率的宽带用户逐步向更高速的带宽迁移，千兆网络覆盖范围进一步扩大，1000Mbps及以上接入速率的宽带用户较2021年底增长34.35万户。全市宽带速率持续提升，宽带发展联盟《第26期中国宽带速率状况报告》显示，重庆2021年第四季度固定宽带用户下载速率达63.25Mbit/s，排名西部第1位、全国第9位。

二 重庆市新型信息基础设施建设面临的挑战

（一）新型信息基础设施建设投入与收益尚未形成良性循环

一方面，新型信息基础设施的建设及运营成本仍然高。为应对站址激增带来的土地、电力要素增长需求，重庆大力推动共建共享和异网漫游，一定程度上缓解了基站站址数量大幅增长的问题，但在5G规模化发展阶段重庆基站建设数量将会持续保持增长态势。一般而言，5G基站建设费用是4G基站建设费用的1~2倍，重庆市独特的山城地形地貌增加了新建基站选址难度，致使千兆光纤网络、5G网络成本进一步升高。同时，为实现相同的信号覆盖效果，5G基站的数量是4G基站的3~4倍，而5G基站中大宽带配置、大规模天线应用带来更高的能耗，致使维护成本逐年上升。另一方面，尽管重庆市一直通过5G、千兆光纤网络等新型信息基础设施的快速建设，促进应用在垂直行业加速落地，推动形成良好的产业生态环境，双向循环促进新型信息基础设施健康可持续发展，但目前5G应用尚未达到规模收益期，5G商业模式仍处于探索发展阶段，建设投资转化为收入仍需要较长时间。

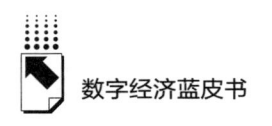

（二）"双千兆"网络协同发展能力有待提升

从发展环境来看，自2019年我国启动5G商用以来，重庆5G建设规划及配套措施在发展过程中持续深化完善，已经初步形成了适合5G规模建设发展的政策环境。有关促进千兆光纤网络建设发展的政策、激励措施、资金投入则稍显不足，未能有效释放千兆光纤网络赋能潜力，形成5G、千兆光纤网络建设互促的良好局面。从投资情况来看，根据2022年重庆3家基础电信企业的"双千兆"网络规划建设投资情况，受市场需求、发展规划及企业资金影响，千兆光纤网络建设规划投资远低于5G建设投资。从应用发展来看，重庆5G应用在医疗、教育等垂直行业已打造多个标杆，重庆已有28个典型应用入选全国试点或示范项目清单。千兆光纤网络应用仍未形成具有全国影响力的典型案例，千兆光纤网络应用挖掘的力度、广度及深度仍需拓展。

（三）"双碳"政策对新型信息基础设施建设提出转型升级要求

目前我国生态文明建设已进入由量变到质变的关键时期，新型基础设施既是节能减碳的重要领域，又是赋能千行百业实现"碳达峰、碳中和"目标及绿色低碳转型的重要动能。近年来，随着全市5G基站大量建设，企业能耗大幅度上升，以重庆市信息通信业主要企业近5年能耗为例，2017~2020年，重庆市信息通信业主要企业能耗平稳增长，总能耗维持在10亿~20亿千瓦时。自2020年开始，能耗开始大幅度增加，2021年总能耗达到26.63亿千瓦时（见图1），降低基站、机房能耗，加快新能源及清洁能源应用成为促进新型信息基础设施绿色可持续发展的重要一步。

三 加快重庆新型信息基础设施建设的对策及计划

（一）坚持政策引领，积极营造支撑保障有力、开放多元的发展环境

一是结合重庆智慧城市建设和数字经济发展需要以及推动成渝地区双城

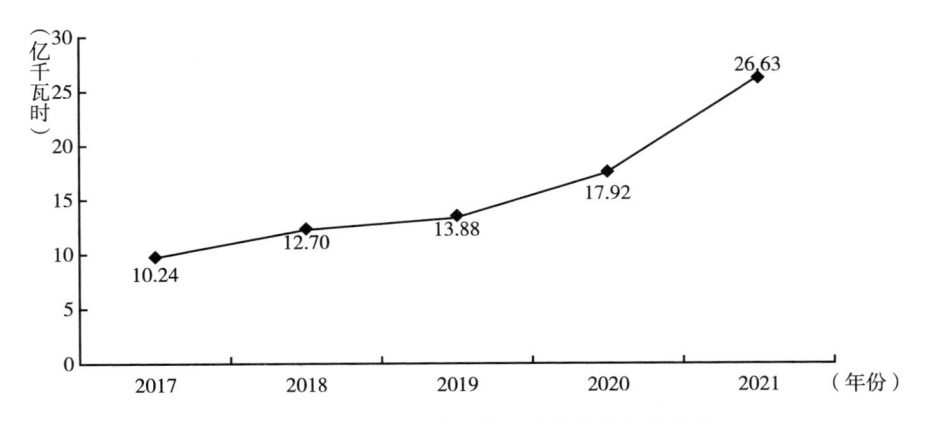

图 1 重庆市信息通信业主要企业电力耗能趋势

资料来源：重庆市通信管理局。

经济圈建设，科学规划，统筹布局，在制定出台有关政策措施时同步规划、同步考虑5G、千兆光纤网络建设发展。二是充分发挥政府引导作用，综合利用国土空间规划、转供电等政策推动电力和土地等资源在重庆新型信息基础设施建设方面予以政策优惠，同时通过项目资金等充分发挥财政资金对投资的杠杆作用，促进企业加大对新型信息基础设施建设的投资。三是发挥各区县政府属地管理作用，推动新型信息基础设施规划迁改补偿、技术标准等系列政策措施在区县落地实施生效。

（二）坚持适度超前，加快构建全国领先的新型信息基础设施

一是统筹推进5G规模化部署，加快构建低中高频协同发展的5G网络体系，优先做好中心城区5G广覆盖以及高等院校、商业聚集区、交通枢纽等重点区域5G深度覆盖，加快5G行业虚拟专网建设，逐步推进5G网络向乡镇和行政村延伸，到2025年，行政村5G通达率达到80%，加快形成热点地区多网并存、边远地区一网托底的移动通信网络格局。二是加快开展固定宽带接入网能力升级改造，全面推进住宅小区、商务楼宇、产业园区、医院学校等千兆光纤网络改造升级。推动全光接入网进一步向用户端延伸，推

广实施光纤到房间、到桌面，按需开展支持千兆业务的家庭和企业网关（光猫）设备升级，提供端到端千兆业务体验。积极组织开展更高速率宽带接入技术试点，做好"双千兆"示范小（园）区及"千兆城市"创建和评估。

（三）坚持创新驱动，推动新型信息基础设施绿色低碳转型发展

一是围绕落实"碳达峰、碳中和"战略部署，在新型信息基础设施建设过程中同步考虑绿色低碳发展要求，大力实施信息通信业绿色低碳发展行动计划，推动减排技术、新设备和新能源在新型信息基础设施上的广泛应用。加强5G基站新工艺、新材料、新方案、新设计的推广应用，鼓励企业采用风能、水能等可再生能源。到2025年，实现5G基站能效提升20%以上。二是稳步推进网络全光化，鼓励采用新型超低损耗光纤，规模部署200G/400G光传输系统和1T以上大容量低功耗网络设备，引导100G及以上光传输系统向城域网下沉，减少光电转换能耗。推进网络架构扁平化，精简网络层级和网络设备节点数量，逐步形成云网融合、数网协同的网络架构。三是坚持"能共享不新建，能共建不独建"的共建共享模式，落实电信基础设施增量集约建设、存量充分共享工作要求，深化电信企业间基站站址、光缆等网络设施共建共享，推动通信与公安、市政、交通运输、电力等部门各类杆塔管道资源与通信管道资源双向共享和相互开放。

（四）发挥赋能作用，增强新型信息基础设施对数字产业发展的带动助推作用

一是聚焦超高清视频、虚拟现实（VR）、增强现实（AR）、全息视频等5G关键应用，推广5G云VR/AR头显、5G全景VR相机、5G背包等智能产品，拉动泛5G新型产品消费，带动新型内容消费。推动云VR、云游戏、超高清视频等新业务发展，引导用户向千兆速率宽带升级，提高千兆宽带用户渗透率。二是聚焦工业、交通等重点领域，加速推进工业5G融合终端/模组等产品的规模化应用，开展基于5G的智能工厂、自动驾驶、智能物流、全连接工厂等场景应用。加强5G在城市安防、卫生健康、应急管理、市政管理、环境监测等领域的场景应用。三是充分利用"绽放杯"5G应用征集大赛、"光华杯"千兆光纤网络应用创新大赛成果，深入挖掘典型应用。加快发展能力强、未来前景好、易规模化复制落地实施的应用落地推广，努力形成"发掘—引领—发展"的闭环。发挥5G应用产业方阵重庆分联盟的汇聚、引领、推动作用，通过典型场景应用示范，推动"双千兆"应用从"样板房"走向"商品房"，以应用需求带动网络供给，实现"建用并举"。

参考文献

何继新、侯宇、李天一：《中国新型基础设施发展的理论进展及未来展望》，《区域经济评论》2022年第5期。

邓洲：《新型创新基础设施建设的重点与思路》，《学习与探索》2022年第6期。

张晓民、金卫：《以新型基础设施建设推动经济社会高质量发展》，《宏观经济管理》2021年第11期。

钞小静、廉园梅、罗鎏锴：《新型数字基础设施对制造业高质量发展的影响》，《财贸研究》2021年第10期。

沈坤荣、史梦昱：《以新型基础设施建设推进产业转型升级》，《江苏行政学院学报》2021年第2期。

沈坤荣、孙占：《新型基础设施建设与我国产业转型升级》，《中国特色社会主义研究》2021年第1期。

B.5
重庆"东数西算"建设的机遇、挑战与应对

李秀林*

摘　要： 随着"数字中国"建设进程的加快,加速算力的布局和规模发展是我国打造数字经济新优势、构建"双循环"新发展格局、加强国家整体竞争力的重要举措。故国家启动"东数西算"工程,建设全国一体化大数据中心协同创新体系算力枢纽。基于此背景,本文剖析了"东数西算"工程带来的经济增长、算力西迁、东数西存、中转枢纽、西部领头等机遇和在数字产业与行业数字化转型、数字基础设施建设等方面给重庆带来的挑战,认为在国家算力体系架构中,重庆作为成渝枢纽节点,应以"东数西算"工程落地为契机,以数字科技底座强化产业生态引培,加速与成都、贵州等省市结对,推动跨省/跨域"东数西算"落地和成渝一体化发展,助力中国数字经济高质量发展。

关键词： 东数西算　全国一体化大数据中心　产业数字化转型　产业升级

当前,新一轮科技革命和产业变革正在重塑全球经济结构,世界正经历百年未有之大变局,算力成为数字经济时代新的生产力,数字技术推进经济变革、产业变革,深刻影响着各行各业,加速推动全球工业经济时代向数字经济时代的演进。目前,算力已经成为全球战略的竞争关注点,正如习近平

---

* 李秀林,中国电信重庆公司党委书记、总经理,多年在信息通信领域从事企业管理与战略研究,在5G、云计算、AI、大数据、网信安全等新一代信息技术的探索和应用,以及行业发展研究和市场洞察方面,具备丰富的管理与实践经验。

总书记指出:"数字经济发展速度之快、辐射范围之广、影响程度之深前所未有,正在成为重组全球要素资源、重塑全球经济结构、改变全球竞争格局的关键力量""加快建设高速泛在、天地一体、云网融合、智能敏捷、绿色低碳、安全可控的智能化综合性数字信息基础设施,打通经济社会发展的信息'大动脉'。"

为构建全国一体化大数据协同创新体系算力枢纽,启动实施"东数西算"工程,加快算力发展,既有利于打造数字经济新优势、构建"双循环"新发展格局,又有利于东西部地区的资源整合、平衡协调发展,提升国家整体竞争力。重庆作为全国一体化大数据中心体系的成渝枢纽节点,应把握"东数西算"工程带来的世纪机遇,认清能力现状,直面工程带来的一系列能力建设、算力部署、产业发展等新挑战,发挥潜能,协同推进产业升级和数字化,助力中国数字经济高质量发展。

一 "东数西算"工程的背景

全球数字经济已经进入新的发展阶段,数据成为新一代生产要素,已经被提升到国家战略资源规划层面。算力代表了对数据的处理能力,是数字化技术持续发展的衡量标准,也是数字经济时代的核心生产力。

"东数西算"工程是国家世纪工程,是新型基础设施建设的升级版,是我国从国家战略、技术发展、能源政策等多方面出发,在新基建的大背景下,启动的一项至关重要的国家工程,首次将算力资源提升到如水、电、燃气等基础资源的高度,统筹布局建设全国一体化算力网络国家枢纽节点,助力我国数字经济高质量发展。"东数西算"是比肩"南水北调""西电东送""西气东输"的国家世纪大工程,是国家未来十年乃至数十年的重大战略之一。

"东数西算"简单来说就是将东部地区所产生的数据传输到西部地区进行存储和计算。东部地区的经济和产业相对比较发达,而产业的发展离不开数据的支撑,在数字技术快速发展的带动下,我国数据资源存储、计算和应用需求不断提升。在土地、能源等资源的约束下,东部数据中心大规模发展

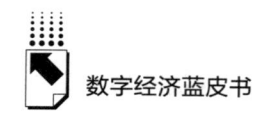

代价较大，而西部地区资源充裕，特别是可再生能源丰富，具备发展数据中心、承接东部算力需求的潜力。所以通过构建数据中心、云计算、大数据一体化的新型算力网络体系，将东部算力需求有序引导到西部，优化数据中心建设布局，促进东西部协同联动。最终目的，就是让西部的算力资源更充分地支撑东部数据的运算，更好地为数字化发展赋能，有效解决东部数据存储和计算的需求。

2021年5月，四部门联合印发《全国一体化大数据中心协同创新体系算力枢纽实施方案》，正式提出"在京津冀、长三角、粤港澳大湾区、成渝，以及贵州、内蒙古、甘肃、宁夏等地布局建设全国一体化算力网络国家枢纽节点"，同时，明确要构建"数网、数纽、数链、数脑、数盾"五大体系，其中"数网、数纽"是现阶段的建设重点，其建设思路为"优化数据中心基础设施建设布局，加快实现数据中心集约化、规模化、绿色化发展；加快建立完善云资源接入和一体化调度机制，降低算力使用成本和门槛"。

"东数西算"工程是广泛服务于政府、产业、社会等服务对象的体系化工程；是将"IDC+网络+云+大数据+人工智能+安全+绿色"融为一体的融合工程；是促进算力、数据流通，激发数字经济活力的重要手段；是通过资源整合与协同，促进西部经济及产业快速发展，并解决地区数字经济发展不均衡问题的重要手段；也是推进绿色节能，助力实现"碳达峰、碳中和"目标的重要手段。

二 "东数西算"带来的世纪机遇

1. 算力发展带来新一轮经济增长

预计到2050年，算力的发展将长期呈现三个趋势，谓之为"算力三定律"。

（1）时代定律

算力就是生产力：数字经济时代，计算能力成为最具活力和创新力的新型生产力，成为科技进步和经济社会发展的底座，代表着人类智慧的发展水平，具有鲜活的时代特征。

（2）增长定律

算力每12个月增长一倍：随着物联网、大数据、AI等技术发展，以及算力应用场景的不断拓展，算力需求增长显著。此外，随着元宇宙的技术发展与应用场景探索，算力资源的需求将进一步增大，推动算力规模呈现爆发式增长态势，至少每12个月算力增长一倍。

（3）经济定律

算力每投入1元，带动3~4元GDP增长：2020年我国算力产业经济规模达2万亿元，直接带动经济产出1.7万亿元，间接带动经济产出6.3万亿元，尤其对制造、交通、零售、能源等领域的经济产出带动作用较为明显。

通过算力三定律可以发现，数字经济时代算力将具备重要的经济推动作用，算力规模每增长1%，将撬动数字经济规模提升超过4‰，带动GDP规模增长超过2‰。同时，算力的规模部署，将同步扩大数据中心及云产业链的有效投资。数据中心及云产业相关工程实施，每年将带动投资超千亿元，联动相关硬件、软件、行业应用等需求，对IT设备制造、基础软件、信息服务、绿色能源等相关产业投资拉动作用高达1∶8。相应的，为保障数据中心和云产业的发展，以网络安全、信息安全、数据安全为代表的信创产业同样迎来发展机遇，核心技术国产化、自主掌控将带动信创产业发展，预计到2023年，中国信创产业市场规模将接近4000亿元，未来市场容量也将突破万亿元。

2. "东数西算"影响全国算力布局——算力西迁

"东数西算"促进大中型云商、互联网公司等强化"前店后厂"的算力资源布局，加速将东部中高时延业务西迁，主要业务场景包括AI训练、离线大数据分析以及实时性不高的业务。

算力西迁预计在"十四五"末，将带动成渝节点数据中心投资规模超百亿元，对重庆本地算力、网络、安全、能源等资源建设提出新要求：①绿色、高定制、高性价比、高扩展性的IDC机房资源；②DCI、大容量低成本的网络带宽需求；③网络安全、数据安全、应用安全等配套建设；④资源快速开通、调度等相关服务。

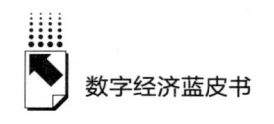

3. "东数西算"带动西部地区产业发展——东数西存

"东数西算"带来的东数西存以及存储数据的应用与创新,在东部产业基础以及国家东西协同的产业导向背景下,将激发新型的数字服务、信息服务等产业;同时,努力争取工业、能源、交通、金融等重要行业的云部署、分布式灾备部署等需求向重庆聚集,重庆有望打造行业数据应用及价值创新中心。

据统计,2021年我国数据量达到6.6ZB,并保持30%左右的增速,其中冷数据占比高达80%,未来西部数据中心将在存储领域发挥重要作用。

目前,东数西存新实践不断涌现。如网易邮箱将东部地区的邮件冷数据自动搬迁至电信内蒙古数据中心,实现高可靠低成本存储。中国电信集团级业务应用系统分别部署在北京、上海等地,其对应的大数据湖数据备份系统拟部署在成渝资源集群(同时将数据分散灾备在多个资源池节点)。

4. 重庆区位优势将发挥"东数西算"中转枢纽作用

美国数据中心建设超前中国3~5年,在其中部地区设置了两大数据中心集群,并且已吸引了谷歌、亚马逊等五大云公司投资入驻。中部数据中心集群作为枢纽,连接贯通全国各数据中心,用于内容分发和SaaS应用发展需求。美国通过将数据中心枢纽置于中部地区,有利于将内容分发到全国各地的主要市场(如芝加哥、达拉斯等),减少流媒体的延迟和缓冲,同时中部区位可以让数据与任一海岸/地区低时延互通,便于SaaS开发和使用。

与此类似,重庆地处"一带一路"和长江经济带交汇处,是我国南向、西向开放的门户,内陆开放高地,是西部陆海新通道的起点,经济战略区位优势明显。并且重庆地处全国中部,联东跨西,地理位置的优势可将重庆打造成全国流量分发中转枢纽,承接全国大型云商及互联网公司等CDN、SaaS应用需求,如IDC租用和云资源需求、专线连接、SD-WAN高性价比接入、IOT网络需求、CDN平台、云调度管理平台需求、数据保护及业务安全需求等。

借鉴美国中部数据中心集群崛起经验,重庆需要思考及规划教育、培训、人才队伍、应用创新、产业聚集等相关配套,以便更好地承接中转枢纽带来的历史机遇，推动重庆本地产业发展，如金融创新中心、综合智能信息服务中心、中国软件特色名城等。

5. 立足本地产业发展与数字产业优势，联合成都领头西部

据统计，重庆数据中心规模居西部前列，同时建成全国首条中新国际互联网数据专用通道。2020年西部省份数据中心规模如图1所示。

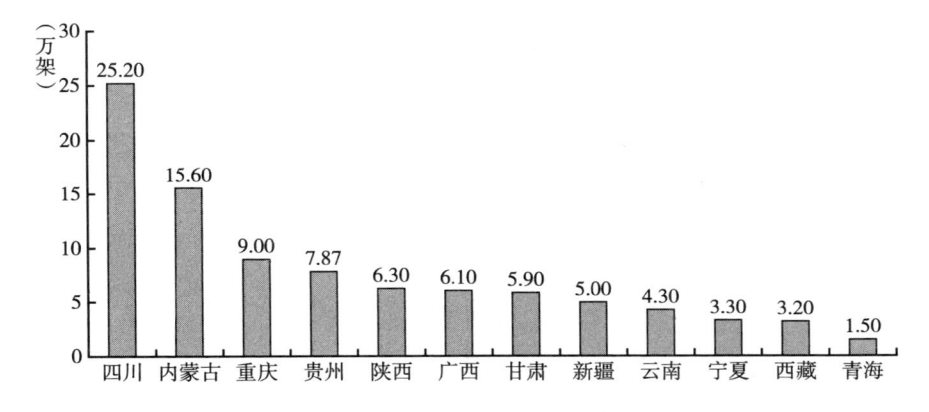

省份	数据中心规模（万架）
四川	25.20
内蒙古	15.60
重庆	9.00
贵州	7.87
陕西	6.30
广西	6.10
甘肃	5.90
新疆	5.00
云南	4.30
宁夏	3.30
西藏	3.20
青海	1.50

图1　2020年西部省份数据中心规模

资料来源：各省份数字经济"十四五"规划。

2018~2021年，重庆市数字经济增加值持续保持两位数高速增长，2021年重庆数字经济占地区生产总值比重达27.2%。数字经济全行业总体规模超9800亿元，全国排名第6，位列第一梯队。2020年西部省份数字经济规模如图2所示。

在发展定位方面，重庆作为工业互联网标识解析国家顶级节点，将进一步发挥工业互联网战略支点作用，推动制造业数字化智能化转型，大力建设"智慧名城""智造重镇"，加速推进智能产业补链成群，着力构建"芯屏器核网"全产业链。到2025年，重庆将全面建成一流中国软件特色名城，进入全国软件产业"第一梯队"，将成渝地区打造成为中国软件"第四极"。大力发展新兴数字产业，吸引头部企业聚集，如阿里云创新中心、腾讯云、百度智能云人工智能产业基地等。

立足西部区位优势、本地产业发展及数字产业优势，"承东启西""中

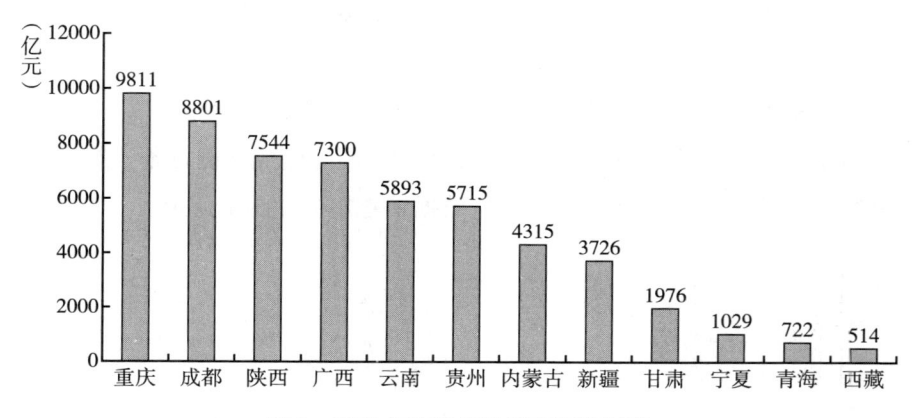

图 2 2020年西部省份数字经济规模

资料来源：各省份数字经济"十四五"规划。

转枢纽""西部领头"将成为重庆区别于其他枢纽集群的特色定位，辐射西部产业优势明显，有效发挥"东数西算"的产业带动、投资带动、就业拉动效应，通过聚焦算力需求旺盛的相关产业，发挥双城实力及成渝枢纽核心地位优势，引领西部数字产业发展。

三 "东数西算"工程对重庆的现实挑战

1. 重庆数字产业发展与行业数字化转型需加快

重庆数字产业基础较东部省份存在较大差距。本地互联网"独角兽"企业全国总数为219家，重庆仅2家，占比不足1%；"独角兽"企业主要还是集中在北京、上海、广东、浙江、江苏等东部发达地区，"独角兽"企业的不足代表重庆数字经济缺乏爆炸性增长的动力（见图3）。

重庆企业上云率低。2021年重庆上云率不足5%，与东部区域差距较大，如北京（9.4%）、广东（9.4%）、上海（8.0%），上云率低会限制数字赋能产业升级，使得重庆数字经济缺乏持续发展的推力（见图4）。

2. 重庆数字基础设施需加快建设

重庆数据中心规模建设不足。截至2020年，重庆建成机架仅9.0万架，

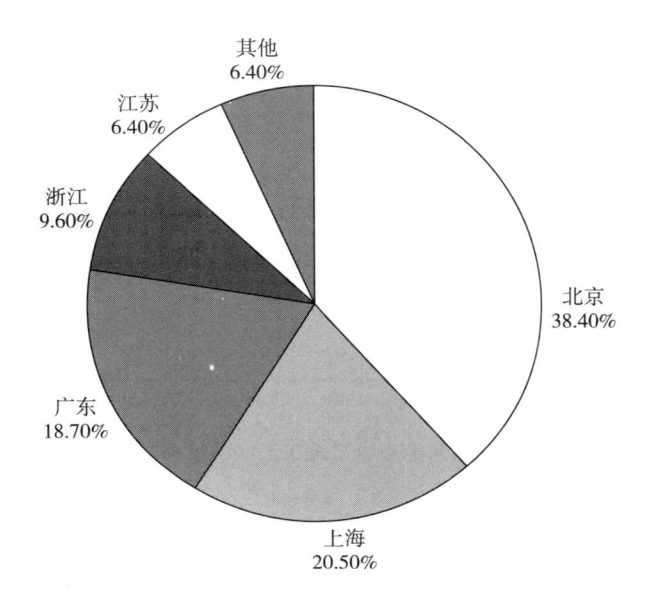

图3 全国互联网"独角兽"企业地区分布情况

资料来源：CNNIC第47次《中国互联网络发展状况统计报告》。

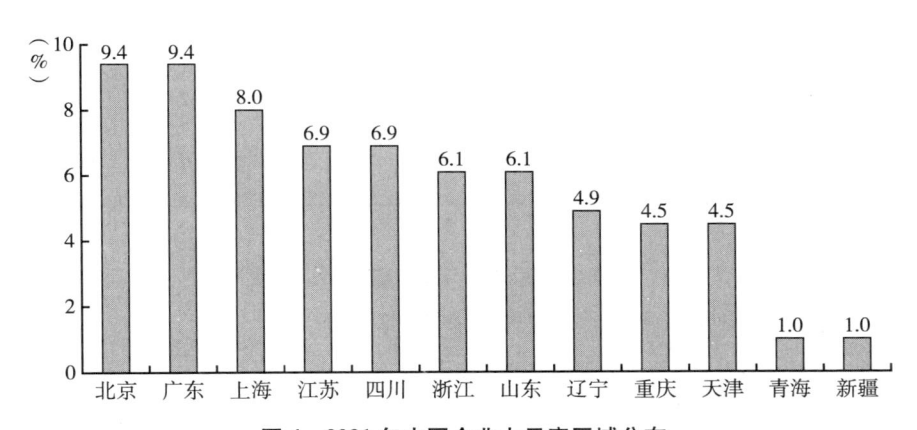

图4 2021年中国企业上云率区域分布

资料来源：亿欧智库。

远低于浙江、广东、江苏、北京、上海等东部省份（见图5）。

同时，重庆地区算力配套网络能力不够。2021年省际互联网出口带宽重庆为38.80T，远低于浙江、江苏等东部省份（见图6）。

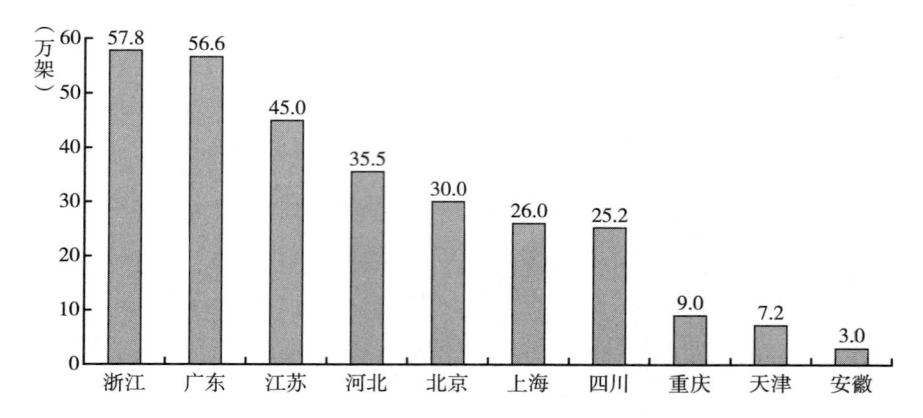

图 5　2020 年东部省份与重庆互联网数据中心规模

资料来源：各省份数字经济"十四五"规划。

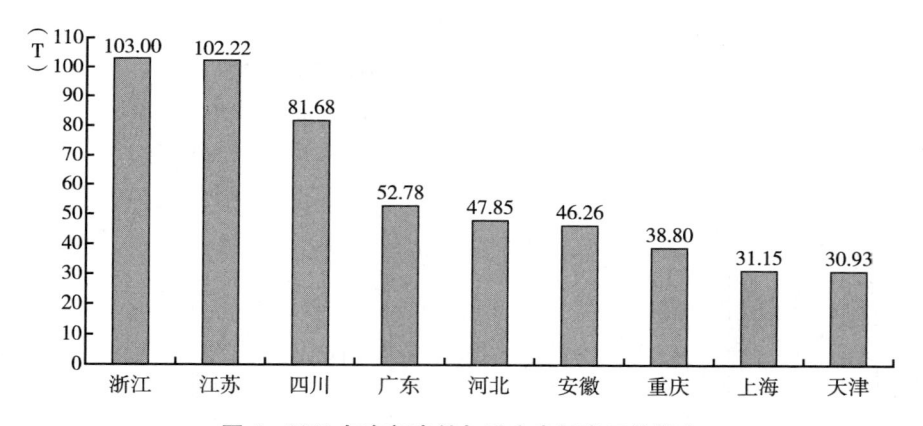

省份	规模（万架）
浙江	57.8
广东	56.6
江苏	45.0
河北	35.5
北京	30.0
上海	26.0
四川	25.2
重庆	9.0
天津	7.2
安徽	3.0

图 6　2021 年东部省份与重庆省级出口的带宽

资料来源：各省份互联网行业发展报告、各省份统计公报。

省份	带宽（T）
浙江	103.00
江苏	102.22
四川	81.68
广东	52.78
河北	47.85
安徽	46.26
重庆	38.80
上海	31.15
天津	30.93

另外，重庆地区算力资源部署不够。2021 年重庆算力规模为 2.1 EFlops，与江苏、上海、广东等东部发达省份相比差距较大（见图 7）。

数字产业相关企业转型的落后会影响算力数据的输入量，输入量不足就无法支撑算力的规模建设；而数字基础设施建设的不足则在硬件条件上限制了算力的规模发展，无法满足对数据的输出需求。只有真正弥补了"输入"和"输出"两部分的短板，才能实现重庆数字经济未来的持续高速发展。

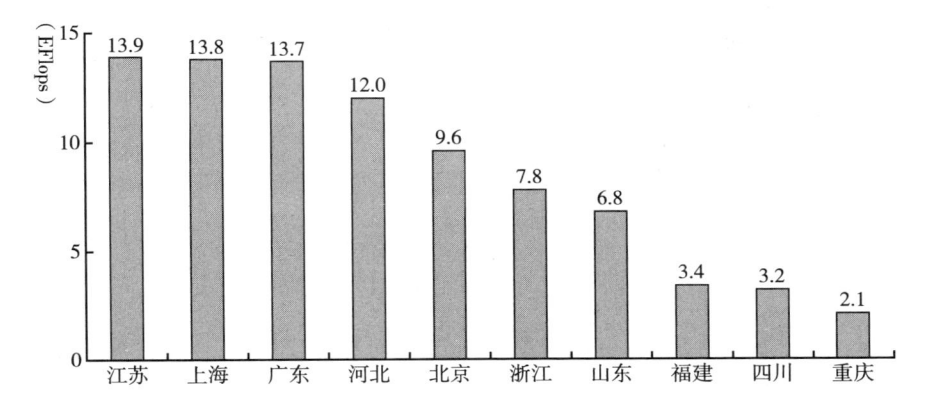

图 7　2021 年东部省份与重庆算力规模

资料来源：中国综合算力指数（2022 年）。

四　重庆面对"东数西算"机遇与挑战，全面实现产业升级的思考

1. 以数字科技底座强化产业生态引培，放大产业集聚效应

立足重庆优势产业发展基础，把握"东数西算"促进产业协同机遇，以成渝枢纽节点核心集群的建设和运营为基础，重点聚焦智能制造、金融、智慧农业、交通能源、政务、新兴数字产业等产业发展，"筑巢引凤"，助力重庆千行百业"上云、用数、赋智"，吸引更多区域甚至全国的优质产业在重庆落地，为重庆 GDP、税收、就业等提供强有力的支撑。

重庆需实现本地支柱型产业与"东数西算"相关政策支撑协同发展，确定未来重点引培产业，提升区域核心竞争力。重点产业主要如下：①智能制造，如汽车、3C、装备制造、无人机等；②智慧金融，如金融反诈、烽火大零售、智慧信贷、智慧前厅等；③智慧农业，如生猪、柠檬、柑橘、中药材、肉牛等；④交通能源，如新能源汽车、智能汽车、储能及氢能等；⑤数字政务，如政府办公自动化、政府实时信息发布等；⑥新兴数字产业，如 AI、数字内容、区块链、先进计算等。

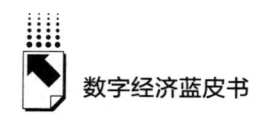

因此，应同步发展重点产业及与之相应的5G、数据中心、云计算、大数据、人工智能、区块链等新兴技术，实现产业赋能与科技发展"双循环升级"。

2. 立足"承东启西"节点定位，加速与成都、贵州等省市结对

重庆要立足成渝枢纽"承东启西"定位，参考美国中部数据中心集群崛起的表征指标及权重，选择配对省市，协同发展。

为确定重庆与其他节点的结对匹配度，构建以下模型。

配对得分=产业契合度（60%）+资源条件（30%）+政策激励（10%）；

产业契合度（60%）= 区域优势产业对接（20%）+区域转移诉求（20%）+区域合作基础（20%）；

资源条件（30%）= 地理位置（15%）+能源条件（10%）+交通条件（5%）；

政策激励（10%）= 资源优惠（5%）+扶持支持（5%）。

经表征指标及权重测算模型，建议重庆与成都、贵州、甘肃协同，辐射西南，向东与长三角、广东协同，贯穿东西。

3. 聚焦具体业务场景，立足合作基础，推动跨省/跨域"东数西算"落地

重庆可立足东西省份既有合作基础，加速省间、省域在"东数西算"领域的联动，推动"东数西算"在具体业务场景的试点落地。

承接东部：以业务承接为主，包括"东数西训""东数西算""东数西存"三方面。

东数西训：以背景类为主，包括人工智能模型训练、VR/AR渲染等。

东数西算：以交互类为主，包括视频播放、影视后期、电子商务等。

东数西存：以冷数据为主，包括数据存储备份、异地灾备等。

引领西部：以业务辐射为主，包括游戏、数字政府、远程医疗等会话类业务以及视频播放、网页浏览（中转枢纽等交互类业务）。

联合成都：以业务协同为主，包括政务数据共享共服、汽车产业信息互联互通、金融基础设施互联互通、智慧文旅等会话类业务。

4. 加强政策扶持，探索联合补贴新模式，推进成渝一体化发展

落实成渝地区双城经济圈建设，在"东数西算"产业发展中，与成都深度联合，探索一体化发展新道路。

推进成渝联合补贴新模式。以枢纽节点算网一体化、能源一体化为依托，推动成渝两地政府在供电、用电设施方面联合补贴，保障枢纽节点用电用能。并逐步辐射双城经济圈建设其他关键领域电力供应需求，形成资源互补，促进成渝一体化发展。

集群内用能、用电、用地保障。目前全国一体化大数据中心成渝枢纽节点重庆集群电价在全国处于较高价位，且集群相关布局企业均面临后期建设的能耗指标、外市电引入等困难，需要政府加快协调，保障枢纽的建设进度，并对新数据中心用地、碳指标审批给予专项政策。

加快跨省算力产业协作。立足东数西算，融入双城经济圈、西部大开发、长江经济带等建设，以产业基础、地理位置、政策扶持等为牵引，加快确定意向结对省份，推动政府层面省间合作。

出台优惠政策。加大数字产业相关企业、人才引进力度，让重庆在未来更具竞争力。

持续开展"数盾"等前瞻研究。"东数西算"第一批示范工程已经批复落地，主要围绕"数网"和"数纽"，预计后续会持续开展"数盾""数脑""数链"等示范工程申报，建议重庆在安全、数据信息等方面具备明显优势的国有企业提前展开研究，以便抢占下一轮国家级示范工程申报机遇。

5. 聚焦核心技术自主创新、安全可控，在"东数西算"落地过程中发挥国有企业牵头作用，打造本地化自主可控的软硬件产业生态

国家发改委等四部门在《全国一体化大数据中心协同创新体系算力枢纽实施方案》中强调，"东数西算"国家工程需要核心技术自主创新、安全可控，提出应扩大服务器芯片、操作系统、数据库、中间件、分布式计算与存储、数据流通模型等软硬件产品的规模化应用。支持和推广大数据基础架构、分布式数据操作系统、大数据分析等方面的平台级原创技术。组织企业、科研院所、高校、技术社区等力量协同研发和应用关键技术，提升大数据全产业链自主创新能力。

天翼云作为"国家云"的重要组成部分，近年来围绕"自主掌控"的

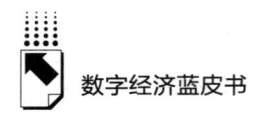

目标不断突破自研产品攻关，已发布一系列自主可控创新产品，自主发布自研操作系统、数据库等基础软件、云原生套件、SaaS能力开放平台等应用服务产品，全方位攻关原生安全核心技术。现天翼云已被纳入国家发改委算力调度示范工程节点，在推进"东数西算"国家工程落地的过程中，必将在产业链上聚集更多中小企业，帮助重庆打造自主可控云的生态开放合作高地。

当前，"东数西算"工程才刚起步，随着工程的深入开展，必将培育、衍生众多数字产业，重庆应牢牢抓住这一历史机遇，统筹推进数字算力、数字产业、数字服务等一系列生态的合理布局，充分利用重庆作为"东数西算"工程国家算力枢纽节点的战略地位优势，着力打造数字化产业链生态，为重庆数字经济发展注入源源不断的新动能。

参考文献

中国电信集团公司：《云网融合2030技术白皮书》，2020年11月。

李正茂、雷波、孙震强等：《云网融合：算力时代数字信息基础设施》，中信出版社，2022。

《关于加快构建全国一体化大数据中心协同创新体系的指导意见》（发改高技〔2020〕1922号），2020年12月23日。

《全国一体化大数据中心协同创新体系算力枢纽实施方案》（发改高技〔2021〕709号），2021年5月24日。

《全国一体化算力网络成渝国家枢纽节点（四川）实施方案》，2022年8月。

B.6
重庆工业互联网平台建设与运行情况分析

杨威威 华晶晶*

摘 要： 近年来，我国工业互联网发展蹄疾步稳，成为加快制造业数字化转型和支撑经济高质量发展的重要力量。工业互联网平台作为发展工业互联网的关键核心，是推动数据汇聚、资源配置、应用创新的重要载体和实现工业智能化的神经中枢系统，对于促进我国工业经济现代化发展具有重要意义，成为政产学研金各方布局和关注的热点。近年来，重庆市深入实施大数据智能化发展战略，积极发挥工业互联网平台在"智造重镇"建设中的赋能作用，助力制造业提质升级。本文立足重庆推进工业互联网平台发展的主要做法和取得的成效，通过调研取证，深入剖析工业互联网平台发展存在的平台企业供需失衡、统一信息化规划缺失、平台生态有待完善、平台安全防护有待加强等问题，并提出提升平台赋能水平、加快平台技术和模式创新、助力园区数字化创新升级、构建良好发展环境等针对性举措。

关键词： 工业互联网平台 新模式 新业态 数字化转型

工业互联网平台是面向制造业数字化、网络化、智能化需求，构建基于海量数据采集、汇聚、分析的服务体系，支撑制造资源泛在连接、弹性供给、高效配置的工业云平台，推动制造业全要素、全产业链、全价值链深度变革。

---

* 杨威威，重庆市经济和信息化委员会智能化处；华晶晶，重庆信息通信研究院技术支撑研究室主任。

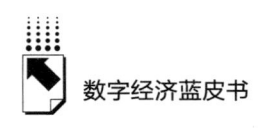

一 重庆市工业互联网平台的建设和运行情况

重庆是我国重要的国防科研生产基地和六大老工业基地之一。近年来，重庆坚持将数字经济、大数据智能化作为推动经济发展形成新增量、助力实体经济转型升级的重要抓手，将工业互联网平台的培育、建设和应用作为赋能制造业高质量发展的重要路径，不断完善工业互联网平台的产业体系、技术能力、生态机制，为垂直行业提供场景化的数字化转型解决方案，推动大中小企业生产方式、商业模式、管理方式的变革，从而提升全市制造业的智能化、网络化、数字化发展水平。

（一）顶层设计系统谋划，转型路径日益明晰

一是加大政策扶持力度。先后出台《重庆市深化"互联网+先进制造业"发展工业互联网实施方案》《关于加快发展工业互联网平台企业赋能制造业转型升级的指导意见》《重庆市工业互联网创新发展行动计划（2021—2023年）》等一系列政策文件（见表1），完善顶层设计，明确平台建设任务，将发展工业互联网平台作为推动制造业数字化转型的重要举措。针对企业差异化发展需求，引导企业分层次发展工业互联网平台，加快构建工业互联网发展生态，推动制造企业转型升级。

表1 重庆市工业互联网平台政策清单

序号	政策名称	出台时间
1	《重庆市深化"互联网+先进制造业"发展工业互联网实施方案》	2018年5月22日
2	《重庆市推进工业互联网发展若干政策》	2018年9月14日
3	《重庆市发展智能制造实施方案(2019—2022年)》	2018年12月20日
4	《关于加快发展工业互联网平台企业赋能制造业转型升级的指导意见》	2019年7月26日
5	《重庆市制造业智能化赋能行动实施方案》	2021年8月13日
6	《重庆市工业互联网创新发展行动计划(2021—2023年)》	2021年8月20日
7	《支持企业技术改造投资和扩大再投资政策措施》	2022年6月2日

资料来源：作者整理。

二是深化试点示范引领。坚持"试点引领、示范带动"的原则，连续5年开展工业互联网平台试点示范，引导大企业建设工业互联网平台，鼓励工业企业、生产性服务企业、工业互联网企业等自建云平台，率先开展平台化设计、智能化制造、网络化协同、个性化定制、服务化延伸、数字化管理等新模式新业态应用试点示范，加速培育"平台+"制造新模式。另外，围绕33条重点产业链中的发动机、变速器、电子等行业，通过"揭榜挂帅"开展"一链一网一平台"试点示范工作，聚焦制造业"链主"企业、领军企业，围绕其上下游产业"一条链"建设"一平台"，加快推动整个产业链、供应链、价值链、科技链等产业生态整体提升，切实增强数字化智能化改造质量和企业获得感。推动重庆市仪器仪表"一链一网一平台"试点示范、青山工业数字化管理平台建设、面向动力系统产业链协同制造与服务工业互联网平台建设3个项目"一链一网一平台"试点示范加快建设。

三是创新开展平台培育。坚持引育并重、动态调整的方针，将工业互联网平台培育纳入每年政府常态化工作，强化平台培育遴选和任务考核，连续5年实施工业互联网平台企业培育工程，形成了龙头平台引领、细分领域和专业平台同步发展格局。公开遴选确定广域铭岛、重庆忽米网、重庆精耕等5家企业入选2022年工业互联网平台企业培育专项行动名单（见图1）。在资金支持方面，围绕工业互联网平台、企业上云上平台等方向，安排专项资金支持，通过工业互联网平台赋能，推动产业整体转型升级。重庆逐渐成为工业互联网平台集聚数量多、龙头企业多、总部基地多的西部地区工业互联网平台集聚高地。

四是区县重视程度提高。各区县均提高对工业互联网平台赋能制造业转型升级的重视程度，将推动工业互联网发展列入制造业高质量发展、数字经济规划等重要内容。两江新区、南岸区等区县出台了《两江新区支持工业互联网加快发展十条政策》《重庆市永川区工业互联网创新发展实施方案》《重庆市黔江区工业互联网创新发展行动计划（2021—2023年）》《南岸区重庆经开区发展智能制造实施方案（2019—2022年）》等关于工业互联网、智能制造的政策文件，将工业互联网平台列入"十四五"重点工作。

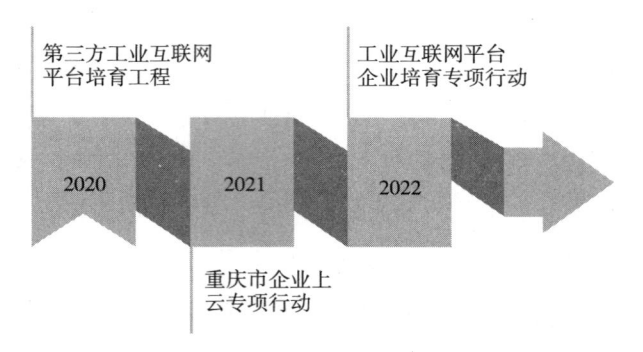

图1　2020~2022年重庆市工业互联网平台培育措施

资料来源：作者整理。

（二）多层次体系逐步形成，功能定位差异互补

在政策引导、市场选择和自身基因等多重因素驱动下，工业企业、平台企业持续优化发展定位，引育共推形成以国家级"双跨"、国家特色、市级行业型为引领的工业互联网平台服务体系。忽米网和广域铭岛成功入选国家级"双跨"平台，中冶赛迪、公鱼互联、工业大数据、龙易购等平台入选国家级特色型、专业型平台，全国28个"双跨"平台有15个在重庆重点产业园区布局，中移物联网精耕等一批本地平台加速崛起。

一是持续推进国家级"双跨"平台培育，形成全链条平台综合引领示范。重庆忽米网"忽米H-IIP工业互联网平台"、广域铭岛"际嘉（Geega）工业互联网平台"入选国家级"双跨"工业互联网平台，作为本土培育的"双跨"工业互联网平台，以打造数字化底座与工具、强化产业生态伙伴聚集、提供云化通用工业软件、赋能企业数字化和智能化转型为特色，从工艺质量提升、工艺过程优化等维度进一步推动工业互联网平台"连接千行百业，赋能万企千园"。

二是深化国家"特色"平台建设，形成面向专业、区域、行业的服务能力引领优势。重庆建工、重庆工业大数据、重庆龙易购、中冶赛迪等5个平台入选国家特色专业型工业互联网平台。作为中国混凝土行业首个国家级工业互联网试点示范项目，"公鱼互联云平台"运用多种方式助力行业数字化转型升级，已与5300多家混凝土产业链供需用户互联互通，实现产销供应链实时协同。龙易购科技通过大数据采集整合全国园区、产业及工业企业信息，促进工业品采、供、销资源高效对接，帮助企业扩大销售渠道、降低采购成本、定制化生产，帮助园区强链补链、完善产业配套、提升服务能力。中冶赛迪重庆信息公司率先在国内钢铁行业推出"水土云"工业互联网平台，通过研发一体化智能管控系统，为钢铁企业提供全流程智能应用，助力企业通过数字化方式整合管理钢铁生产全过程。

三是围绕产业链条建平台，强化集群化服务发展。利用工业互联网平台提升企业供应链弹性、韧性，重庆川仪自动化股份有限公司、重庆青山工业有限责任公司、重庆宗申动力机械股份有限公司入选2022年制造业"一链一网一平台"试点示范"揭榜挂帅"工作，着力打通企业之间的数据链、信息链、要素链，提升垂直行业产业链供应链现代化水平。其中，重庆川仪自动化股份有限公司按照"行业生态一条链、数据协同一张网、应用服务一平台"的总体思路，突出仪器仪表行业特色和产业特征。打造"1+1+5+1"总体方案，即1套云基础设施、1个"仪网云"平台、5大应用场景和1套安全防护体系，引导产业链企业"上云上平台"，建成数字底座及应用服务体系。重庆宗申动力机械股份有限公司针对当前动力系统产业链企业间信息数据孤岛、协作效率低、边际成本高，企业生产柔性化程度低、生产计划执行效率低，企业生产和设备的信息数据管理困难等瓶颈问题，围绕"1个平台+5大平台核心组件+9个应用场景"的总体思路，结合工业现场设备智能感知技术、工业大数据技术、容器化集群管理技术等，打造面向动力系统的产业链协同制造与服务工业互联网平台。

（三）融合应用持续深化，提质增效成效显著

近两年来，工业互联网平台应用水平呈现稳中向好的发展态势，截至2022年8月，全市已建成552个网络化协同、个性化定制、服务化延伸等

新模式创新应用项目，累计上云企业超过 11 万家，2022 年第二季度同比增长 28.7%。截至 2021 年 6 月，ERP 软件普及率达 73.4%，PLM 软件普及率超过 24.5%，数字化生产设备联网率由 2020 年的 43.7%提升至 2021 年的 45.9%，促进生产设备的数据共享、工艺优化与效能提升。

一是垂直行业转型纵深发展。平台结合自身行业优势赋能制造业数字化转型，在行业关键生产环节形成一批标杆应用案例。

在汽车行业，围绕柔性生产程度低、设备管理水平低、数据融合难度大等痛点堵点，工业互联网平台着重从智能化生产、个性化定制、服务化延伸方面提高支撑能力。广域铭岛打造的际嘉（Geega）工业互联网平台从生产管理、生产执行、质量管理、能耗管理等全方位着手，上线了基于公差传导模型的尺寸质量控制 App、基于焊接参数推荐模型的焊点质量管理 App、基于根因分析的涂装工艺质量 App 等汽车行业工艺质量优化解决方案，并基于多生产要素的运筹模型，上线主计划柔性排程解决方案，建立了工厂以生产排程为核心的生产资源调度控制枢纽，真正实现冲、焊、涂、总、物流、能源管理的一体化卓越运营，帮助工厂降低质量损失成本 13%，订单交付周期缩短 15%，物流调度效率提升 10%，整体提高了工厂的数字化管理水平。

在电子行业，围绕计划排程费时耗力且准确率低、物料及在制品质量追溯难、生产现场缺乏实时管控等痛点堵点，工业互联网平台着重从智能化生产、数字化管理、网络化协同等方面提高支撑能力。重庆机电智能制造有限公司打造的络钉二业互联网平台，通过上线计划、仓储管理模块，实现从订单获取、生产调度、原材料配送、产品生产到质量管理的全流程智能化管理，实现了信息系统、数字化生产设备、物流设备间的互联互通，形成精细管理、智能决策、敏捷制造的生产管理模式，助力盟讯公司通过打造全工艺过程的"电子制造智能工厂"，实现生产状态可视化，包括物料消耗、批次、设备状态、质量数据、班组人员信息等，及时、准确采集生产现场过程数据；推动生产过程可追溯，从生产任务的下发到完成，从原料投放到成品入库，在业务流和物料流两个维度建立全面可追溯的生产管控体系；生产效率提升近30%、成本降低近10%。

在医药行业，围绕中药品质量追溯难、研发靶点选择难等痛点堵点，工业互联网平台着重从数字化管理、智能化生产方面提高支撑能力。重庆忽米网基于医药全产业链的工业互联网协同平台+标识解析技术能力，打造生物医药标识解析工业互联网平台，推动植恩生物药品标识采用药监码进行赋码，实现产品全生命周期追溯服务；通过追溯码触达消费者，提供丰富的互动营销和品牌推广服务；通过对设备资产赋码（一物一码）应用资产数字台账完成企业的资产数据查询、统计和分析，有效盘活和利用企业购置的设备资产；并基于企业供应链管理体系建立产业内外数据标准，实现上下游企业通过标识码追踪查询原材料/成品的订单信息等数据，提升上下游企业信息协同支持能力。

二是场景化新模式新业态加速形成（见图2）。工业互联网平台融合应用向制造业广泛拓展，形成平台化设计、智能化制造、网络化协同、个性化定制、服务化延伸、数字化管理六大新模式，在产业级和企业级平台发挥的赋能、赋智、赋值作用不断显现，有力促进实体经济提质、降本、增效。重庆宗申动力机械股份有限公司以发动机智能制造生产线为主体，建设智能生产控制系统（IMCS）和信息物理系统（CPS），实现生产线过程参数、设备情况等各类数据的实时采集、分析、计算，实现实时感知、辅助决策、优化分析的智能化生产。金康新能源汽车集成应用SCM、ERP、LES、MOM等业务系统，打造供应链数字化云平台，打通与供应商的信息通道，实现物料需求、采购执行、精准配送、准时制造等供应链全流程的集成协同管控。宏钢数控机床通过打造高端数控机床远程运维工业互联网平台，为用户提供在线监测、设备故障预测与诊断、设备保养等全生命周期管理服务。玛格家居打通设备、生产线、运营等环境数据链，建设定制家具智能制造管理平台，实现以用户个性化需求为中心的定制生产模式。

三是中小企业上云上平台加快推进。截至2022年6月，全市上云企业已达11.2万家（见图3）。重庆玮兰床垫通过"用友营销云"推动业务上云，仅3~4月个性化订单较同期增加了25%，交货周期平均减少了1天。

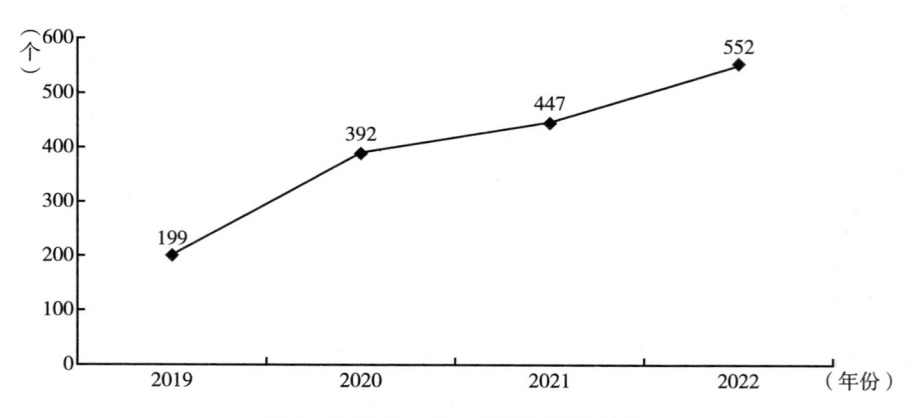

图 2 重庆市工业互联网新模式数量

资料来源：重庆市经信委，作者整理得到。

龙岗管件、飞舸汽车、德卡汽车等公司 ERP、云码等业务系统上云，生产效率提升 20% 以上，库存周转率提升 30% 以上。大足区桥丰五金依托大足五金二级节点赋码激光终端，节省成本 15 万元/年。

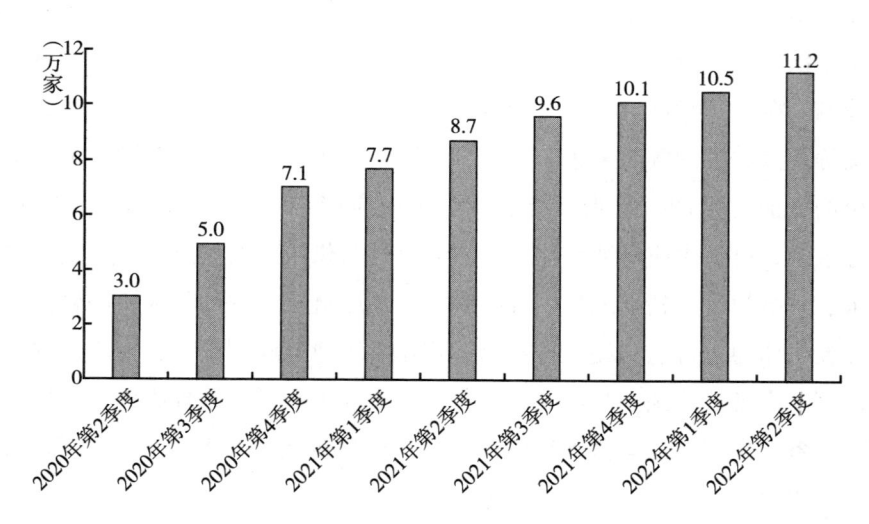

图 3 重庆市上云企业数量变化

资料来源：重庆市经信委，作者整理得到。

四是工业互联网平台加速向园区/集群落地。在园区管理方面，园区管委会可基于平台完善产业发展、安全生产、绿色节能等重点领域的监测监管体系，精准开展安全隐患排查、园区招商引资等服务，提升园区发展效率和质量。重庆大足高新区"工业互联网+园区"管理服务平台以园区管理平台和园区服务平台为核心，以基础网络、园区管理、园企服务、产业智能为主线，构建智慧园区服务体系，园区管理平台打造了协同办公、招商引资、物业管理、产业分析、项目管理、能耗管理、安环管理、应急指挥等功能场景，园区服务平台包含园区之窗、招商服务、政务服务、党建服务、融资服务、协同创新、智能应用共享、产业链协作等。

（四）产业生态不断健全，服务供给持续优化

一是加强优质资源对接落地。引进培育中国信息通信研究院西部分院、中国工业互联网研究院重庆分院等公共服务载体，两江新区、重庆经开区、北碚区、江津区4个区县联合成功创建国家新型工业化（工业互联网）产业示范基地，海尔、浙江蓝卓等国家级"双跨"平台企业在重庆设立分公司。抢抓战略机遇，积极争取国家级重大项目落地重庆，国家级工业互联网平台应用创新体验中心、国家工业互联网数字化转型促进中心、区域一体化工业互联网公共服务平台等建成投用。目前，国家工业互联网标识解析顶级节点（重庆）、工业互联网安全态势感知平台顺利运行，生态不断完善。

二是壮大工业互联网服务商。开展重庆市企业"上云"服务专项行动，通过政府购买服务来推动广大中小微企业"上云"，降低企业智能化成本，同步促进工业互联网平台培育，平台服务商供给能力逐步提升。同时，与四川共同建立了2021年成渝地区工业互联网及智能制造资源池，汇聚了标识解析服务、网络改造升级服务、第三方云平台服务、工业互联网安全服务等13个方向208家服务商、522项产品和服务，不断提升工业互联网供给能力。

三是加强工业互联网人才培育。创新探索工业互联网领域的中高级职称评定，《重庆市工程技术工业互联网与智能制造专业职称申报条件》已完成意见征求工作，正全面启动工业互联网和智能制造的职称评审工作，着力推

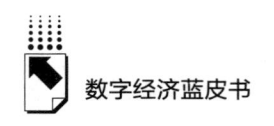

行培训、实训、认证全流程的人才培育模式，打通技能人才发展通道。持续开展工业互联网研修班等系列培训活动，通过"理论授课+现场教学"，提升人才供给能力水平。通过打造工业互联网数字化转型促进中心、成渝地区双城经济圈产业数字化赋能基地（重庆）等中心载体，为工业互联网人才提供实训培训服务。

四是积极营造工业互联网平台发展的良好氛围。连续成功举办四届工业互联网和智能制造高峰论坛，面向全市区县持续开展工业互联网和智能制造巡回活动，不断提升工业互联网平台的影响力和知名度。召开全市智能制造经验交流会，开展智能制造标准体系宣贯及专题培训。成立工业互联网产业联盟重庆分联盟并已集聚300余家工业互联网企业和制造企业。

二 重庆工业互联网平台发展面临的问题

重庆市工业互联网平台仍然面临缺乏大规模应用、专业深耕能力不足等挑战，亟须以改革带发展，以创新促融合，加速工业互联网平台的建设及应用推广。

（一）平台企业供给与工业企业需求不一致

一方面，平台服务商在承接企业数字化改造过程中，不仅不同行业有不同的改造路径，甚至同行业不同企业的改造方案也无法完全复制，制造业企业数字化转型认识不断提升、场景化理解更加深刻、转型服务商产品遴选更加慎重、个性化特色需求更高，更加需要"个性化定制"。另一方面，平台服务商提供的解决方案能力不足、服务产品针对性不强、产品功能"跟不上"。两方面原因导致制造业数字化转型的迫切需求和工业互联网平台供给能力不足之间存在矛盾。

（二）工业企业内部缺乏统一信息化规划

一方面，工业企业内部各工业软硬件厂商的标准体系、接口协议多种多样,不同厂商提供的工业数字化设备、工业软件综合集成和互联互通难度较大,难以构建全产业链、全要素"一张网"。另一方面,工业企业在实施数字化转型过程中,缺乏统一的信息化规划,在推进信息化建设过程中新建的各类信息系统之间产生了新的"信息孤岛",导致制造资源数据难以实现集成和共享,影响进一步的协同应用。

(三)生态构建能力不足、本地产品推广难度较大

一方面,现有平台的设备接入能力不足,平台用户数总体偏少,缺乏有效的盈利模式,平台经济效益有待进一步提升。另一方面,平台规模效应不突出,工业互联网平台建设推广和示范引领带动作用仍然较弱。平台体系化应用推广机制尚不健全,目前工业互联网平台推广存在"市级层面热、区县冷,政府热、企业冷"等现象,平台服务商产品推广难度大。

(四)平台安全防护有待加强

一方面,工业互联网在设计、开发、测试、运行和维护各阶段与安全融合程度不够,"重功能、轻安全"现象较为普遍,工业互联网安全威胁突出。另一方面,工业企业在实际开展平台安全设计、建设、运维等活动中,依然缺乏统一的、有约束力的指导文件,存在安全主体责任不明等问题。

三 重庆工业互联网平台建设与运行的政策建议

深入贯彻落实国家工业互联网创新发展战略和重庆市大数据智能化战略行动,持续加强对工业互联网平台的政策引导和支持,构建良好的平台发展生态,打造国家工业互联网创新发展新高地。

(一)提升平台赋能水平,夯实赋能制造业高质量发展基础

坚持将工业互联网平台建设及应用作为赋能制造业转型升级的重要途径,通过"建平台""用平台"双轮驱动,促进本地重点平台技术、产品、

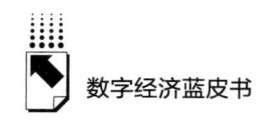

解决方案等与制造业各关键业务环节深度融合，加快制造业高质量发展。结合国家关于企业梯度培育的战略方针，持续推动"一链一网一平台"、平台企业"一企一策"等专项工作。撬动领军企业对上下游企业开放共享资源，开展供应链产业链配套对接，与中小企业建立稳定合作关系，构建创新协同、产能共享、供应链互通的新型产业发展生态。

（二）聚焦新一代信息技术领域前沿热点，加快平台技术和模式创新

鼓励重点企业、研究机构、高校等针对工业大数据、人工智能、数字孪生、元宇宙等战略性新兴领域，开展关键技术的研发和攻关，加紧实施试验示范，抢占发展先机。完善相应的成果转化机制，加快先导应用市场培育，引导新一代信息技术的应用成果向制造业输出，推进产业化发展。加快工业互联网平台技术产品迭代、应用模式创新，实施工业互联网平台服务能力提档工程，探索可持续、可复制、可推广的创新模式和发展路径。

（三）深入推进"工业互联网平台+园区"，助力园区数字化创新升级

深入推进"工业互联网平台+园区"各项工作，积极推动工业互联网平台在园区应用落地，促进园区转型升级，打造"平台+园区"融合的标杆和样板，提升制造业企业的积极性。推动工业互联网平台赋能园区监测监管、智慧园区治理、数字产业培育、产业数字化转型，研究"平台+园区"实施指南、标准、解决方案、推进思路及园区级平台建设运营模式，开展试点示范培育、过程动态监测、成效综合评估。持续举办深度行等活动，创新创建"平台+园区"试点示范区。

（四）完善服务体系和保障体系，构建良好发展环境

优化工业互联网平台发展环境，进一步完善支持工业互联网平台与制造业融合发展的政策，推动工业互联网平台监测系统与重点平台互联互通。加快建立校企合作、产教结合机制，建设一批工业互联网平台人才实训基地，打造多层次复合型工业互联网人才队伍。深入开展试点示范、标杆推广和宣传培训工作，营造工业互联网平台赋能制造业数字化、网络化、智能化转型的浓厚氛围。开展工业互联网平台安全预警、重点防护等工作，进一步健全平台安全保障体系。

参考文献

付宇涵、马冬妍、唐旖浓等：《工业互联网平台赋能流程制造行业转型升级场景分析》，《科技导报》2022 年第 10 期。

陈武、陈建安、李燕萍：《工业互联网平台：内涵、演化与赋能》，《经济管理》2022 年第 5 期。

王柯懿、王佳音、盛坤：《工业互联网平台赋能制造业数字化转型能力评价体系研究》，《制造业自动化》2021 年第 12 期。

何小龙、李君、周勇、张旭：《工业互联网平台应用现状及发展对策》，《科技管理研究》2021 年第 10 期。

李燕：《工业互联网平台发展的制约因素与推进策略》，《改革》2019 年第 10 期。

李君、邱君降、窦克勤、刘帅：《基于成熟度视角的工业互联网平台评价研究》，《科技管理研究》2019 年第 2 期。

王晨、宋亮、李少昆：《工业互联网平台：发展趋势与挑战》，《中国工程科学》2018 年第 2 期。

B.7
重庆科技创新平台建设：
进展、挑战与对策

重庆市科学技术局

摘　要： 近年来，重庆有序推动重大科技基础设施建设，着力布局重点实验室，积极推动技术创新中心建设，大力引育新型研发机构，以各类科技创新平台为重要载体，提高数字技术基础研发能力，助推数字经济高质量发展。然而，从全市数字经济领域科技创新平台建设和发展情况来看，还存在国家级科技创新平台布局较为欠缺、市级科技创新平台顶层设计不够系统、科技创新平台发展政策环境有待优化等问题。为此，建议加快优化重组，强化平台的统筹规划布局；强化经费、人才、项目等各方面资源倾斜，打通平台建设的难点卡点；加强制度建设，保障平台的有序建设和高效运转。

关键词： 数字经济　数字技术　科技创新平台

伴随着新一轮科技革命和产业变革加速推进，科技创新平台尤其是重大科技创新平台逐渐成为世界各国抢占科技创新制高点的重要依托，如美国国家实验室、德国亥姆霍兹联合会、英国国家物理实验室等。党的十九大报告指出，要加强国家创新体系建设，强化战略科技力量。《中华人民共和国国民经济和社会发展第十四个五年规划和2035年远景目标纲要》则是明确提出，加快构建以国家实验室为引领的战略科技力量。可见，以国家实验室为代表的重大科技创新平台是我国未来战略性科技力量的极重要组成部分。因此，聚焦国家发展数字经济的战略选择和建设数字中国的战略布局，围绕重庆市大力实施以大数据智能化为引领的创新驱动发展战略行动计划，布局建设一批能够进一步夯实数字关键核心技术自主创新基础、大力提高数字技术基础研发能力的科技创新平台，将对重庆市掌握发展数字经济自主权，进一步做大做强数字经济发挥至关重要的作用。

一　工作举措及成效

（一）有序推动重大科技基础设施建设

重大科技基础设施作为实现原始创新、前沿技术引领性技术突破的"科学重器"，是抢占未来科技竞争制高点的"国之利器"。2017年，重庆市启动重大科技基础设施培育建设，在市级相关部门的协同联动和精心组织下，经过前期探索、需求调研、技术研讨、方案论证、第三方可行性评审等程序，重点围绕物质、生命、空间天文、地球环境等科学领域，在西部（重庆）科学城、两江协同创新区、广阳湾智创生态城等重点区域，吸引集聚中国科学院等全国顶尖科技力量参与共建，制定了《重庆市科技创新基础设施项目建设管理办法（试行）》，建立了联动协调机制。目前，正积极推动超瞬态实验装置、长江上游种质创制科学装置、超大分布孔径雷达高分辨率深空域主动观测设施、无线能量传输与环境影响科学工程等重大科技基础设施建设。

栏目一：重大科技基础设施建设

超瞬态实验装置已列入国家重大科技基础设施建设"十四五"规划和中长期规划储备项目，建设总体规划设计以及部分关键核心技术研发已初步完成。在直线加速器初步设计、电子显微镜表面低能电子全息成像、同步辐射微束白光劳厄衍射等领域取得进展。

长江上游种质创制科学装置加快建设，种质创制大科学中心一期工程已

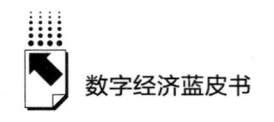

建成，示范物种家蚕、杨树、青蒿已开始规模化种质创制工作，中心服务队伍已经组建完成，产业化机制建设正在加紧推进，二期工程入驻团队遴选完成。

超大分布孔径雷达高分辨率深空域主动观测设施一期项目已动工建设，拟研制世界上探测距离最远的雷达，高分辨率观测1.5亿公里范围内小行星，满足近地小行星防御、空间态势感知等国家重大需求，并用于地球宜居性、行星形成等前沿科技创新研究。目前已纳入重庆市重大科技创新基础设施培育项目，争取国家发展改革委"窗口指导"。

无线能量传输与环境影响科学工程一期主体建筑已经封顶，主体建筑的内部装修和场地附属设施建设积极推进。

（二）着力布局重点实验室

1.国家重点实验室

国家重点实验室是国家战略科技力量的重要组成部分，是国家组织开展高水平基础研究、应用基础研究、前沿技术研究，实现重大原始创新、支撑关键核心技术突破、凝聚培养优秀创新人才、开展高水平创新合作的国家科技创新基地。截至目前，全市共有国家重点实验室10个，其中学科类5个、企业类3个、省部共建类2个；覆盖医药领域2个、农业领域1个、制造领域1个、工程领域3个、能源领域3个。经过多年建设，在渝国家重点实验室有力推动了重庆市基础研究、应用基础研究和前沿技术研究，在发现积累知识、突破关键技术、培养聚集人才、提升创新能力等方面做出了突出贡献，主持和承担各类重大科研项目6000余项，其中国家级2000余项；累计荣获国家科技进步奖特等奖1项、一等奖4项、二等奖32项，国家自然科学奖二等奖1项，国家技术发明奖二等奖7项；固定人员1664人，其中院士12人，国家杰出青年、长江学者等国家级人才180人次，省部级人才称号290人次，拥有教育部、科技部、国防等科技创新团队81个次，体现了科技创新的"重庆担当"。

栏目二：国家重点实验室

机械传动国家重点实验室破解了格里森弧齿锥齿轮设计理论与加工方法的难题，打破了国外的技术垄断，推动了我国在重载汽车、冶金装备、海洋装备、舰船、风电、机床等行业的技术进步及装备的国产化。

煤矿灾害动力学与控制国家重点实验室研制的高压水射流防治煤矿瓦斯灾害成套技术在全国 800 多座煤矿得到应用，为煤矿的百万吨死亡率由 2005 年的 2.81 降至 2021 年的 0.044 做出巨大贡献。

输配电装备及系统安全与新技术国家重点实验室率先提出电力装备多物理场分析软件自主化，为"华龙一号"和"国和一号"、白鹤滩巨型机组等"国之重器"自主化研制提供技术支撑，为我国"西电东送""青藏铁路"重大工程电力安全提供支持。

创伤、烧伤与复合伤国家重点实验室创建 20 余项创伤防治新理论和关键技术，研发 30 余种创伤救治器材和药物，参与 20 余起国内重特大突发事件的应急医疗救援，指导 100 余家医院建立创伤中心，有力提升了我国创伤医学水平。

家蚕基因组生物学国家重点实验室通过发展种桑养蚕及其产物资源利用繁荣了区域经济，支撑蚕桑全产业链年总产值超过 3000 亿元，解决超过 2000 万人以农村人口为主的从业人员的就业问题，助力脱贫攻坚和乡村振兴。

桥梁工程结构动力学国家重点实验室为朝天门大桥、菜园坝大桥、大佛寺大桥、两江大桥、曾家岩大桥等提供技术服务，解决了一系列桥梁抗震、防船撞、运营监测等关键问题，为重庆市跨江桥梁建设与运营维护提供了有力支撑。

瓦斯灾害监控与应急技术国家重点实验室研发出全数字煤矿安全监控系统、千米定向钻机、煤与瓦斯突出智能预警系统等，并在煤矿企业广泛推广应用，累计实现收入超过 80 亿元，创造利税 16 亿元，推动新增就业 400 多人。

汽车噪声振动和安全技术国家重点实验室获授权发明专利 207 项，发布国家及行业标准 96 项，研究成果广泛用于以长安为代表的国内自主品牌企

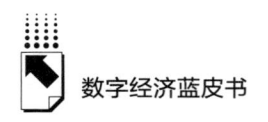

业，对提升汽车自主品牌性能开发能力和产品性能优势发挥了重要作用。

超声医学工程国家重点实验室研制的聚焦超声肿瘤治疗系统累计保器官治疗良恶性肿瘤患者20.7万例，聚焦超声消融手术设备临床应用医院347家，有力助推全市医疗器械产业发展。

山区桥梁及隧道工程国家重点实验室支撑了世界最大跨轨道斜拉桥、最大跨轨道连续刚构桥、最大跨拱桥、最长公路隧道等15座世界级桥隧工程以及川藏铁路等国家重大工程项目的建设运维，保障了3200余座桥隧工程的运营安全，带来直接和间接经济效益15.6亿元。

2. 金凤实验室

金凤实验室位于西部科学城重庆高新区凤栖湖畔，是重庆市委、市政府重点打造的战略科技力量，其以打造重庆实验室"新样板"、国家实验室"生力军"为总体定位，聚焦生命健康领域重大科学问题和"卡脖子"技术，积极搭建一流创新平台、集聚一流创新团队、产出一流创新成果、孵化一流创新产业，力争建成国内领先、国际一流的生命健康与基础医学创新高地和人才高地。

栏目三：金凤实验室

目前，金凤实验室首期3.5万平方米科研和办公场地投用，2022年底还将投用6.5万平方米；科研设备到位1100余套，基本满足日常科研实验需求；由卞修武、段树民、赵宇亮、董晨4位院士领衔的20个科研团队已入驻开展工作，全时科研人员到位80余人，运营团队到位近20人，并已取得一系列重要科研成果。例如：金凤实验室科研团队成功创建了全球首套基于影像与病理学的人工智能辅助诊断（image and pathology-based artificial intelligent diagnosis）系统（简称iPAID系统），卞修武院士指导和确定了首个iPAID报告，实现了基于影像特征进行新冠肺炎患者的病理学数据分析，标志着"无创"病理诊断技术的诞生。实验室搭建了先进的合成生物实验平台，联合上海交通大学重庆人工智能研究院科研团队运用自主专利AI和物理算法进行药物筛选，入驻金凤实验室 2 个月就成功合成了 7 个基于 AI 设计、靶向双靶点的全新骨架实体新分子，并进行了生物有效性验证，成功交付给下游医药企业客户。

3. 重庆市重点实验室

重庆市重点实验室是重庆市科技创新体系的重要组成部分，是组织高水平基础研究、应用基础研究、前沿技术研究，集聚和培养优秀科技人才，开展高水平学术交流和科技资源开放共享的重要科技创新基地。2002 年，重庆市批准建设第一个重庆市重点实验室。目前，依据《重庆市实验室建设与运行管理办法》共认定重庆市重点实验室 210 个，其中数字经济相关领域 46 个。210 个重庆市重点实验室固定人员共 8661 人，其中副高级及以上专业技术人员数 5446 人，获国家人才称号人数 401 人。2021 年，获省部级及以上科研项目资助 2323 项、总经费 21.07 亿元，获省部级及以上奖励 1415 项，获得专利授权 3107 项，在基础研究、应用基础研究与产业化方面获得丰硕的成果。

栏目四：部分重庆市重点实验室

空天地网络互联与信息融合重庆市重点实验室紧密结合国家与重庆市社会经济发展和电子信息产业布局，有力支撑重庆市航空互联网、低轨卫星互联网、智能物联网/车联网、三峡库区环境监测、空间数据获取与应用等产业的创新型发展，推动我国"空天地一体化信息网络"和"鸿雁全球卫星星座通信系统"建设与发展，拥有的卫星协同组网、高功率高频谱效率的调制体制等核心技术，处于国内领先水平。2021 年，立项国家级科研项目 6 项、省部级科研项目 10 项，获国家授权专利 7 项，在国内外重要学术期刊上发表的论文共计 60 余篇，其中高水平论文收录 36 篇。

大数据与智能计算重庆市重点实验室重点开展大数据与智能计算领域相关的基础理论和关键技术研究，积极促进科技成果转化应用，为重庆市大数据与智能计算领域科学研究、产业发展与人才培养提供支撑，拥有的高维稀

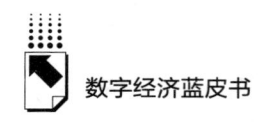

疏数据智能分析、边缘智能技术等核心技术，处于国内领先水平。2021年，立项国家级科研项目1项、省部级科研项目9项，获国家授权发明专利10项，出版国内专著1部，获得1项重庆市科技进步奖一等奖。

智慧金融与大数据分析重庆市重点实验室主要开展最优化理论与算法、计算机视觉、自然语言处理、知识图谱、医学图像、智慧交通、统计与大数据分析等研究。2021年，立项国家级科研项目6项、省部级科研项目16项，实验室皮家甜副教授及其团队将深度伪造人脸识别的综合准确率提升至94.1%，登顶全球深度伪造知名学术榜单FaceForensics++benchmark榜首。

（三）积极推动技术创新中心建设

为贯彻落实国家对技术创新中心建设的决策部署，结合重庆科技工作实际，2018年，全市启动建设市级技术创新中心（以下简称"中心"），已累计认定中心27个，其中数字经济相关领域14个，重庆市推荐申报的国家生猪技术创新中心于2021年获科技部批复建设，这是全国农业领域首个，也是重庆市首个国家级技术创新中心。目前，正在加快制定《重庆市技术创新中心建设实施方案》和《重庆市技术创新中心建设运行管理办法（试行）》，以进一步规范市级技术创新中心的建设和运行管理。

栏目五：国家技术创新中心

国家生猪技术创新中心由重庆市科技局组织，重庆市畜牧科学院牵头，联合中国农业大学、中国农科院兰州兽医研究所、江西农业大学、中山大学、牧原食品股份有限公司等共建，以及中国农业科学院北京畜牧兽医研究所等19家科研院校和龙头企业协同建设。其总部位于重庆市畜牧科学院，由其发挥组织协调作用；在华北、西北、华东和华南布局4个分中心，共同发挥协同创新作用；在四川、广东、广西、河南、湖南、江西等生猪优势主产区建设6个示范站，共同发挥成果转化与试验示范作用，形成"1+4+6"发展格局。截至目前，中心建设已初见成效，获得省部级及以上项目98项，引进8名院士、61名市内外专家，围绕生猪遗传育种等五大关键技术组建了14个本土创新团队；首个新型研发机构"重庆市畜禽用抗菌肽研究中心"落地建设，构建了全国首个地方猪种标准体系；育成重庆涪陵黑猪配套系、广东壹号黑猪新品种，取得猪多肋性状的因果基因鉴别及产业化应用、非常规饲料资源开发利用关键技术、玉米豆粕减量替代技术等重大科技成果4项；自主研发出可灭杀非洲猪瘟病毒的重大标志性原创成果——"国猪灭瘟灵1号"，总体技术达到国际先进水平。在2022年4月科技部组织的创新中心评估中获得"建设成效显著、值得肯定"好评。

（四）大力引育新型研发机构

2015年起，重庆市开始大力培育和引进新型研发机构，先后制定实施《重庆市新型研发机构培育引进实施办法》《重庆市新型研发机构管理暂行办法》，弥补了创新资源尤其是高端研发资源不足的短板，为推动创新驱动发展、建设具有全国影响力的科技创新中心提供重要支撑。截至2021年底，全市共培育和引进新型研发机构179家，包括新型高端研发机构77家、初创型102家，其中数字经济相关领域98家，整体发展态势良好。一是创新人才集聚，研发人员达8619人，其中高级职称2170人，博士及以上学历人员1716人，多途径引进行业领军人才384人、院士团队25个；二是研发活动活跃，研发活动总收入超过45亿元，研发投入达25.5亿元，同比增长45%以上；三是创新能力凸显，2021年新立项科研项目1487项，其中国家级58项、省部级219项，累计拥有高价值发明专利656项。其中，在引进研发机构方面，重庆市委、市政府高度重视集聚高端科技创新资源，盯紧抓牢大数据智能化主方向，出台并实施引进科技创新资源行动计划，筑巢引凤、近悦远来，成效明显。截至目前，重庆市已累计与107家（个）国内外知名高校、科研院所、企业和科学家团队签订合作协议，建设了一批科研平台，包括引进研发机构65家、国家级制造业创新中心1个、博士后科研工作站29个、市级重点实验室5个，孵化科技型企业196家。

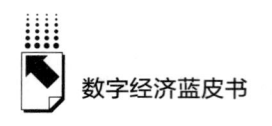

栏目六：部分新型研发机构

北京大学重庆大数据研究院面向攻克大数据智能化和数字化转型的核心科学技术问题与创新应用瓶颈，着力推动基础研究成果向应用创新转化，致力于打造具有国际影响力和引领性的人才聚集平台、前沿研究和转化平台，已落地转化2个中心、14个实验室，组建166人的高水平研究和管理团队，其中包含2个院士团队、9位国家级人才、33名海外引进人才。研究院参与开发人工智能订正模型，将大数据等人工智能技术引入天气预报中，参与"冬奥赛场定点气象要素客观预报技术研究及应用"子课题，助力冬奥会精准天气预报。研究院数值计算实验室研发出国内首个具有自主知识产权的科学计算软件——北太天元数值计算通用软件，该产品将打破欧美发达国家科学计算软件"垄断"，实现国产替代。

重庆邮电大学工业互联网研究院围绕建设"一中心、两平台、三场景"，打造集"产、学、研、转、创、用"于一体的工业互联网创新服务大平台与人才培养基地的总体目标，计划总投资1.2亿元，已投入科研设备超过5000万元，建成了6900平方米的科技研发、技术试验、产品研制和办公交流场地，现有研发人员65人、高级职称27人、省部级以上人才8人、国际标准专家10人。研究院作为核心单位起草的国家标准《信息技术 系统间远程通信和信息交换 基于SDN的网络联合调度》已正式发布。

二 面临挑战及存在问题

（一）国家级科技创新平台布局较为欠缺

近年来，重庆市大力实施创新驱动发展战略，在科技创新方面取得积极进展，区域创新能力持续提升，但相较北上广等发达省份，重庆市科技创新的底子较薄，国家重大科技基础设施、国家重点实验室等国家级科技创新平台的布局和建设较为欠缺，数量较少，能级不高，数字经济领域的国家级科技创新平台更为缺乏。目前，重庆市还未有国家重大科技基础设施布局；国家技术创新中心仅有1个；现有国家重点实验室10个，远低于北京市（136个）、上海市（46个）、江苏省（36个）、广东省（30个），与山东省（20个）、四川省（16个）、浙江省（15个）等省份，且尚未在数字经济领域布局；在现有新型研发机构中，新型高端研发机构占比不足一半，而数字经济领域新型高端研发机构仅47家，占比为26.3%。国家级科技创新平台的欠缺影响了对行业领军科创人才、团队来渝留渝的吸引力，也难以支撑更多国家重大科研项目的向上争取和落地实施。

（二）市级科技创新平台顶层设计不够系统

重庆市的市级科技创新平台在顶层规划布局方面存在系统性研究不足、平台布局欠合理等问题。一是区域分布差异大，市级重点实验室主要集中在中心城区一小时经济圈，除万州区2个实验室外，渝东北与渝东南没有建设实验室；90%以上的市级技术创新中心布局在中心城区；78%以上的新型研发机构布局在中心城区。二是领域布局不均衡，市级重点实验室所涉领域传统学科较多，交叉学科和基础学科较少，新兴领域和重点领域偏少，工程科学、医学科学、生命科学总占比超过65%，数字经济领域相关的信息科学、数理科学分别仅占15.2%、2.9%，而重大科技基础设施方面，尚未在数字经济领域布局。三是重大科技基础设施统筹设计有待加强，重大科技基础设施是为科技创新提供极限研究手段的大型复杂科学研究系统，需要前瞻性谋划和系统性布局，世界大多数国家和地区都采用路线图的方法规划科技基础设施的未来发展，而重庆市尚处于重大科技基础设施布局建设起步阶段，亟待增强顶层设计和统筹布局建设的科学性、前瞻性。

（三）科技创新平台发展政策环境有待优化

近几年，国家政策推陈出新，调整频率较高、幅度较大，科技创新平台

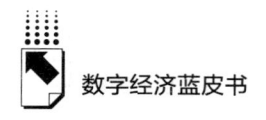

的发展受政策影响较大。例如，受高校异地建设研究院政策收紧的外溢效应影响，部分高校暂缓了在异地设立研究院，如2021年7月签约的重庆市与中国农业大学、华中师范大学等合作项目，虽已签约但暂未落地。而随着国家政策不断调整变化，重庆市相应配套政策调整不及时不匹配，支撑科技创新平台发展的相关政策力度不够、吸引力不强，投入的乏力阻碍了平台发展。以人才政策为例，根据《重庆英才计划实施办法（试行）》规定，已获国家级人才称号的无法再获评市级人才称号，但重庆市引进研发机构的高层次人才多为国家级人才，无法再享受市级人才待遇。部分高校类落地研发机构纳入学校统一管理，薪酬制度、成果激励等严格参照学校的相关管理办法执行，导致外派重庆的工作人员工资薪酬与实际付出不对等，影响了工作积极性。而在经费投入方面，重庆市的科技创新资源建设支持资金相较沿海及兄弟省市有明显差距，如重庆市研发机构落户最高补助5000万元，而安徽省可达1亿元，经费投入不足较大程度上限制了科技创新平台的落地、建设和发展。

三 政策建议

（一）加快优化重组，统筹规划平台布局

围绕全市"十四五"规划纲要、科技创新"十四五"规划、数字经济"十四五"规划，聚焦数字技术创新应用，强化数字经济领域科技创新平台布局建设，推动数字产业化发展和产业数字化转型。坚持"存量"整合提升和"增量"查漏补缺相结合原则，加快推动重点实验室重组、整合并支持符合条件的工程技术研究中心转建市级技术创新中心等一系列科技创新平台优化重组工作。结合《国家重大科技基础设施建设中长期规划（2012—2030年）》、重庆市科研实力、人才队伍实情和产业发展需求，统筹制定重庆市重大科技基础设施建设中长期规划和发展路线图，强化数字经济领域重大科技基础设施谋划布局。积极创建山地城镇建设安全与智能化等全国重点实验室，聚焦集成电路、北斗导航、量子科学、6G通信等科技前沿和未来

重庆市产业发展需求领域，新建一批市级重点实验室，加快数字经济领域实验室体系建设。聚焦智能汽车、集成电路等领域，建设一批市级技术创新中心，培育建设国家技术创新中心，打造数字经济领域高端应用研究平台。围绕数字经济领域产业技术研发、科技企业孵化、科技成果转化、高端人才集聚，大力发展新型研发机构。

（二）强化资源倾斜，打通平台建设卡点

从经费、人才、项目等方面着手全方位支持科技创新平台的建设和发展，并将资源适当向数字经济领域平台倾斜。一方面，进一步强化经费投入保障。加大财政经费支持力度，以项目形式重点支持一批数字经济领域科技创新平台开展基础研究与前沿探索、技术创新与应用发展等；支持和引导依托单位加大投入和稳定支持力度，赋予平台更大科研经费使用权，如扩大预算调剂权、包干制、结余资金留用、加大科研人员激励力度、扩大劳务费开支范围等；健全科技金融服务供给体系，吸引社会资本投入，通过建立基金会、接受社会捐赠、设立联合基金、探索技术入股、开展成果交易等方式拓宽资金来源渠道，用好知识价值信用贷款等既有金融工具，促进科技、产业、金融良性循环。另一方面，探索开放灵活的人才服务模式。通过"一事一议""一人一策"，加大数字经济领域优秀科学家、名家名师、创新创业领军人才、技术技能领军人才、青年拔尖人才和创新团队引进力度；探索实施技术移民制度，以战略性科技创新领军人才引领重点实验室、新型研发机构等平台建设；给予长期稳定项目支持；创新人才评价机制，注重领军人才培养，构建人才合理集聚、成长、流动的人才生态系统。

（三）加强制度建设，促进平台规范发展

加快制定、完善重庆市重点实验室优化重组工作方案、市级技术创新中心建设运行管理办法、重庆市重大科技基础设施管理办法等系列政策文件，明确各类科技创新平台建设的总体要求、功能定位、类别领域、运行机制等内容，引导平台有序建设和高效发展。建立、完善以产业发展贡献、解决

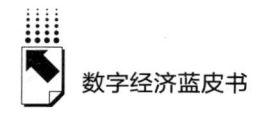

"卡脖子"问题和关键共性技术难题为主要导向、具有针对性的分类评价指标体系，对于不同类别科技创新平台及其特征，着力从治理结构创新与成熟度、人才团队、科研实力、经费使用效率、成果转移转化、开放共享程度等多方面予以评价。提升科技创新平台考核评估的科学性和有效性，进一步理顺平台的管理体制机制，全面提高平台建设和运行的科技效益。

参考文献

董丽华：《宁夏科技创新平台创新驱动能力的提升对策》，《中国高校科技》2020年第4期。

余唯、李海燕：《科技创新平台共享中存在的问题与对策》，《科技管理研究》2018年第10期。

孟敏：《武汉大学科技创新平台建设及问题分析》，《中国高校科技》2017年第7期。

李斌、裴大茗、廖镇：《国家科技创新平台建设的思考》，《实验室研究与探索》2016年第4期。

胡一波：《科技创新平台体系建设与成果转化机制研究》，《科学管理研究》2015年第1期。

陈志辉：《科技创新平台内涵特征与发展思考》，《科技管理研究》2013年第17期。

李葳、王宏起：《区域科技创新平台体系建设与运行策略》，《科技进步与对策》2012年第6期。

数据要素篇

B.8 重庆市数据要素交易流通研究

奚洋 王涛[*]

摘　要： 本文从数据要素交易流通的定义、国内外数据要素交易流通的基本情况与发展趋势出发，对重庆市数据要素交易流通在政策扶持、基础设施建设、数据资源、数据交易场景、西部数据交易中心建设等方面的进展情况进行了研究与总结，分析了当前重庆市在政策统筹、技术配套、产业配套、人才培养上仍存在的不足，并参照重庆市政府出台的政策措施与数据市场建设规划，就重庆市数据要素交易流通产业的健康发展提出了政策建议。

关键词： 数据要素　数据要素交易　数据要素市场

---

[*] 奚洋，西部数据交易有限公司总经理、工程师；王涛，北京大学重庆大数据研究院副院长。

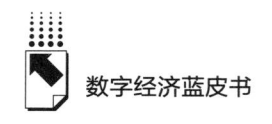

据咨询机构统计，到2030年，西部地区数据交易将达到上千亿元的规模，为重庆市数据要素交易流通市场带来了巨大的发展机遇。但作为一种全新的生产要素，数据要素的交易流通也面临着新的困难和挑战。本文分析总结了当前数据要素交易流通的发展现状与趋势，结合重庆市产业情况与数据市场建设现状，参照重庆市出台的政策措施与数据市场建设规划，研究提出了下一阶段的政策建议。

一　数据要素交易流通定义

2020年4月9日，中共中央、国务院发布《关于构建更加完善的要素市场化配置体制机制的意见》，首次将数据与土地、劳动力、资本、技术等传统要素并列作为要素之一，提出要加快培育数据要素市场。

数据要素主要由政务数据及包括企业数据在内的社会数据组成。数据要素交易流通指加速政务数据的开放，并且提升包括企业数据在内的社会数据的价值。进而推进政务数据和包括企业数据在内的社会数据的融合使用，形成对社会治理和产业升级的强大推动力。

数据要素交易流通是数字经济的源动力，也是全球数字竞争的重中之重。在提升政务效率方面，数据要素为"不见面审批"、企业"少跑腿"和"零跑腿"提供了有力支撑。

二　国内外数据要素交易流通情况

（一）国外数据要素交易流通情况

全球对数据要素交易的需求逐年增加，2017年全球数据要素交易市场价值总额达189亿美元，2021年全球市场价值总额达523亿美元，其中美国2021年数据交易市场规模达到306亿美元，同比增长24.1%；欧洲数据交易市场规模达63亿美元，同比增长22.1%；英国数据交易市场规模达31

亿美元。国外前三大数据交易市场规模合计400亿美元，占据全球数据交易市场的76%以上。

国外数据要素交易流通主要形成了三种典型类型。

①数据要素交易平台C2B分销，用户将个人数据放入数据要素交易平台，平台会向用户给付一定数额的等价物或对价利益作为回报。

②数据要素交易平台B2B销售，数据要素交易平台以代理的身份撮合数据提供方及购买方实现数据要素交易。

③数据要素交易平台B2B2C混合销售，数据要素交易平台以数据经纪商的身份，收集用户的个人数据并将相关数据通过转让或者共享方式给到其他用户。

数据要素交易政策方面，国外重点解决数据交易流通过程中的确权、交易双方权利等问题。欧盟进行了体系化构建，通过《非个人数据在欧盟境内自由流动框架条例》和《一般数据保护条例》（GDPR），确定了多类数据的确权问题，同时给出数据交易双方的权利架构。美国众议院和参议院发布了一份全面的国家数据隐私和数据安全框架的讨论草案，制定一个统一的国家数据隐私框架，建立一套强有力的消费者数据隐私及数据交易的保护机制。

总的来说，美国依靠领先的技术优势，获得庞大的数据经济体量，并带动数据交易市场的发展。欧盟通过数据治理规则的领先探索也在不断完善数据经济和数据交易市场生态。

（二）国内数据要素交易流通基本情况

1. 制度建设逐步完善

在制度建设方面，我国在数据安全领域建设较为完备。《中华人民共和国数据安全法》是我国数据安全管理的基本法律，重点关注数据安全保护和监管。而随着我国在数据安全方面的法律法规及标准规范不断完善，逐步建立起以《网络安全法》《数据安全法》《个人信息保护法》等上位法为统领，地方和部门行政法规、行业规章为支撑，规范及规定文件为配套的数据安全合规制度体系（见表1）。

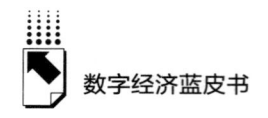

表1　数据安全法律法规清单（部分）

法律法规	层级	实施时间
《数据出境安全评估办法》	全国性	2022年9月
《个人信息保护法》	全国性	2021年11月
《数据安全法》	全国性	2021年9月
《网络安全法》	全国性	2017年6月
《电信和互联网用户个人信息保护规定》	全国性	2013年9月
《数据出境安全评估申报指南（第一版）》	全国性	2022年9月
《重庆市数据条例》	地方	2022年7月
《深圳经济特区数据条例》	地方	2022年1月
《上海市数据条例》	地方	2022年1月
《汽车数据安全管理若干规定（试行）》	行业：汽车	2021年10月
《金融数据安全　数据安全分级指南》	行业：金融	2020年9月
《国家健康医疗大数据标准、安全和服务管理办法（试行）》	行业：医疗	2018年7月
《个人金融信息保护技术规范》	行业：金融	2020年2月

资料来源：作者整理。

在数据产权方面，在党中央多次会议文件中逐步形成了"研究根据数据性质完善产权性质""建立健全数据产权交易机制""加强数据产权制度建设"等指导意见。统筹推进数据产权、流通交易、收益分配、安全治理，加快构建数据基础制度体系成为数据要素市场发展的重要任务。而在其中，深化数据权属的法学讨论，构建中国特色数据产权制度，也是不可缺少的一环。

2.产业链向更多细分领域发展

从产业链的角度出发，我国数据要素市场可以归结为数据采集、数据存储、数据加工、数据流通、数据分析、数据应用、生态保障七大模块，覆盖数据要素从产生到发生要素作用的全过程。当前，我国数据要素市场正处于高速发展阶段，数据采集、数据储存、数据加工、数据流通等核心环节均取得了较为充分的发展。

数据采集行业主体包含采集设备提供商、数据采集解决方案提供商等，是数据要素市场的重要基础。

数据储存主要包括公有云、私有云、混合云等产业形式，市场上各主体依据自身数据敏感度、数据时效性、企业运维水平等因素综合选择适应自身需求的数据储存服务供应商。

数据加工产业包含数据清洗、数据标注、数据融合等业务形态，而随着人工智能兴起带来的需求激增，数据标注市场取得长足发展，诞生了众包模式、自建模式、混合模式等多种类型的数据标注企业，提供文字标注、语音标注、计算机视觉标注等多类数据标注服务与产品。

数据流通不仅包含数据开放共享、数据交易等产业，也包含关注"数据可用不可见"的隐私计算产业，关注"数据可算不可识"的数据脱敏去标识化行业。据国家工业信息安全发展研究中心测算数据，2020年我国数据要素市场规模达到545亿元，"十三五"期间市场规模复合增速超过30%。以此为基础，预计"十四五"期间，这一数值有望突破1749亿元。

3. 人才培养得到重视和加强

建立数据要素市场不仅需要计算机科学、数据科学、统计学等专业的人才，也需要经济学、法学、政府管理等专业的人才，共同解决数据要素流通交易面临的确权、治理、安全、定价、监管等学科交叉领域的难题。当前，除去开设时间较早、发展程度较高的经济学、法学、统计学等传统学科以外，越来越多的国内高校自2015年起开始顺应社会发展趋势和市场需求，开设数据科学、大数据技术等相关专业。我国部分高校开设了大数据相关专业课程，如数据科学、大数据技术、大数据管理等，其目标为重点培养学生的大数据思维方式和使用大数据思维进行分析的能力，以及对大数据处理与管理系统和工具的使用、设计与开发能力，深刻理解数据获取、建模、管理、利用的全生命周期，熟知相关技术、系统和应用的前沿动态和计算机科学、统计学等相关学科的知识等，培养具有全球竞争力的创新人才和大数据行业创新的领导者。

目前，高校对大数据专业人才的培养侧重于数据分析、数据挖掘等方向，偏向于培养数据技术性人才，在数据要素市场建设初期能满足行业在数据采集、数据储存、数据加工、数据分析等方面的需求，而对数据权属、数

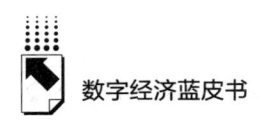

据安全、数据定价、数据监管等交叉学科方向涉及较少，将会在一定程度上影响数据要素市场的进一步建设。

4. 市场培育仍处于起步阶段

据网络公开信息整理，2014年至2022年9月，我国先后涌现了数据交易服务平台46家（见表2）。按照数据交易服务平台资本性质分类，主要包含国有资本主导与社会资本主导两种形式，其中，各大区域性数据交易场所或机构都由国有资本主导，比如贵阳大数据交易所、北京国际大数据交易所、上海数据交易所、西部数据交易中心等。而由社会资本主导的数据交易平台包括数据宝、阿里云数据市场、京东万象、数据淘等。从2014年我国数据交易服务机构萌芽至今，已建设了一批区域性数据交易机构，但因为市场发展不足，各地数据交易场所的运行状况不佳，部分数据交易服务平台陷于半停滞状态。2020年随着《关于新时代加快完善社会主义市场经济体制的意见》发布，数据已经成为经济发展所依托的基础性、战略性资源。各地重新加快建设大数据交易中心，从创新业务模式、高新技术应用、强化数据供给等角度进行探索，致力于突破数据要素流通交易面临的确权、治理、安全、定价、监管等难题。

表2 国内数据交易服务平台建设清单

序号	成立时间	机构	省市	地域
1	2014年	中关村数海大数据交易服务平台	北京	东部
2	2014年	北京大数据交易服务平台	北京	东部
3	2014年	香港大数据交易所	香港	香港
4	2015年	贵阳大数据交易所	贵州贵阳	西部
5	2015年	华东江苏大数据交易中心	江苏盐城	东部
6	2015年	武汉东湖大数据交易中心	湖北武汉	中部
7	2015年	武汉长江大数据交易中心	湖北武汉	中部
8	2015年	华中大数据交易所	湖北武汉	中部
9	2015年	重庆大数据交易平台	重庆	西部
10	2015年	西咸新区大数据交易所	陕西西安	西部
11	2015年	交通大数据交易平台	广东深圳	东部

续表

序号	成立时间	机构	省市	地域
12	2015年	河北大数据交易中心	河北承德	东部
13	2015年	杭州钱塘大数据交易中心	浙江杭州	东部
14	2016年	上海数据交易中心	上海	东部
15	2016年	浙江大数据交易中心	浙江杭州	东部
16	2016年	哈尔滨数据交易中心	黑龙江哈尔滨	东北
17	2016年	丝路辉煌大数据交易中心	甘肃兰州	西部
18	2016年	广州数据交易服务平台	广东广州	东部
19	2016年	亚欧大数据交易中心	新疆乌鲁木齐	西部
20	2016年	南方大数据交易中心	广东深圳	东部
21	2017年	青岛大数据交易中心	山东青岛	东部
22	2017年	河南平原大数据交易中心	河南新乡	中部
23	2017年	河南中原大数据交易中心	河南郑州	中部
24	2018年	东北亚大数据交易服务中心	吉林长春	东北
25	2019年	山东数据交易平台	山东济南	东部
26	2020年	安徽大数据交易中心	安徽淮南	中部
27	2020年	北部湾大数据交易中心	广西南宁	西部
28	2020年	山西数据交易平台	山西太原	中部
29	2020年	中关村医药健康大数据交易平台	北京	东部
30	2021年	北京国际大数据交易所	北京	东部
31	2021年	贵州省数据流通交易服务中心	贵州贵阳	西部
32	2021年	北方大数据交易中心	天津	东部
33	2021年	上海数据交易所	上海	东部
34	2021年	华南国际数据交易公司	广东佛山	东部
35	2021年	西部数据交易中心	重庆	西部
36	2021年	深圳数据交易所(筹)	广东深圳	东部
37	2021年	合肥数据要素流通平台	安徽合肥	中部
38	2021年	德阳数据交易中心	四川德阳	西部
39	2021年	长三角数据要素流通服务平台	江苏苏州	东部
40	2021年	海南数据产品超市	海南海口	东部
41	2022年	湖南大数据交易所	湖南长沙	中部
42	2022年	无锡大数据交易平台	江苏无锡	东部
43	2022年	福建大数据交易所	福建福州	东部
44	2022年	广东数据交易所	广东广州	东部
45	2022年	青岛海洋数据交易平台	山东青岛	东部
46	2022年	郑州数据交易中心	河南郑州	中部

资料来源：作者整理。

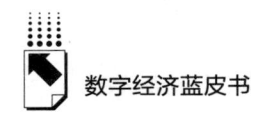

总的来说，国内数据要素交易流通市场仍处在发展的初级阶段，数据要素市场培育工作目前面临标准规范不足、政策统筹规划不足、产业链发展不够充分、人才培养不够全面、市场生态培育缺失等问题。信息不能互联的数据交易场所及平台建设可能会产生数据孤岛，数据要素交易流通平台的高水平发展还需要开展更多跨地区、跨行业的信息资源共享与协同发展。

三 数据要素交易流通发展趋势

（一）制度规范持续完善和健全

随着2019年党的十九届四中全会首次提出把数据作为生产要素，五中全会进一步确立了数据要素的市场地位，2022年中央全面深化改革委员会第二十六次会议强调加快构建数据基础制度，《关于构建更加完善的要素市场化配置体制机制的意见》《关于构建数据基础制度更好发挥数据要素作用的意见》等一系列政策的发布，对数据要素市场的培育、发展和管理具有重要意义。《数据安全法》《个人信息保护法》等法律不断完善数据安全相关制度和规则，也为数据要素市场的规范化建设提供了法律依据。

多个行业主管部门制定了相关的政策规范，对数据要素市场建设在垂直领域的应用提供支撑。其中，《个人金融信息保护技术规范》《国家健康医疗大数据标准、安全和服务管理办法（试行）》《汽车数据安全管理若干规定（试行）》等文件对行业数据要素的生命周期管理进行了规定，并鼓励行业数据依法合理有效利用，加强数据共享交换。

各地政府针对不同区域的情况制定了相应的区域数据条例。其中，《深圳经济特区数据条例》是国内首部基础性、综合性的立法，强调充分发挥数据交易所的积极作用。《上海市数据条例》提出建立数据资产评估、数据生产要素统计核算和数据交易服务等体系。《重庆市数据条例》强调了政府对数据交易的监管，要求数据交易中介服务机构建立规范透明、安全可控、可追溯的数据交易服务环境。

对于数据要素市场，在上位法规的指导下，行业性、地方性的政策法律逐步制定与完善，在细分领域、区域特色领域开展渐进式探索与落地，为全国统一的数据要素立法提供创新经验，并为最终实现全国统一的数据要素市场提供立体化支撑。

（二）数据交易流通形式及模式更加多样化

2022年1月国务院发布的《"十四五"数字经济发展规划》提出，数字经济核心产业增加值占国内生产总值比重达到10%，数据要素市场体系初步建立，并指出当前数据交易市场体系呈多形式、多模式的发展趋势。国内各大交易所的职能也不再是原本单一的以数据交易流通为主，而是向综合数据治理、数据流通交换平台等多元的平台型服务转变。

当前，数据交易流通模式以场内、场外交易模式并存为主，鼓励场内交易，逐步规范场外交易。具体包括三种数据交易流通模式：第一种交易模式是场内集中交易模式，即通过数据交易所、交易中心等平台进行数据集中交易；第二种交易模式是场外分散交易模式，即在集中交易平台外进行数据分散交易；第三种交易模式是场外数据平台交易模式，即通过数据平台进行多方数据交易。在交易对象方面，各大数据交易所也突破传统数据买卖的单一交易对象，发展涵盖数据、算法和算力的综合交易对象，针对数字经济时代具体问题定制一整套解决方案，进而向数据衍生品等更丰富的数字资产交易形式展开探索。

（三）数据要素交易流通支撑技术走向完备

近年来，随着区块链、人工智能与隐私计算等先进技术的不断发展，其在数据要素交易流通领域逐步构建了权益保护、深入利用、安全流通等多项关键保障性能力。

区块链在数据要素交易流通场景中具有极佳的应用前景，对于数据供需双方，既可以实现数据的隐私保护、操作透明可监管，又可以保障数据信息

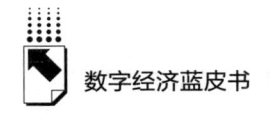

可获取、数据表达一致与唯一性。对于数据服务平台，还可引入第三方，提升市场信任度的同时也有助于构建数据交易生态。持续发展的区块链技术，有望为数据交易服务中涉及的数据权益提供有效保护。

人工智能技术的不断发展，也使得对于数据要素的利用能力走向深入。尤其是2020年OpenAI推出GPT-3模型以来，人工智能行业推动业界朝着模型规模更大、模态更多的领域发展，为更进一步深入利用数据要素，让数据要素产生更多价值提供有力技术支撑。

传统大数据技术对于数据在机构间的流通场景缺乏支撑，在释放数据价值与保护数据安全的两个任务中难以取得平衡。近年来，隐私计算技术被认为是最有希望解决这一矛盾的一类关键技术，有望在提供隐私保护能力的前提下，实现数据价值的流通，促进数据的合规应用。

（四）数据交易流通理论研究不断深入

数据权属研究、定价机制、数据价值分配机制等相关方面理论研究不断深入，为数据交易流通实践提供了坚实的理论基础。

对数据权属的研究面临很多的问题和挑战，如国家层面的数据主权和数字治理问题、企业层面的数据共享和竞争问题，以及用户层面的个人数据保护问题。《民法典》首次明确数据可作为一项民事权利，依法保护数据，《数据安全法》规定国家保护个人、组织与数据相关的权益。个人数据权属主要是在人格权方面，包括对个人数据财产利益的认可，核心是保护个人隐私。企业数据权属作为一种资产，其权属的研究主要是在财产权方面，以及如何纳入虚拟财产权和所有权保护的范畴内。

定价机制是影响数据交易流通效率的重要因素之一。按照数据要素属性，数据定价客体可划分为数据服务、数据产品以及数据资产三类，数据定价机制上，以导向型定价法为理论基础，可划分为成本导向、顾客导向、市场导向、利润导向和基于生命周期五种定价类型。

数据价值的分配机制主要针对数据供给侧，有效的激励手段能吸引更多的数据供给方进入市场，因此平台需要将数据交易的收益公平地分配给各供给方。目前，交易平台中的利润分配方式主要是协议分配、按贡献分配、按质量分配等。随着数据权属的逐渐明晰，数据价值的利益方会逐渐增多。以往数据的所有权和使用权往往是一致的，随着数据交易的活跃，数据的所有权和使用权可能会分别交易，利益方也随之增多，因此数据的定价机制和价值分配机制的重要性日益凸显。

四 重庆数据要素交易流通进展情况

（一）数据关联政策频出，数据交易利好加码

重庆市委、市政府高度重视数据要素市场培育工作，在推进数字经济发展大会上提出"要抢抓机遇，大力培育数据要素市场，积极探索建设西部数据交易中心，让更多数据高效流动、'数'尽其用"。重庆建设国家数字经济创新试验区工作方案也将建设西部数据交易中心作为重要任务之一。2020年6月，重庆市委、市政府在《重庆建设国家数字经济创新发展试验区工作方案》中提出牵头共建西部数据交易中心，探索数据要素跨区域流通配置机制。2020年12月，《中共重庆市委关于制定重庆市国民经济和社会发展第十四个五年规划和二〇三五年远景目标的建议》提出要探索建设数据要素市场，增强要素市场集聚辐射效应，挖掘数据资源的商用、民用、政用价值。《重庆市人民政府工作报告（2021年）》提出要推动西部数据交易中心建设，推进数据开放共享，挖掘大数据商用、民用、政用价值。2021年12月，《成渝共建西部金融中心规划》明确提出"探索建设西部数据资产交易场所"。《重庆市人民政府工作报告（2022年）》在大力发展数字经济方面，专门提及要建成投用西部数据交易中心，体现了市委、市政府对西部数据交易中心的重视和期待。2022年1月，《重庆市数据治理"十四五"规划（2021—2025年）》提出"十四五"期间将继续完善数据治理体系，提升数据共享开放质量，增强数据治理与利用能力，提升数据"聚通用"发展水平，全面建成一体化数据协同治理与安全防护体系。

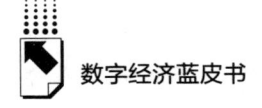

重庆市大数据应用发展管理局在市人民政府指导下，相继制定实施《重庆市数据条例》《重庆市新型智慧城市建设方案（2019—2022年）》《重庆市全面推行"云长制"实施方案》《重庆市政务数据资源管理暂行办法》《重庆市公共数据开放管理暂行办法》《重庆市数据治理"十四五"规划（2021-2025年）》《重庆市公共数据分类分级指南（试行）》等系列政策，为重庆市数据交易流通搭建良好的制度环境。

（二）新型基础设施加快建设，为数据交易提供了良好的支撑

随着重庆市新型基础设施重大项目建设行动方案的实施，重庆市已基本形成以两江云计算产业园为核心、各区多点布局的一体化大数据中心体系，全市数据中心服务器已超40万台。建成国家工业互联网标识解析顶级节点，服务西部地区6个省份，标识注册量超3.6亿个。加快建设全国一体化算力网络成渝国家枢纽节点，高标准建设重庆数据中心集群，探索建立与其他枢纽节点间的双边调度机制，积极融入国家"东数西算"工程。建设国家级车联网先导区，统筹建设智能汽车大数据运控基础平台。为全市数据要素交易流通提供了有力的新型基础设施支撑。

（三）数据资源汇聚融通，为数据交易奠定了良好的资源基础

重庆市积极开展全市政务数据普查，形成公共数据资源目录，构建全市"数据图谱"。推动公共数据向公共数据资源管理平台高效汇聚，依法推动公共数据最大限度开放，持续提高公共数据开放广度。建成公共数据资源管理平台，接入7个国家部门、76个市级部门、41个区县、3个公共企事业单位，共享10288类、开放5493类公共数据，汇聚数据总量超过32.8亿条，全市数据资源总量0.386ZB，占全国的5.85%。加快建设国家工业互联网大数据区域及行业分中心，强化工业大数据汇聚，挖掘工业大数据价值。落地建成一批工业互联网、行业云、企业云，充分汇聚行业数据、社会数据等。工业领域和电子信息、汽车摩托车等行业已汇聚海量数据。

（四）数据交易场景实践积累，为数据交易探索了可行的路径

重庆市各类市场主体积极探索数据交易场景，一些交易场景已初见成效。金融服务场景，重庆市企业融资大数据服务已累计服务企业31万余家次，融资超486亿元。精准营销场景，在笔记本、汽车、摩托车、消费品工业等支柱产业，运用大数据促进产品创新、市场营销已取得显著成效。工业应用场景，科技型企业已为宝武钢铁、海装风电等大型央企提供生产线数字孪生、无人工厂等提效降本数据模型服务。政务服务场景，市精准扶贫大数据平台打通25个行业部门数据，实现人员信息管理、项目实施监控、资金使用监管、工作绩效评估，等等。丰富的数据应用场景，为重庆加快培育数据要素市场提供了可行路径和较优选择。

2018年以来，重庆市数字经济高速增长，远高于同期GDP增速，数字经济占GDP比重由2017年的16%提升至2020年的25.5%，跻身全国第一方阵。据咨询机构统计，2020年全国数据交易规模达到545亿元，西部地区数据交易规模约为100亿元，到2030年，西部地区数据交易将达到3000亿元的规模，为重庆市数据交易市场的发展带来了巨大机遇。

（五）组建西部数据交易中心并积极探索交易模式

2021年12月，在重庆市大数据应用发展管理局指导下，江北区人民政府的支持下，西部数据交易中心在江北区科金中心正式挂牌，开启了重庆市数据要素市场化配置改革的序幕。2022年7月15日，西部数据交易中心正式投运，与北京、上海、深圳等先行省市的数据交易机构同步实践探索数据流通交易，主要成效如下。

1. 搭建技术平台

搭建1个统一的线上交易平台，包括合规登记、运营管理、数商管理、可信交付、结算支付等5个主要交易子系统。利用区块链、隐私计算等先进技术，打造"数据安全区""模型训练场""积分交易链"，形成"数据不

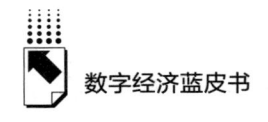

出库、可用不可见、可控可计量"的安全交易范式，消除了交易各方对数据泄密、缺少价值、缺乏互信的顾虑。

2.完善交易的体制机制

以《重庆市数据条例》为基础制度遵循，以"不合规不挂牌"原则为指引，制定完善西部数据交易中心交易规则、交易主体管理指南、合规审核指南、数据评估指南、数据训练场指南、实施技术指南、安全保障指南等7项交易规则，形成中介服务、登记确权、价值评估、收益分配等配套制度，涵盖数据交易全生命流程。

3.保障交易安全

同时，西部数据交易中心打造"数据安全区""模型训练场"，构建"数据不出库、可用不可见、可控可计量"的安全可控数据交易环境；按照"不合规不交易"的原则，通过"数商自证、律所他证、中心认证"的三证合规方式，与中介服务、登记确权、价值评估、收益分配等配套制度，建立数据交易"受控"流动、"有序"使用的规则秩序。

4.创新交易模式

建立和完善数据服务交易模式，将脱敏后可公开的数据包让买方验证价值后进行交易。比如，针对酒店行业普遍存在的行情预测难、精准定价难问题，西部交易中心搭建"数据训练场"组织交易双方开展数据探查、测试，并成功撮合双方的交易。

建立和完善数据产品交易模式，融合多方数据，加工形成知识模型等数据产品并销售的方式。比如，消费行业普遍面临的开店选址难、成本与收益预测难的痛点问题，组织双方将数据进行加工利用，形成"智能选址"数据产品并面向消费行业销售，帮助中小企业提升门店选址的精准性与智能化水平。未来，此类产品将为日用消费品、家电、汽车等行业销售终端提供精准选址服务，助力实体经济企业降本增效。

建立和完善数字资产交易模式，通过平台将企业或个人拥有的数字资产进行价值交换。比如，企业希望跨行购买消费积分用于市场营销，增强积分流动性，但存在互信难、门槛高、通道窄等障碍，目前市场上的沉睡消费积分规模达到上千亿元。交易中心通过"大生态、先上链、后撮合"的路径，帮助积分发行企业实现会员权益增值。此类交易模式将促进消费积分跨行业流动，增强企业积分资产对消费者的吸引力。

5. 壮大交易主体

紧盯交易活跃行业，聚力消费、金融、文旅等重点领域，吸引头部企业共同参与数据交易活动。瞄准具备稀缺数据资源、满足合规交易条件、拥有核心技术、应用前景良好的多领域数商企业，以跨行业、高价值的融合数据产品开发为牵引，遴选形成数据提供商、技术提供商、数据运营商、配套服务商等四类业态和市场主体，基本覆盖数据交易全产业链条。目前已入驻汇聚全国 11 个省份的 100 多家企业，招商引资近 20 家数商企业落户重庆市数字经济产业园。按照规划，未来三年内，西部数据交易中心将引入 1000 家数商企业，打造持续健康生长的数据交易生态。

五 重庆市数据交易流通面临的问题

（一）市场主体进场交易数据的意愿不足

目前多以场外直接交易为主，平台交易尚未形成规模，数据进场意愿不足。参与数据交易的企业认为，很多数据交易完全可以在个人之间、企业之间一对一进行，程序上更简便，不需要通过第三方平台。

（二）权属不清，交易成本上升

高效交易的基础是清晰的产权归属，但数据所有权拥有者是产生数据的个人还是记录数据的企业，业界、学界和司法界莫衷一是，而以所有权为基础的使用权、处置权等更难以界定。尚未形成明确的数据权属规定，权属界定不清，致使交易成本上升。

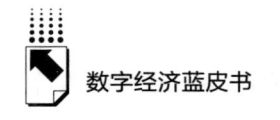

（三）未能形成统一的定价标准

国内还没有任何机构和组织制定跨区域、跨行业的大数据交易标准，各大数据交易平台的交易规则存在差异。由于数据属于新型生产要素，针对数据品类、完整性、精确性、时效性、稀缺性等价格影响因子的研究尚不成熟，且可参照的历史公开交易规模较小，产品估值较难，未能形成统一的定价标准。

（四）部分高价值数据缺乏有效治理与开放机制，阻碍交易流通

目前具有公共事务职能的部门汇聚了大量高价值数据。首先，伴随"大量"而来的是"混乱""无序"，由于公共部门通常聚焦于公共事务职能本身，在数据治理、数据价值开发与流通方面资源分配及投入较为薄弱，因此很难对数据进行科学分类管理，难以自行将公共数据资源加工为标准化、高质量的数据产品对外输出。其次，我国公共数据开放机制与渠道正在逐步建立中，目前尚没有密切相关的顶层规划，仅在部分地区进行了先行试点，试点效果大多尚未显现。

（五）数据拥有主体众多，数据资源整合难

研究发现，由于各领域数据门类繁杂、来源广泛，数据拥有主体众多，部分数据拥有者缺乏流通变现意识，参与者数据分享意愿不强，导致数据资源难以有效整合，制约数据交易发展。同时，数据资源整合过程中还面临操作难、协商难等问题，无法充分整合汇聚，数据交易缺少必要的基础材料。

（六）数据要素交易市场同质化明显

因数据要素流通依托互联网，不受地域限制，且数据可复制，大量交易以场外点对点方式进行，数据要素交易市场同质化明显，数据要素交易市场难以建立有效的竞争壁垒。需要打造具有地方数据特色的数据要素交易市场，共建综合性数据服务平台，探索数据交易创新场景，为数据交易中心提供综合服务。

（七）监管政策缺少对交易机构的约束

全国多地建立数据交易所、数据交易中心，总交易量却没有达到预期结果，重要原因之一是有关数据的基本法律问题没有完全厘清。国内尚无国家顶层大数据交易立法，对数据交易机构的法律定位、经营范围、职责权限等没有统一认定，机构审批流程缺少权威规定，无法对数据交易行业发挥普遍法律约束力。不同数据交易平台制定交易规则的出发点不同、颗粒度不同，甚至对自身权责的理解和定义不同，难以对数据交易各环节各主体进行有效约束。国内数据交易方面的法律体系仍需健全。

（八）核心技术创新不足支撑不够

由于数据作为商品具有非排他性、复制完全无差异性等特性，数据要素交易流通一直有确权难、定价难、互信难、入场难、监管难的"五难"问题。隐私计算、区块链、量子通信等新技术作为数据交易流通的核心技术，可在数据要素流通交易的关键环节发挥作用，对解决"五难"问题起到一定的作用。区块链技术可对数据交易流通流程中的关键环节进行上链存证，构建全链条监督；隐私计算技术不仅可以在实现流通交易需求的前提下保障源数据安全，也可推动数据交易服务平台由单一的数据买卖模式走向数据、算法、算力的多交易模式；数字水印技术可有效降低数据泄漏或遭恶意复制时的追溯与追责难度。

重庆市在数据交易核心技术上的支撑还不够，隐私计算、区块链、量子通信等新一代信息技术的研发实力总体偏弱，缺少配套技术设施与解决方案的引进落地规划。以隐私计算技术为例，目前行业内的头部企业注册地主要位于北京、广东、杭州、上海等地，重庆市并未在本地培育出这一领域掌握核心技术的市场优势企业。

（九）跨学科人才缺乏，阻碍数据交易市场发展

跨学科人才匮乏也是阻碍数据交易市场发展的重要因素之一。当前重庆的数据交易专业人才存在总量不足、结构不优等问题。如在高等教育培养方

面，北京、上海、广东的双一流高校分别为34所、15所、8所，重庆市的双一流高校为2所。相比之下，重庆市高等院校教育体量偏小，对专业人才培养的支撑不足，在未来的一段时间内，可能会存在市场人才缺口。在行业人才储备方面，重庆市正在通过"产教融合""数字经济引才"等方式积累技术人才，据统计，2021年上半年，北京、上海、广东的软件和信息技术服务业企业分别为3910家、1701家、5138家，重庆市为1386家，软件企业数量的劣势会导致信息技术人才的短板。此外，重庆市软件企业在软件业务收入上也存在劣势，例如上海市的软件业务收入约为重庆市的3倍。这些因素都会导致重庆市数据要素交易流通市场在发展过程中存在人才缺口。

（十）数据交易配套服务产业不完善

数据交易产业的健康发展离不开与数据产业链条的上下游企业开展合作，共建生态。根据《中国大数据产业发展指数报告（2022版）》，大数据企业超过100家的城市有11个，包括北京、上海、深圳、杭州等，共聚集大数据企业5969家，占比超全国总量的80%。相比之下，重庆市的大数据产业整体体量仍存在差距，数据存储商、数据处理商、数据应用商等产业配套企业发展不足，产业链合作和联系不够紧密，协同合作的商业模式也较为缺乏。目前，我国大数据行业头部上市企业主要分布在京津冀、珠三角与东部沿海地区。相比之下，重庆大数据产业链缺少龙头企业，本地相关企业的规模较小，内部资源有限，缺少有机联系，一体化的数据服务和解决方案供给能力不足。重庆市拥有数据要素相关核心技术的龙头企业和技术型的初创企业体量不足，龙头企业的示范带动作用有限，在研发、生产及市场拓展等方面的竞争中优势不足。

六 政策建议

（一）做好制度机制顶层设计

一是推动公共数据入场交易。积极探索公共数据入场交易授权运营机制，推动出台《公共数据授权运营管理办法》，支持建立公共数据"授权运营、开发利用、增值收益"的市场化机制，鼓励和支持各类社会力量开展公共数据应用创新，推动公共数据产品入场交易。贯彻落实《重庆市数据条例》，推动政务部门和财政资金保障运行的公共服务组织通过依法设立的数据交易场所进行数据采购。

二是探索数据产权登记。依照已经出台的相关法律法规、国家标准，同时借鉴先行先试地区经验，对数据资源持有权、数据加工使用权、数据产品经营权的权属分离进行研究，建立数据资产登记中心。积极争取数据交易环节的增值税、印花税等税收支持政策，研究推动以产业基金、财政补贴等方式鼓励入场交易的政策落地，促进数据交易规模快速增长，助力重庆市数字经济高质量发展。

三是落实完善数据安全管理制度。贯彻落实《网络安全法》《数据安全法》《个人信息保护法》，结合即将出台的《网络数据安全管理条例》研究制定《重庆市数据安全管理暂行办法》，贯彻落实《重庆市公共数据分类分级指南（暂行）》，创新数据安全监管手段，加强数据安全保护。

四是优化数据流通交易制度。研究制定交易管理办法，推进数据交易标准建设，围绕数据的生产、采集、存储、加工、分析、服务，建立完善数据资源及应用分级分类标准化制度体系，提升数据资源价值和数据产品质量。健全交易规则，完善数据交易的合规检测、价值评估、信息披露和监督审计等相关制度规范，规范数据资产交易流通行为。建立数据交易中介服务、数据登记确权、数据价值评估、数据交易收益分配等配套制度，探索建立数据产品和服务进场交易机制。强化技术保障，充分应用区块链、隐私保护计算等新技术，构建数据的登记、存证、确权、追溯等完备体系，实现一数一码，推进数据的合规交易流通。

五是强化数据交易监管。建立健全对交易服务机构的监管机制，要求数据交易服务机构建立规范透明、安全可控、可追溯的数据交易服务环境。研究制定数据交易监管、预警制度，建立交易主体准入、退出及数据安全风险评估、信息共享和应急处置机制，探索数据交易市场正面引导、负面禁止清

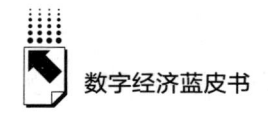

单。强化数据要素的市场监管和反垄断执法，打击数据垄断、大数据"杀熟"、数据歧视等不正当竞争行为，严控数据资本市场风险。

六是探索数据收益分配。探索通过自愿的双（多）方协商确定数据要素收益初次分配。探索建立"数据入股""数据信托""数据保险""数据抵押"等机制，推动数据市场发展，探索将公共数据运营获得收益纳入财政预算体系。

（二）持续打造数据要素交易场景

一是发挥优势产业牵引作用。依托国家"东数西算"工程，以重庆特色行业为发展指引，聚焦政务、工业、文旅、消费、银行、保险、消金等7个数据要素活跃领域，推动数据有序流通和融合应用。深入调研场景需求企业，解构场景数据交易环节、交易痛难点以及细分流程，以场景中数据买卖双方为核心服务对象，出台涵盖交易前、交易中、交易后的数据交易全流程服务政策。

二是定制数据服务交易场景。为其定制开发脱敏后可公开的数据包，在买方验证价值后撮合交易。政策需围绕对双方之间的数据探查、数据测试进行指导，充分利用文化、旅游、餐饮、住宿等上万亿规模消费市场的历史沉淀数据资源，为潜在需求方提供精准对接服务，助力文旅产业加快回暖复苏。

三是推进多方数据融合互通。打破数据孤岛，将数据安全融合加工形成知识模型等数据产品。针对多方数据联合开发可产生额外价值的场景，出台相关政策，在保障各方数据安全的前提下促进数据的融合利用，充分释放数据中的潜在价值，助力数字经济与实体经济创新融合发展。

四是开拓数字资产交易场景。鼓励企业或个人通过平台将自身拥有的数字资产进行价值交换。比如，针对市场上的沉睡积分场景，政策需围绕"大生态、先上链、后撮合"的路径，帮助企业购买消费积分，实现企业会员增值，促进消费积分跨行业流动，增强企业积分资产对消费者的吸引力。

（三）加快数据要素人才队伍建设

一是在高校建立数据要素人才培养体系。在重庆市各个高校中开设数据要素相关课程，培养数据要素所需的技术人才、市场人才、配套服务人才。积极推进在重庆市内高等院校优化升级课程体系，在现有的大数据、经济学、法学、工商管理、公共管理等专业中增加数据要素流通的相关内容，培养创新型、复合型、应用型的顶尖人才，构建覆盖数据要素全生命周期的专业人才队伍，为数据要素流通交易的规划建设和创新发展提供源动力。

二是筑巢引凤推进高水平人才引进工作。依托"中国重庆数字经济人才市场"，贯彻落实"立足重庆、辐射西部、面向全国"的总体定位，坚持政府引导与市场主导相结合、公共服务与经营性服务相结合、人力资源服务与数字经济产业相协调的原则，推进数据要素垂直领域人才的"引育留用转"，释放重庆市内重大科技基础设施、重点实验室、高能级创新平台的人才聚集效应，同时营造有利于人才创新创业的良好环境，鼓励全球范围内的高水平人才向重庆市数据要素产业流动，逐步形成数据要素交易流通市场规划建设和创新发展的牵引力。

三是聚集行业权威专家形成高水平智库。科技创新智库作为创新思想的重要策源地，在科技创新治理中发挥着越来越重要的作用，面向全球范围内的一流科研机构和领军企业，组建一支高水平的数据要素专家团队，形成高水平科技创新智库枢纽。积极推进专家智库参与规范制定、顶层规划设计、商业模式探索、核心技术创新、特色场景挖掘、产业配套建设等重点工程，形成数据要素交易流通市场规划建设和创新发展的聚合力。

（四）积极培育数据要素市场主体

一是加快重庆市数据要素资源体系建设。借助建设西部数据交易中心契机，建立基于数据流通的加工、隐私标准，鼓励各类市场主体优化完善全生命周期数据要素价值管理，通过市场化手段打通不同主体之间的数据壁垒。支持数据质量管理、评估监督等机制建立和完善，积极应用先进质量管理工具提升数据准确性、完整性、一致性，加强数据的高质量汇聚，实现数据资源的可见、可管、可用，推动数据采集、治理等配套市场繁荣发展。

二是鼓励重庆市数据要素市场体系建设。支持西部数据交易中心围绕数据要素确权、定价等关键环节展开市场化探索，确定数据权利主体，厘清数据的权属边界和使用范围，按不同的应用场景对数据要素的可交易性进行分类分级。支持西部数据交易中心联合多个单位研究开发数据资产价值评估模型，建立完善评估工作机制，规范开展数据要素市场流通中介服务，发展数据集成、数据经纪、数据合规性评审、数据审计、数据资产评估、交易定价服务、交易争议仲裁、人才培训等专业性中介服务机构。坚持市场主导、政府引导，营造包容、审慎的市场环境，降低传统企业利用新技术、新业务的准入门槛，提高创新型企业持续投入数据要素相关研发的决心和信心。

三是培育重庆市数据要素应用体系。结合重庆市在工业、农业、金融等领域的传统优势，发挥数据要素在产业数字化转型中的数据驱动能力，探索各行业具有深度、特色的数据应用模式，选取重点行业应用示范，梳理遴选重点企业作为数据应用标杆，在全市应用推广后，通过西部数据交易中心的市场活动对周边省市进行辐射。举力培育5家以上数字经济上市企业或独角兽企业、1000家高成长型数字经济企业，基本形成梯次型企业发展格局，数字产业新技术新应用新业态不断涌现，数字产品与服务供给能力全国领先。

参考文献

《中共中央 国务院关于构建更加完善的要素市场化配置体制机制的意见》，2020年3月30日。

魏凯、闫树、吕艾临：《数据要素市场化进展综述》，《信息通信技术与政策》2022年第8期。

中国信息通信研究院政策与经济研究所：《数据价值化与数据要素市场发展报告（2021年）》，2021年5月。

欧盟：《非个人数据在欧盟境内自由流动框架条例》，2018年10月4日。

张平文、邱泽奇：《数据要素五论：信息、权属、价值、安全、交易》，北京大学出版社，2022。

国家工业信息安全发展研究中心：《中国数据要素市场发展报告（2020~2021）》，2021年4月。

中国信息通信研究院：《人工智能白皮书（2022年）》，2022年4月。

中国信息通信研究院安全研究所：《隐私保护计算与合规应用研究报告（2021年）》，2021年4月。

贵州省大数据局：《贵州省公共数据资源开发利用试点实施方案》，《贵州政协报》2021年10月26日。

海南省政府大数据推进工作领导小组办公室：《海南省公共数据产品开发利用暂行管理办法》，2021年9月15日。

于堃：《大数据应用型人才培养新路径探究》，《计算机时代》2022年第5期。

王晰巍、李玥琪、贾若男、孟盈：《新文科背景下大数据管理与应用专业人才培养模式》，《图书情报工作》2021年第17期。

张洪、万晓榆：《重庆市数字经济人才供需研究》，载《重庆经济社会发展报告（2021）》，社会科学文献出版社，2021。

周建平、郑培钿、王云河等：《浅析隐私保护计算技术对数据交易流通模式的影响》，《信息通信技术与政策》2022年第5期。

窦悦、易成岐、黄倩倩等：《打造面向全国统一数据要素市场体系的国家数据要素流通共性基础设施平台——构建国家"数联网"根服务体系的技术路径与若干思考》，《数据分析与知识发现》2022年第1期。

何波：《数据权属界定面临的问题困境与破解思路》，《大数据》2021年第4期。

姬蕾蕾：《大数据时代数据权属研究进展与评析》，《图书馆》2019年第2期。

刘枻、郝雪镜、陈俞宏：《大数据定价方法的国内外研究综述及对比分析》，《大数据》2021年第6期。

工业和信息化部：《2021年软件和信息技术服务业统计公报》，2022年1月28日。

陈舟、郑强、吴智崧：《我国数据交易平台建设的现实困境与破解之道》，《改革》2022年第2期。

B.9 重庆市公共数据授权运营面临状况及对策研究

田庆刚*

摘　要： 公共数据作为数据资源的核心构成部分，具有巨大的潜在开发价值。加快推进公共数据授权运营，丰富高价值数据产品和服务是促进重庆市数字产业化和产业数字化快速发展的关键举措。当前数据要素市场竞争日益激烈，各地争相出台试点政策加速公共数据资源深化利用。基于此，本文先从理论上分析公共数据的内涵及法律属性、公共数据授权运营的概念及要素、重庆市公共数据授权运营的价值意义，进而分析重庆市公共数据授权运营面临的障碍，总结国内公共数据授权运营的先进经验，最后从健全法律法规体系、明确授权运营机制、扩大授权运营范围、提升公共数据质量、保障公共数据安全五方面提出加快推动重庆市公共数据授权运营的政策建议。

关键词： 公共数据　授权运营　数据质量　数据安全

数字经济时代，数据作为一种生产要素，在经济发展过程中扮演的角色越来越重要。公共数据作为数据资源的核心构成部分，具有巨大的潜在开发价值。因此，公共数据授权运营近年来也成为政府和学术界关注的热点问题。中央层面，《国民经济和社会发展第十四个五年规划和2035年远景目标

---

* 田庆刚，重庆工商大学长江上游经济研究中心副教授。

纲要》提出要"开展政府数据授权运营试点，鼓励第三方深化对公共数据的挖掘利用"。地方层面，上海、浙江、广东、四川等地也陆续出台了公共数据授权运营的相关文件，并已开展实践探索。重庆市也出台了《重庆市数据条例》，明确"建立公共数据授权运营机制，授权运营单位可以对授权运营的公共数据进行加工形成数据产品和服务，并依法获取收益"。在这一形势下，针对重庆市公共数据授权运营面临的问题及对策展开研究具有重要的现实意义。

一 公共数据授权运营的相关概念及特征

（一）公共数据的内涵及法律属性

开展公共数据授权运营的关键是先明确什么是公共数据，公共数据的法律属性是怎样的。

1. 公共数据的内涵界定

近些年，伴随着数据资源的生产要素属性不断增强，学界针对公共数据相关问题展开的研究也越来越丰富，但针对公共数据的内涵进行界定的相对较少，代表性学者有莫力科、王沛民和赵加兵。莫力科、王沛民认为，公共数据是指以政府为主体的一切负有公共事务管理职能的组织（包括政府部门、行政事业单位、社会团体和社会组织、由政策法规授权或委托提供公共产品或公共服务的企业）在处理公共事务过程中产生、收集、整理、传输、发布、使用、储存和清理的所有数据信息。赵加兵认为，公共数据是指政府在履行公共管理职责和提供公共服务过程中形成的非专属于行政相对人的数据。实践层面，我国国家层面的法律法规已关注到"公共数据"这一数据类型，例如《中华人民共和国网络安全法》和《中华人民共和国电子商务法》已经提及公共数据，然而对其内涵并无统一界定。随着上海、浙江、广东等地方数据立法的不断出台，地方对公共数据的内涵已初步形成共识，其概念界定也大同小异。以上海为例，《上海市公共数据开放暂行办法》第

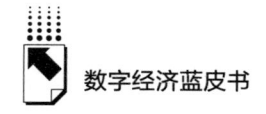

3条和《上海市公共数据和一网通办管理办法》第3条将公共数据定义为：行政机关以及履行公共管理和服务职能的事业单位在依法履职过程中，采集和产生的各类数据资源。综合来看，学界以及地方对公共数据内涵的界定大致相同。本文在综合前人研究的基础上，将公共数据的概念界定为行政机关以及履行公共管理和服务职能的企事业单位、社会团体和社会组织等（以下简称"公共管理和服务机构"）在依法履职过程中，采集和产生的各类数据资源。

2. 公共数据的法律属性

结合现有研究发现，公共数据的法律属性具有显著的复合性特征。一方面，公共数据的源头为个人数据集合，是对个人信息搜集、集中和处理的产物。因此，公共数据具有一定的私权属性。私权属性的存在必然会导致公共数据在使用过程中存在一定的限制。2021年11月1日起开始实施的《中华人民共和国个人信息保护法》规定，自然人的个人信息受法律保护，任何组织、个人不得侵害自然人的个人信息权益，并将个人信息界定为"以电子或者其他方式记录的与已识别或者可识别的自然人有关的各种信息，不包括匿名化处理后的信息"，同时还明确了个人信息处理者方可处理个人信息的情形。另一方面，公共数据又具有公共属性。这主要体现在：一是公共数据是公共管理和服务机构在履行公共管理和服务职能过程中收集的，所使用经费来自公共财政；二是公共数据具有非排他性和非竞争性，这一特征决定了公共数据由私人市场提供会导致"搭便车"现象，并最终导致公共数据产品供应不足。

（二）公共数据授权运营的概念及要素分析

1. 公共数据授权运营的概念

公共数据利用有三个基本概念，分别为公共数据共享、公共数据开放、公共数据授权运营。公共数据共享主要是指公共数据在政府部门之间相互分享。公共数据开放是指面向社会提供公共数据。公共数据授权运营则是指政府将公共管理和服务机构在履行公共管理和服务职能过程中收集的数据授权给特定主体对数据资源进行加工处理，以此实现公共数据资源的价值。公共数据授权运营标志着公共数据治理从数据汇聚、共享、开放迈向数据价值深度挖掘的新阶段。

2. 公共数据授权运营的要素分析

公共数据授权运营的核心要素主要包括主体要素、行为要素和制度要素。

第一，主体要素。公共数据授权运营涉及的主体主要分为三类。一是公共数据采集主体。公共数据采集主体只能是行政机关以及履行公共管理和服务职能的企事业单位、社会团体和社会组织等在履行职责过程中收集或形成的数据，而不包括立法机关、司法机关在履行职责过程中收集和形成的数据。二是公共数据管理主体。公共数据管理主体是指负责公共数据汇集、管理、授权运营及监管的部门。负责公共数据收集的部门众多，且数据存在较大差异，因此，要充分发挥公共数据资源的价值，应该成立专门的部门或机构负责公共数据的汇集、管理、授权运营以及授权运营后的监管问题。三是公共数据使用主体。公共数据使用主体是公共数据授权运营的对象，该类主体可以根据相关规章制度依法对公共数据进行开发使用，使公共数据资源的价值得以充分发挥。

第二，行为要素。行为要素主要包括收集行为及使用行为。公共数据收集行为要素是指公共数据是前述主体要素中的机构和组织在履行公共管理和服务职能过程中所收集和产生的。公共数据使用行为要素是指公共数据在使用过程中必须严格遵循公共数据相关管理办法的规定来执行，避免引起国家安全、个人隐私泄露等相关问题。

第三，制度要素。所谓制度要素是指公共数据授权运营过程中出台的一系列法律法规。公共数据资源不同于一般的生产资源，其具有明显的外溢性特征，而这种外溢性既有正向影响也有负向影响，因此，在使用过程中还要防止负向影响的产生，而要做到这一点，就必须出台一系列法律法规来对公共数据授权运营进行规范和约束。

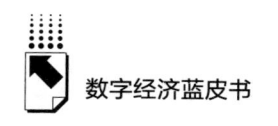

二 重庆市公共数据授权运营的价值意义

当前数据要素市场竞争日益激烈，各地争相出台试点政策加速公共数据资源深化利用，谁能进一步丰富高价值数据产品和服务供给，谁就抢占了高质量发展先机。加快推进授权运营，加速数据资源深化利用，对全市数字产业化、产业数字化具有举足轻重的意义。

一是有利于挖掘公共数据巨大价值。数据资源是数字经济创新发展的宝贵财富，国务院总理李克强曾指出，中国可利用、可开发、有价值的数据80%在政府手中[1]，因此，公共数据是现阶段数量最庞大、价值密度最高的数据资源。重庆公共数据管理资源平台汇聚全市2892类公共数据，仅在少量共享开放数据基础上开展筛选、查询等浅层应用探索，市场急需的大量稀缺性、关键性数据仍深藏"闺中"。通过授权运营带动龙头企业、科研机构参与高价值数据的深度开发，有利于充分释放数据红利、激发创新活力，深入实施国家大数据战略、创新驱动发展战略。

二是更好服务全市产业转型升级。数字赋能是当前产业转型升级的主线。重庆的汽车生产、装备制造、电子信息、生物医药等产业较为发达，产业数字化转型对数据资源需求巨大。比如，智能网联汽车产业发展方面，L4级以上自动驾驶，不仅需要EB级海量数据进行算法训练提升车辆智能决策能力，还需依托道路、气象、行人、交通信号等数据交互共享、感知复杂环境，实现车、路、网、图融合协同。调研过程中，长安汽车、黑芝麻等整车或芯片企业，均对公共数据提出了强烈的应用需求。通过授权运营推动公共数据与行业数据的融合应用，将大大加快智能汽车等产业发展步伐，抢占新兴产业发展的制高点，为产业数字化转型、智能化升级注入强大动力。

三是有效促进数据要素招商引资。数据作为新型生产要素价值日益凸

---

[1] https://www.sohu.com/a/232851960_100054387.

显，数字经济企业均把能否获得丰富数据资源特别是公共数据作为一个地方营商环境的核心考量。比如，重庆成立西部数据交易中心培育数据交易市场，探索多元化数据流通的合规渠道，吸引了全国众多数字经济企业的关注，目前已引进合作企业上百家、落地入驻数字经济企业33家。通过授权运营将带动生产制造、金融保险、现代物流、商务贸易等更广阔领域的数字化创新，吸引技术人才、投资资金、前沿科技等快速集聚，加快构建以数据为纽带的大数据产业链、价值链和生态系统。

三 重庆市公共数据授权运营面临的障碍

重庆市具有开展公共数据授权运营的良好基础，并较早地探索了公共数据授权运营。市大数据发展局已牵头建成公共数据管理资源平台，汇聚全市2892类公共数据，在全国率先建立"国家—市—区县"三级公共数据共享体系，实现7个国家部门、76个市级部门、38个区县互联互通，具备数据资源深度开发利用的基础支撑。2019年重庆市政府批准成立数字重庆大数据发展有限公司，并明确提出"作为市政府依法授权开展全市政务数据资源运营的载体平台"。目前，在行业主管部门的支持下，数字重庆公司依托"渝快融"等平台，积极探索数据资源开发利用，通过大数据精准对接企业的手段解决金融机构与民营企业、小微企业信息不对称的问题，服务中小企业融资超过400亿元，取得了一定成效。但整体来看，重庆市公共数据资源利用程度不高，公共数据授权运营仍然面临一系列障碍。

第一，相关法律法规体系不健全。公共数据的外溢性特征决定了公共数据授权运营涉及多方利益，因此，开展公共数据授权运营首先考虑的应该是安全问题，而要做到这一点，就要依赖健全的法律法规体系。伴随着近几年中央和地方对开发公共数据资源价值的重视程度不断提高，国家层面出台了相应的法律法规和政策文件，《政府信息公开条例》《促进大数据发展行动纲要》《中华人民共和国网络安全法》《关于推进公共信息资源开放的若干意见》《公共信息资源开放试点工作方案》均明确指出,要加快推动公共数据资源开放。重庆市也出台了《重庆市数据条例》。但整体来看,缺乏中央层面的法律法规及相关具体政策指引仍然是当前重庆市开展公共数据授权运营的一大障碍。如公共数据边界、公共数据权属、公共数据授权运营安全问题界定、不同情境或用途下公共数据授权权限等问题应由中央通过统一立法的形式来明确。

第二,采集主体之间数据共享积极性不高。公共数据采集主体均是独立的利益体,不同层级政府之间、同一层级不同部门之间、地方政府与中央机关、国家部门及央企的地方派驻机构之间的目标是有差异的。在没有法律法规明确规定的情况下,各采集主体均倾向于把收集的公共数据资源当作自身的"核心利益",而且数据共享还需要承担一定的人力、物力和财力,两方面的因素致使采集主体之间数据共享的积极性不高,并最终导致公共数据资源难以统一归集管理,从而不利于公共数据授权运营工作的开展。

第三,"数据孤岛"现象阻碍规模化使用。公共数据资源价值的发挥对数据体量有较高的要求,只有在数据体量达到一定规模时,才能催生出具有价值的相关性规律。而目前,我国不同部门、不同机构间的公共数据资源采集标准、格式不统一,数据管理系统相对封闭,导致"数据孤岛"现象严重,阻碍了大体量数据的整合和使用,不利于公共数据资源的规模化与综合利用。

第四,公共数据授权运营机制尚不健全。公共数据授权运营离不开健全的运营机制。当前,重庆市公共数据授权运营还面临着机制不健全的障碍。主要体现在:一是数据共享激励机制不健全,导致部门之间数据共享的积极性不高;二是数据使用约束机制不健全,容易导致公共数据被不恰当利用的风险;三是数据使用惩罚机制不健全,违法违规者所受惩罚力度较小,导致当前市场上信息买卖、信息泄露现象频发,容易影响社会对公共数据收集的信心及认可度;四是统筹授权机制不健全,出于安全考虑,当前政府部门对数据需求仍以申请开放共享的方式为主,无形中会增加数据协调成本,降低数据利用效率。

四　国内公共数据授权运营的经验借鉴

当前各地公共数据授权运营均处于起步阶段，贵阳、成都、北京等地先后实践探索，提出特许经营、服务供给、数据代理等实施路径，在总结创新中授权运营模式和管理机制逐步完善、发展成效日趋凸显，对开展公共数据授权运营具有重要借鉴意义。

（一）国内公共数据授权运营的典型案件分析

1. 贵阳"特许经营"模式

贵州省最先引入市场力量进行数据加工为社会提供增值服务，贵阳市政府办公厅授予贵阳块数据城市建设有限公司政府数据的特许经营权和采集权，以契约形式约定数据开放条件，由数据需求企业先签订契约后参与数据处理清洗，并按照约定内容进行加工应用。比如，武汉元光科技公司依托公交数据开发App"车来了"可查公交车实时位置，依托车辆数据开发汽车维修App"车陛下"吸引300家汽车维修企业入驻。该模式是公共数据运营的较早探索，管理运行机制尚未成熟，在获得特许经营权的情况下再次以契约形式进行授权确认以防控安全风险，因此数据种类和授权深度都较为有限。

2. 成都"服务供给"模式

成都市规范和细化了授权管理机制，2017年12月，成立了成都市大数据股份有限公司。2018年10月，获得市政府政务数据集中运营授权。2021年1月，又进一步更名为成都市大数据集团股份有限公司，向集团化、规模化、专业化方向发展，并授权开展政务数据运营服务。在需求收集环节，由运营方先收集市场需求，与需求企业共同策划数据应用场景，对相应的数据类型、使用方式、安全风险等进行分析把关；在数据审批环节，运营方将数据需求申报主管部门审核，主管部门统筹征求数据提供部门是否纳入授权运营服务的意见；在数据交付环节，通过数据接口核验、数据沙箱、统计分析

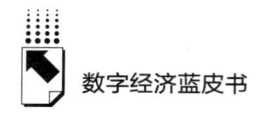

等数据服务方式保障数据安全。比如,向浦发银行成都分行提供失信被执行人信息、企业高管信息、地铁逃票信息等支持银行精准画像;向成都深驾科技有限公司提供驾驶证信息、交通违法信息等辅助汽车租赁风险识别。该模式有四个方面的优势:一是以市场化方式运营公共数据这一新型国有资产能够保障公共数据运营单位的数据服务能力;二是通过切实满足数据需求,能够充分发掘数据使用单位在数据创新方面的潜力;三是集中统一的公共数据授权运营模式,便于政府对公共数据运营服务在源头上的监管;四是该模式具有很强的可复制性。总体来看,成都模式初步构建起授权运营的管理机制,但未明确授权范围、调用不够灵活,授权运营主体在数据应用时仍需进行二次授权审批。

3. 北京"数据代理"模式

北京市立足公共数据的市场化应用,进一步创新授权管理机制,选择特定行业进行充分授权试点,探索授权运营主体全权进行数据代理。由市经济和信息化局授权北京金融大数据有限公司承接金融公共数据托管和创新应用,以类似硬件托管的方式一次性对金融机构急需的工商、司法、税务、社保、公积金、不动产等核心数据充分授权,通过高价值数据关联融合构建涵盖企业图谱、风险扫描、信用评价、客户优选等的新型征信业务体系,有效提高金融服务覆盖面和精准度。该模式赋予授权运营主体高度自主权,简化了数据供需匹配和流程审批,推动建立数据输出的脱敏规则突破数源局限,大幅提升了数据的丰富性和全面性,促进对数据资源的高效集约利用。

(二)国内公共数据授权运营的经验借鉴

综合而言,各地公共数据授权运营模式仍在探索完善中,实施路径各不相同,但存在着以下共性和趋势可供借鉴:一是普遍选择所属国有企业作为授权运营主体,便于对数据采集、储存、处理、交易、应用等全流程的风险把控;二是随着区块链、隐私计算等新技术的发展,在保障数据安全的前提下授权更加充分,从契约式开放到数据审批把关,再到全权进行数据代理,授权运营主体获取、加工数据更加便捷高效;三是授权数据种类更加丰富多样，从早期便民服务的单一数据类型，不断向商业领域的多元数据拓展，大量高价值数据向市场充分释放。

五 重庆市公共数据授权运营的政策建议

在上述分析的基础上，本文认为重庆市在公共数据授权运营方面，应尽快探索授权运营的有效路径，对更多核心数据资源进行充分授权开发利用，更大限度发挥公共数据资源价值。

一是健全法律法规体系。目前从全国范围看，地方政府在公共数据授权运营方面进行了较多的有益探索，一定程度上为国家立法提供了经验积累。但公共数据资源的价值要得到深度挖掘，仅仅依靠地方政府的探索是难以实现的，必须依赖国家层面建立健全法律法规体系。通过国家层面的立法重点明确公共数据的概念、公共数据的权属、公共数据授权运营的性质、公共数据授权运营的对象、被授权主体的权利和义务、公共数据授权运营的原则和程序、公共数据授权运营安全问题界定、不同情境或用途下公共数据授权权限等问题。

二是明确授权运营等机制。授权运营机制方面：建议公共数据主管部门加快制定全市公共数据授权运营的专项制度，借鉴北京授权市属国企对金融公共数据全权托管的实践经验，由市大数据发展局牵头搭建统筹运营机制，授权数字重庆公司开展统一运营，全市政务部门和公共服务组织根据统筹授权要求，对授权运营所涉及的公共数据资源及时进行收集和供给，除法律法规明确规定之外不设禁锢。鼓励授权运营主体利用"数据代理"模式，在授权范围内大胆探索，简化审批程序，进一步推动数据资源深化利用。激励机制方面：通过加大专项资金扶持力度等一系列措施，健全公共数据授权激励机制。惩罚机制方面：通过出台法律法规、强化执法力度，加大对当前市场上信息买卖、信息泄露现象的惩戒力度，营造良好的市场环境，为后期调动公众积极参与到政府公共数据授权运营工作奠定坚实的环境基础。

三是扩大授权运营范围。针对当前公共数据开放种类不多、核心数据有

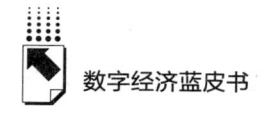

限、数据资源供需匹配不充分、部分核心数据难以获取等问题,建议借鉴北京等地采取"以点带面"方式选择金融服务领域进行授权试点的先行经验,结合重庆产业基础条件,以金融服务、智能汽车、生物医药等发展需求迫切、市场应用较广的领域为重点,统筹相关数据资源开展授权运营试点,鼓励更加丰富的数据应用模式,服务重庆市产业数字化转型。同时参考《上海市数据条例》《广东省公共数据管理办法》等,对数据安全和处理能力要求较高、时效性较强、需持续获取的公共数据细化授权条件,对涉及个人隐私、个人信息、商业秘密、保密商务信息的公共数据经过脱敏、脱密处理或权利人同意后亦可纳入授权运营范围,建议由市级主管部门尽快建立脱敏处理相应规则,进一步丰富数据资源供给。

四是提升公共数据质量。当前全市公共数据资源实现了初步汇聚,但数据的精确性、时效性、可用性仍有一定差距,"数据孤岛"现象仍然存在。基于此,本文建议,一方面加强需求引导,鼓励公共数据资源相关新技术、新产品、新服务的研发,探索建立以需求为导向的数据汇聚和治理机制,从"提供什么才能用什么"转变为"需要什么就提供什么",由授权运营主体负责收集和整理市场需求,与数据需求企业共同策划应用场景和数据使用方式、使用期限等,对涉及的数据种类、数据标准、数据更新频率等提出要求,以便按需做好数据供给支撑,充分发掘市场创新潜力。另一方面参考《上海市数据条例》等地方政府条例,明确公共数据质量责任主体,统一公共数据资源采集标准和格式,建立数据质量检查和问题数据纠错机制,及时对公共数据进行校核、确认,由数据主管部门组织对数据质量进行实时监测和定期评估,对数据归口部门和各区县的工作成效定期考核评价,进一步提升数据供给服务积极性。

五是保障公共数据安全。针对公共数据授权运营过程中可能出现的越权访问、数据泄露等风险隐患,本文建议,针对数据安全风险,组建全市数据专家委员会,对授权运营主体策划的应用场景进行合规性和风险性评审,限定数据使用过程中可访问的数据范围,不得超出应用场景使用数据;针对数据交付使用,明确授权运营主体仅能提供加工形成的数据产品和服务,不得向第三方提供授权运营的原始数据，规范数据交易方式，依托国资背景的西部数据交易中心进行公共数据交易，确保数据安全可控、可追溯；针对授权运行流程，通过区块链、隐私计算等技术手段，保障"数据不出域、可用不可见"，防范数据被非法获取或不当利用，对关键核心数据实行重点保护，强化检查预警和应急处置，构建跨领域、跨部门、政企合作的安全风险联防联控机制，进一步完善数据安全管理体系。

参考文献

胡建淼、高知鸣：《我国政府信息共享的现状、困境和出路——以行政法学为视角》，《浙江大学学报》（人文社会科学版）2021年第2期。

莫力科、王沛民：《公共信息转变为国家战略资产的途径》，《科学学研究》2004年第3期。

吴伟光：《大数据技术下个人数据信息私权保护论批判》，《政治与法律》2016年第7期。

衣俊霖：《论公共数据国家所有》，《法学论坛》2022年第4期。

袁康、刘汉广：《公共数据治理中的政府角色与行为边界》，《江汉论坛》2020年第5期。

张会平、顾勤、徐忠波：《政府数据授权运营的实现机制与内在机理研究——以成都市为例》，《电子政务》2021年第5期。

赵加兵：《公共数据归属政府的合理性及法律意义》，《河南财经政法大学学报》2021年第1期。

数字产业化篇

B.10
重庆市数字产业发展态势、挑战与应对

谢攀[*]

摘　要： 数字产业作为数字经济核心产业，对数字经济的持续发展和区域经济社会的创新发展有着重要意义。重庆在数字产业发展方面取得明显成效，但制度政策、龙头企业和特色专业园区、关键技术、数字人才、融合赋能等方面还存在一些不足。本报告结合重庆的实际情况，剖析问题，提出要统筹谋划，重点围绕集成电路、新型显示、智能终端、智能网联汽车、通信网络、互联网平台、数字内容、人工智能、先进计算、网络安全等，加大政策支持，壮大市场主体，聚力打造数字产业集群。

关键词： 数字产业　融合赋能　产业支撑

---

[*] 谢攀，重庆社会科学院财政与金融研究所助理研究员，重庆数字经济研究中心，研究方向为金融理论与政策、数字经济。

党的十九届五中全会明确提出"打造具有国际竞争力的数字产业集群"。北京、上海、广东、浙江、四川等地相继提出"打造世界级或具有国际或全国竞争力的数字产业集群",纷纷将数字产业纳入各地竞相发展的战略布局。为在新一轮数字产业战略性布局中抢占先机、占有重要的一席之地,重庆市有必要形成合力、统筹推进。本研究在全面剖析重庆市数字产业发展基础和主要难点问题的基础上,就重庆市培育数字产业提出相应的应对措施。

一 重庆市数字产业发展现状

(一)高起点高标准谋划布局

近年来,重庆大力实施以大数据智能化为引领的创新驱动发展战略行动计划,加速培育"芯屏器核网"全产业链,建设"云联数算用"要素集群,加快构建现代产业体系,智能终端、数字内容、智能网联汽车等智能产业发展取得明显成效。2018年5月,重庆成功向党中央、国务院申请批准作为中国国际智能产业博览会永久会址,连续五年高标准办好中国国际智能产业博览会,将其打造成为具有国际影响力、行业引领性、品牌美誉度的智能技术和智能产业交流合作平台,习近平总书记连续向两届智博会致贺信,对推动智能产业发展作出重要指示要求。同时,组建重庆市大数据应用发展管理局,进一步强化全市大数据智能化领域管理,加快推进数字产业发展。此外,充分利用直辖市管理结构扁平、行政效率高的体制优势,积极争取国家相关部门支持,获批国家数字经济创新发展试验区、国家新一代人工智能创新发展试验区等"金字招牌",进一步优化数字产业发展环境,抢占竞争高地。

(二)数字产业规模稳步增长

近年来,重庆市充分发挥电子信息产业基础优势,积极出台优惠政策,

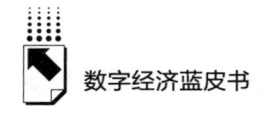

狠抓重大项目落地，全力推进数字产业发展。"芯屏器核网"全产业链条发展取得重大突破，新兴产业加速发展，阿里、腾讯、百度、京东、华为、紫光等行业巨头纷纷在渝战略性投资，一批重量级项目落地见效，集成电路、新型显示、智能终端、智能网联汽车、通信网络、互联网平台、数字内容、人工智能、先进计算、网络安全等十大数字产业加速增长，2020年预计主营业务收入预计超8000亿元。

集成电路重大项目纷纷落地，IC产业链趋于完善。重庆市集成电路产业已集聚华润微电子、SK海力士、万国半导体、紫光展锐、中科渝芯、西南集成等重点企业50家，已初步建成"IC设计—晶圆制造—封装测试及原材料配套"的全流程体系，SK海力士12英寸存储芯片封测项目、中科渝芯6寸工艺平台、联合微电子中心、英特尔FPGA中国创新中心等重大项目纷纷落地，全市集成电路产业产能将进一步释放。2020年，集成电路产品产量45.49亿块，同比增长34.9%；实现产值约250.6亿元，同比增长22.7%，产值规模居全国第13位。其中，集成电路设计业销售增速高达206.1%，居全国第一。

新型显示产业龙头集聚，行业地位凸显。近年来，重庆市新型显示产业从无到有、发展迅猛，已基本形成以两江新区、巴南区为区域核心，以显示面板生产线为技术支撑的发展格局，集聚了京东方、康宁、莱宝、惠科、中光电等一批重点企业，"玻璃基板—液晶面板—显示模组"新型显示产业链持续完善。2020年，全市生产液晶显示屏2.8亿片，同比增长28.4%，新型显示产业实现产值约500亿元，同比增长20%。未来，随着紫光集团存储芯片、联合微电子中心、韩国SK海力士封测基地等项目实施，OLED等新技术产业化进程加快，将带动新型显示产业产能进一步拓展。

智能终端产业持续发力，加速打造全球最大智能终端生产基地。重庆市建成全球重要的笔电产业基地和全国重要的手机制造基地，以智能家电、手机、笔电等为代表的智能终端集群加速壮大，成为拉动重庆市出口增长的"第一动力"，"运营商+品牌商+代工厂+配套商"产销体系健全。目前，国内前20品牌手机企业已有7家在渝落户，实现了全球每3台笔记本电脑、每10部手机就有1台"重庆造"，5G终端研发、生产步伐加快，海尔、美的、格力等国内外知名智能家电企业纷纷来渝布局。2020年，全市智能终端产业产值首次突破4000亿元。其中，重庆笔记本电脑出口值创历史新高，达到1726亿元，增长16.1%，占同期重庆市出口总值的41.2%；手机产量及智能手机产量分别达1.34亿台和7754万台；智能手表、3D打印设备等电子产品产量分别增长64.6%和28.3%。

智能网联汽车产业高速增长，产业转型升级加快。重庆市集聚了长安、金康、中国汽研、重庆车检院等重点企业，中国汽研智能网联汽车试验基地落成，两江新区获批创建国家级车联网先导区，是全国第四个、西部第一个国家级车联网先导区，基本形成智能网联汽车从研发到测试再到量产的生产闭环。同时，先后落户理工睿行车用雷达研发生产基地、中科深江新能源汽车驱动电机及总成系统生产基地、智行者西南研发中心、希迪智驾两江智能驾驶创新中心、弗吉亚歌乐电子重庆研发总部等一批汽车电子产业优质项目，渝北区北斗智联汽车电子总部及产业化基地项目已启动建设，长安、金康等整车企业纷纷发力电源管理芯片、汽车电子、驱动芯片等核心零部件，汽车三电、汽车电子等核心配套产业基础进一步夯实。2020年，重庆市生产智能网联汽车23.8万辆，同比增长27%，实现产值421亿元，同比增长29%。

空天地一体化信息网络加速布局，通信网络产业规模不断扩大。引进和培育了紫光展锐、中移物联网、芯讯通等5G研发企业，南岸区重庆经开区5G产业园、万盛5G天馈线检测实验室等项目相继推进，"5G+工业互联网""5G+自动驾驶""5G+智慧旅游"等应用加速推广，5G产业链基本覆盖芯片模组、射频器件、天馈线、智能终端及应用等环节，形成一定先发优势。卫星互联网发展步伐加快，东方红、零壹空间等行业龙头企业落户重庆，全球低轨卫星移动通信与空间互联网、北斗星通智能产业园等项目落地实施，卫星产业及应用加速发展。此外，聚集中移物联网、清华紫光、锐迪科、中交通信、城投金卡、中科创达等核心物联网企业628家，全市物联网产业全面向智慧城市、智慧建造、智慧园区、智能工厂、智能交通等重点应用领域

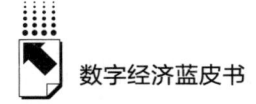

延伸，已形成集"营运服务、生产制造、示范应用"于一体的较为完善的上下游产业链。电子信息（物联网）基地连续两年被评为五星级国家新型工业化产业示范基地。

互联网平台规模化发展，平台经济赋能成效明显。工业互联网平台加速集聚，忽米网成功入选中西部地区唯一国家级"双跨"（跨行业跨区域）平台，工信部发布的15个"双跨"平台已有11个落户重庆，遴选了阿里飞象、航天云网工业大数据、重庆建工公鱼互联、浪潮云洲等十大工业互联网平台，集聚197家工业互联网服务企业，累计服务企业"上云"7.2万多户、连接设备150余万台，工业互联网平台引领发展的格局初步形成。考拉海购、阿里巴巴菜鸟等全国排名前五位的跨境电商企业全部落地重庆，本土龙头渝欧股份已成功转型为全国性跨境电商，猪八戒网、药交所等垂直电商平台规模持续扩大，"村村旺""中国·有牛网"等市级农村电商综合服务平台上线运营，建成阿里巴巴九龙坡直播基地、天下大足直播基地等10余个，全市电商（网商）近66万家，带动创业就业人数179.5万人。深入推进新型智慧城市建设，集中力量打造重点线上服务品牌，"同上一堂课""最多付一次""占道自动报""全天候监护""热力预警图"等一批"小切口、大民生"智能化创新应用项目建成投用。"渝快融"、马上金融等互联网金融服务平台加快发展，网络小贷公司注册资本671亿元、贷款余额1040亿元，资本实力和发展质量居全国首位。

数字内容发展动能强劲，产业能级不断提升。重庆具有深厚的历史文化积淀、丰富的旅游资源和繁荣现代的大都市形象，为游戏动漫、数字视听、网络直播等数字内容创新创业提供了丰富的资源和素材。目前已形成两江新区国家数字出版基地、重庆经开区网易文创数字经济产业园、永川文化创意产业园等平台载体，涌现出西信天元、优路科技、享弘影视、小闲在线等骨干企业。同时，加快引进国内外龙头企业，腾讯西南总部落户两江新区，将在重庆建设腾讯光子（重庆）创新研发基地，建设腾讯游戏深圳总部之外的最大研发支持平台，打造腾讯游戏内容产业基地。此外，爱奇艺、字节跳动、网易、人人视频等国内领先的数字内容企业落户重庆发展，将加速带动产业集聚与提档升级。2020年，重庆市数字内容产业收入约800亿元，同比增长9%，规模仅次于智能终端产业。

人工智能产业基础良好，融合发展持续深入。引进北京理工大学、同济大学、武汉大学、西安交通大学等20所大学在渝建立了人工智能联合研究院，推动建成中国科学院大学重庆学院。建成人工智能领域科技企业孵化器20余个、众创空间近100个，其中国家级孵化平台11个。人工智能科研资源加速集聚，创新创业氛围浓厚。同时，以两江新区、永川为核心，引进了川崎、库卡、长泰、华中数控、新登奇等国内外机器人知名企业，建立了重庆市机器人与智能装备产业技术创新联盟、国家机器人检测与评定中心公共服务平台，打造了重庆鲁班机器人研究院等一批新型高端研究机构，基本形成集研发、生产、公共服务于一体的机器人全产业链，工业机器人企业200余家，永川获批为国家新型工业化装备制造（机器人）产业示范基地。此外，海云数据研发了"智警""智航顺"等行业AI应用产品，创新突破唇语识别技术；马上金融开发了基于情感光谱与多语境感知的智能文本与语音客服机器人平台；金山科技研发了医学影像AI系统、智慧远程医疗系统、多孔腹腔微创手术机器人系统等多款产品；海康威视加大"AI+安防"研发布局，推出了"深眸"摄像机、"神捕"交通产品、"脸谱"人脸分析器等系列智能产品；紫光华智加快推进软件定义摄像机、智能视频分析服务器等安防产品的生产进程，智能可穿戴设备、智能摄像头、智能医疗设备等领域逐步呈现规模化发展态势。2020年，重庆市人工智能产业收入约520亿元，同比增长20%。

先进计算加速布局，数据存储与计算能力不断提升。率先建成全国首个运营级"同城三活"数据中心，形成以两江国际云计算产业园为核心，南岸区、长寿区、巴南区等为辐射的"一核多点"共振联动的数据中心发展格局，汇聚腾讯、浪潮、中国联通、中国电信、中国移动、两江云计算、重庆有线、腾龙、万国数据、远洋等十大数据中心，是西部地区单园区规模最大、集约化程度最高的数据中心集群。目前，全市已建成7.6万个机柜，投用的数据中心机架数达到4.9万个，服务器50万台，全国排名第11、西部

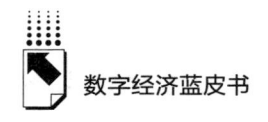

第4。中新互联互通国际超算中心、中科曙光先进数据中心、重庆大学超算中心、海云科技人工智能云加速平台等一批智能超算项目开工建设，智能计算能力加速提升，在加快先进计算产业发展的同时，有力支撑全市数字化、网络化、智能化转型发展。2020年，重庆市先进计算产业收入约80亿元，同比增长40%。

网络安全产业集聚发展，产业实力逐步增强。基本形成以合川区、南岸区、高新区为核心的产业发展格局，2020年，重庆市网络安全产业收入约170亿元，同比增长31%。其中，合川区打造了网络安全产业城，已初步形成以博琨瀚威、恒芯天际、帕弛科技、涔信科技为代表的硬件安全产品生产板块，以罗克佳华、讯飞幻境、蜂巢互联为代表的数据安全板块，以360集团、天融信、中兴通讯为代表的安全服务板块，以中科院、猪八戒网、龙观为代表的研发孵化板块，不断完善网络安全产业生态体系。2020年被工信部授予"网络安全创新应用先进示范"称号，跻身全国首批6家示范园区之一。西永微电子产业园落户华为鲲鹏计算产业生态重庆中心项目，将建设鲲鹏计算产业园、鲲鹏实验室、鲲鹏计算产业创新基金和鲲鹏开源社区等一系列项目。南岸区打造了网络安全产业园，已引进中国网安、神盾讯波（北京）等网络安全及密码技术领域的龙头企业，集聚企业16家、协会2家（重庆市信息安全协会和重庆商用密码行业协会），并建立了重庆智能产业密码应用示范及科技创新基地。

（三）技术创新能力不断提升

重庆高度重视数字产业创新发展，加快打造中国西部（重庆）科技城、两江协同创新区、中国智谷（重庆）科技园等创新集聚区，建设高端创新平台，引进行业高端人才，创新资源加速集聚，人脸识别技术、深度学习技术、时空复合并行计算技术等部分技术领域处于全国领先水平。

数字产业科教资源丰富。目前重庆市全市共有高等教育学校65所，有近50所高校设立人工智能、大数据等专业，设立大数据智能化市级重点学科54个，平均每年数字技术领域毕业人数超过4万人，数量位居中西部前列。柔性引进"两院"院士10名，大数据智能化领域国家级人才近100名。

创新平台加速集聚。引进建设了联合微电子中心、英特尔中国创新中心、高通中国智能物联网联合创新中心等一批高端创新平台，落户了中国信通院西部分院、工信部电子五所赛宝实验室、天利研发检测中心等高端研发检测平台，建设大数据智能化领域市级以上重点实验室、工程技术研究中心等研发平台近160个，建成国家级企业技术创新中心21个，拥有独立法人新型企业研发机构59家，有研发机构企业1500家左右，占比约为23%，为重庆数字产业的高质量发展提供良好支撑。

创新载体建设加快推进。西部（重庆）科学城启动建设，引进了中国科学院重庆科学中心、北京大学重庆大数据研究院、电子科大微电子产业技术研究院等知名科研院所，集聚了英特尔FPGA创新中心、IBM、博世工业4.0等企业创新平台，落户中关村智酷、第一创客等国际国内优质孵化平台，优质创新资源加速集聚。两江协同创新区已签约引进北京理工大学、西北工业大学、华东师范大学等高校、科研院所、人才团队共计28个，建成科技研发平台40个，导入高端人才800余人，其中院士12人，创新动能加速集聚。中国智谷（重庆）科技园重点聚焦大数据智能化领域，引进了中国信息通信研究院西部分院、赛迪研究院西部分院、重庆经开区·Qualcomm中国智能物联网联合创新中心等创新平台，共拥有市级科研平台117个、国家级科研平台15个。

二 重庆市数字产业发展主要问题

（一）产业发展缺乏顶层设计，难以形成发展合力

虽然重庆市自2018年开始实施以大数据智能化为引领的创新驱动发展战略行动计划，明确了十二大智能产业发展方向。但总体来看，产业发展缺乏整体规划布局，加之部分区县或园区发展布局和园区定位不清晰，园区分

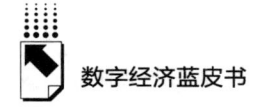

头竞争、同质化现象明显。同时，后期缺乏对规划落地实施的跟踪考核长效机制，未形成可持续的有效指导，产业普遍呈散小弱低状态，产业集群发展成效有限。另外，数字产业融合发展态势日益突出，新业态、新应用、新产品不断涌现，传统产业单边监管理念已不适应数字产业多元化发展需要，新兴产业如何界定、线上和线下管理部门如何划分职责和实现协同等问题凸显，迫切需要加强数字产业顶层设计，统筹协调、科学谋划产业发展。

（二）"重硬轻软"现象明显，政策支持不精准不配套

近年来，重庆市出台了《重庆市加快集成电路产业发展若干政策》《重庆市加快新能源和智能网联汽车产业发展若干政策措施（2018—2022年）》等文件，鼓励和支持集成电路、智能网联汽车等数字产业发展。但总体来看，重庆市各地区普遍重视汽车、电子等"硬件"产业发展，在人工智能、数字内容等"软件"领域扶持较少，企业以自主发展为主。同时，重庆市数字产业政策侧重强调财税政策，主要包括工业发展、金融财税、降成本等普适性政策，而人工智能、数字内容、互联网平台等新兴产业普遍具有技术创新能力要求高、企业资产轻量化等特点，与传统的产业发展政策不适配，亟须出台针对性的数字产业扶持政策。同时，政策出台缺乏统筹把握，政策制定上容易出现各自为政的情况，政策种类复杂、数量较多、配套不清，加之区县、园区层面缺乏针对本地区产业实际制定的差异化扶持政策，往往与市级政策简单叠加，缺乏统筹协调与市区联动。

（三）龙头企业较少，产业引领带动作用不强

近年来，重庆市已引进IBM、阿里、百度、腾讯等一批国内外龙头企业，但总部基地、高端研发机构等落户较少，且部分项目实施进程缓慢，产业链上下游配套发展不足，产业集聚带动作用有限。以数字内容产业为例，虽然重庆市已落户腾讯、字节跳动、完美世界等龙头企业，但产品研发与制作环节均在外，产业核心竞争力较弱。同时，部分企业以发展本地市场为需求入驻，往往只导入部分业务，企业长期处于成长期，资源释放和产业带动

作用不强。例如浪潮、科大讯飞等企业以拓展本地信息化市场为主，仍主要依靠政府购买服务。从本地企业发展来看，重庆市猪八戒、马上消费、中科云丛等少数企业虽处于数字产业细分行业领先地位，但影响力远不及百度、阿里、腾讯以及科大讯飞等知名企业，其他优势企业大多处在行业的第二或第三集团。此外，"独角兽"企业数量与北上深差距较大，根据艾媒咨询发布的《2020中国独角兽榜单TOP100》，重庆市仅猪八戒、特斯联两家企业上榜，并分别排在第51位和第81位，而北京、上海、深圳分别有39家、20家、15家上榜，成都仅有3家企业上榜。

（四）特色专业园区较少，载体支撑能力有待提高

目前，重庆市数字产业园大多采用机会导向的自由式发展模式，企业招商以"全面撒网"为主，加之部分园区发展方向和产业定位不清晰，往往导致园区产业形态分散、产业集聚效应低、产业规模较小、产业特色不明显，品牌园区匮乏。例如，两江数字经济产业园基本覆盖"芯屏器核网"以及十二大智能产业方向，大部分领域规模偏小；渝北仙桃数据谷着力发展物联网、集成电路设计、人工智能、智能汽车、智能终端、数字城乡等八大业务方向。同时，园区载体建设不完善，部分区县出现"办公楼宇少、生产型厂房多"的现象，特别是成规模、有品质的楼宇较少且相对分散，而大数据、人工智能等新兴领域以高端人才为主，对生产生活配套要求较高，当前园区载体很难吸引国内外知名数字企业入驻，不利于企业招商与产业集聚发展。而广东、浙江等发达地区纷纷通过高度集聚资源，打造以人为本、特色鲜明、优势突出、产业活跃的特色小镇，以吸引优势企业和人才入驻。例如，杭州云栖小镇共投入30亿元，在1.2平方公里的核心区域打造了经济发达、人文宜居的良好生产生活环境。

（五）关键技术研发较弱，产业核心竞争能力不强

目前，重庆市数字企业多数从事数据收集、数据存储、数据集成、数据管理、数据维护等边缘业务，从事基础研究、软件研发设计、数据处理分析

等核心业务的企业较少，整体产品技术含量不高，市场占有率、行业利润低。2019年，中国软件业务收入百强企业重庆市仅中冶赛迪1家企业上榜；中国大数据企业50强重庆市仅誉存大数据1家单位上榜。在创新创业和成果转化方面，虽然重庆市现有孵化器数量众多，但大多数倾向于向在孵企业提供办公场所、硬件设施、物业管理及税收优惠政策等传统服务内容，对创新创业项目引导培育、创新资源对接、市场嫁接等方面的引导不足。加之缺乏成熟完善的创新生态环境，科研成果转化进程慢、成果外流等现象明显，技术创新对地区转型升级实际推动作用有限。

（六）数字人才紧缺，产业发展支撑不足

近年来，重庆市深入实施以大数据智能化为引领的创新驱动发展战略行动计划，加快发展数字经济，不断加强数字人才培育，已有相关专业高校近50所，虽具备一定供给能力，但整体教学水平和科研实力在全国仅处于中等水平，与成都、西安等科教大市相比仍有一定差距。根据重庆邮电大学发布的《2020重庆市大数据智能化人才蓝皮书》，重庆市高校大数据智能化相关一级学科博士点11个、硕士专业65个、本科专业74个，2020年大数据智能化相关专业应届毕业生本科占比为88.9%，硕士研究生占比为10.3%，博士研究生仅占0.8%，本科学历人才占绝大多数。同时，本地人才流出情况加剧，2020年应届毕业生近半数人才留渝，占比约为47.2%，较2019年下降6.3个百分点。从人才引进情况来看，数字技术人才特别是高端人才对生产生活配套环境、城市宜居竞争力以及创新创业生态等要求较高，北上广深等发达城市对高端数字人才虹吸效应明显。而重庆市虽已出台"英才计划""巴渝工匠"等系列人才政策，但总体吸引力仍不高，与成都、西安、武汉等地对比也缺乏比较优势，中高端人才引进难度仍较大。此外，从人才"落地"情况来看，自重庆市实施"鸿雁计划"等政策以来，大力引进行业领军人才，但真正落地落户重庆的较少，在渝承担国家科技重大专项、重大科技基础设施、重大项目等重要科技创新的不多，实际引领带动作用发挥不明显。

（七）融合赋能成效不足，数字化应用仍需深化

目前，重庆市数字技术产品和服务总体偏向中低端，数字技术与各行业领域融合应用的范围不广、程度不高。例如智能化应用场景多停留在信息化系统建设阶段，政府、企业的大部分数字化应用仍停留在协同办公、财务管理等较窄领域，且多集中在数据查询、简单数据比对等较低层次，技术水平不高、痛点问题解决不够，政务与公共服务等关联性应用场景协同度低，智能化应用服务能力亟待加强。例如"渝快办""渝快融"等"渝快+"系列品牌功能事项和覆盖领域亟须进一步拓展完善；重庆市医保尚未开通医保电子支付凭证，只能实体卡插卡结算，不利于远程医疗发展。同时，在与产业融合发展方面，重庆市工业软件、智能机器人等自主化产品供给严重不足，共享经济、新零售等新业态、新模式处于起步阶段，整体规模较小，产业数字化转型相对缓慢。例如重庆市制造业数字化仍只处于全国中等水平，且部分核心指标尚未引领西部地区。重庆智能制造就绪率核心指数为12.1%，虽居于前列但仍低于四川的13.2%，生产设备数字化率为47.7%，位于全国第13位。

三 推动重庆市数字产业发展的对策

针对当前重庆数字产业发展存在的问题，要以大数据智能化推动经济社会高质量发展为主线，以数据、算力、算法为驱动，以培育壮大数字产业集群为核心，以推动技术创新为重点，以新型基础设施建设为支撑，打造具有国际竞争力的数字产业集群，培育数字经济发展新动能，有力支撑"智慧名城""智造重镇"建设。要着力发展集成电路、新型显示、智能终端、智能网联汽车、通信网络、互联网平台、数字内容、人工智能、先进计算、网络安全等十大重点产业，基本形成产业发展体系健全、龙头企业引领带动、技术创新能力突出的数字产业发展格局。在推动"芯、屏、器、核、网、云、联、数、算、用"建设的基础上，结合对数字产业中最

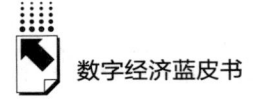

具成长性和广阔市场前景重点领域的综合研判，要加快发展十大重点产业集群。

1. 集成电路

集成电路产业是信息技术产业的核心，是引领新一轮科技革命和产业变革的核心力量。依托西永微电园等重点产业园区，重点发展集芯片研发、设计、晶圆制造、封装测试于一体的集成电路全产业链，重点推进紫光集团存储芯片、联合微电子中心、韩国SK海力士封测基地、奥特斯三期、中科曙光高性能图形处理器（GPU）全球总部等项目落地，发展壮大声光电、华润微电子、SK海力士、御芯微、万国半导体等集成电路企业，积极对接引进意法半导体、中科曙光、上海华力、东部高科、天水华天、华泰电子等细分龙头企业。

2. 新型显示

新型显示是新一代信息技术的先导性支柱产业，近年来国内市场年均增速超过20%、产能占全球比重接近60%，重庆市已经成为国内四大主要产业集聚区之一。依托两江水土产业园、巴南经济园区等重点产业园区，积极引进培育光学材料、玻璃基板、液晶面板、显示模组和显示终端全产业链，重点加快下一代显示技术（AMOLED）面板线建设，进一步完善玻璃基板、高端光学膜、掩膜板等上游光学材料配套体系。推进京东方、惠科面板生产线、康宁基板玻璃、联创触控模组、康佳半导体产业园、峰米科技等重点项目落地。壮大京东方、惠科、康佳、康宁等新型显示企业，积极对接引进三安光电、旭虹光电、长信科技、深越光电等细分龙头企业。

3. 智能终端

智能终端是新技术的"试验田"，是产业创新的重要领域。重庆市作为全球重要智能终端产业基地，完全具备抢抓跨界融合、迭代升级机遇，推动产业由大变强、占领未来制高点的基础和条件。依托西永微电园、中国智谷（重庆）科技园、临空智能终端产业园等重点产业园区，推进计算机（笔电）、智能手机、平板电脑、打印机等智能终端制造。推进瑞声科技智能产业园、VIVO重庆研发生产基地二期项目、传音重庆研发基地、天实精工摄像头产业园等重点项目落地。发展壮大惠普、宏碁、华为、纬创、富士康、和硕、VIVO、OPPO等重点企业，积极对接引进全志科技、水晶光电、安泰科技、德赛电池、歌尔股份等细分龙头企业。

4. 智能网联汽车

智能网联汽车是汽车产业升级换代的必然方向，已经处于技术快速演进、产业化加速布局的商业化前期阶段。依托两江龙兴园区、鱼嘴工业开发区、渝北临空经济示范区、永川高新区凤凰湖工业园等重点产业园区，发展重点推动智能整车、网联整车等整车制造，聚焦基于微机电系统（MEMS）的智能化产品、激光雷达和底盘控制等部件级汽车电子产品，引进培育车联网（V2X）通信、高比能低成本动力电池及系统等产品。重点推进比亚迪动力电池全球总部、长安凯程汽车项目、桔电新能源智能汽车总部基地、吉利高端新能源整车（重庆）生产基地、百度阿波罗（重庆）研发中心等项目落地。发展壮大长安、吉利、长城、比亚迪、小康等领军企业，积极对接引进华为、赛德西威、博泰等细分龙头企业。

5. 通信网络

5G、北斗、低轨卫星、物联网等新代系通信网络正在成为产业升级换代的中坚力量。依托中国智谷（重庆）科技园、两江数字经济产业园、渝北前沿科技城等重点产业园区，发展5G网络设备、5G应用以及5G芯片模组、天馈线与射频器件等核心零部件，北斗导航、低轨卫星移动通信，微机电系统（MEMS）传感器、通信模组设计制造，窄带物联网（NB-IoT）、智能物联网（AIoT）。推进东方红全球低轨卫星移动通信与空间互联网系统、奥特斯智能卫星工厂项目、北斗星通智能网联总部项目、国家北斗数据中心重庆分中心、中移物联网通信模组项目、大唐5G微基站区域总部基地项目、重庆5G产业园、腾龙5G公园、联想5G云网融合总部基地、智慧城市物联网感知平台、海康威视运维总部、物联网安全态势感知平台等重点项目落地。加快培育移动、电信、联通、中移物联网、东方红、大唐通信、零壹空间、北斗星通、梅安森、浪尖渝力等龙头企业，积极对接引进中国四维、广和通、美格智能、休斯、中国卫星通信集团、海格通信、华测导航等龙头企业。

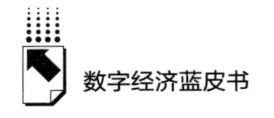

6. 互联网平台

互联网平台经济风起云涌、加速扩张，对推动产业持续创新和经济转型升级发挥着不可替代的作用，仍然具有广阔的前景。依托两江数字经济产业园、西部（重庆）科学城等重点产业园区，发展聚焦电商物流、工业互联网、金融服务、公共服务、创新创业、新兴细分互联网平台，培育平台经济新主体，重点发展新零售、在线医疗、远程办公等线上新业态。加快建设滴滴出行西南总部、重庆中关村协同创新中心、数字"一带一路"软件生态基地、欧菲斯办公伙伴B2B电商平台、啄木鸟家庭维保平台等重点项目。加快培育中移物联网、中冶赛迪、蚂蚁消费金融、马上金融、万塘信息、京东率为、猪八戒网、忽米网、啄木鸟、欧菲斯等龙头企业，积极对接引进字节跳动、拼多多、喜马拉雅、猿辅导、美菜网、懂车帝、小红书等知名互联网平台。

7. 数字内容

数字内容指以数字形式存在的文本、图像、声音等内容，全球产业规模年均增速接近15%。依托两江数字经济产业园、重庆高新区软件园、中国智谷（重庆）科技园等重点产业园区，发展数字视听、网络直播、在线教育、数字出版、游戏动漫、电竞等新业态，超高清视频终端、数字内容装备、沉浸式体验平台、应用软件及辅助工具。推进网易文创数字经济产业园、爱奇艺文创产业园、光子美术创新基地、AR/VR实训内容综合平台、长江文化艺术湾区、阿里体育西南区域总部、人人视频总部基地、网龙区域总部和华渔教育总部、两江新区数字出版基地、忠县电竞小镇、永川区数字文创产业园等重点项目落地。加快培育腾讯信息、网易、爱奇艺、人人视频、出版传媒、完美世界、华龙网等龙头企业，积极对接引进字节跳动、斗鱼、快手、哔哩哔哩、天美工作室、网龙集团、万兴科技、中播网等细分龙头企业。

8. 人工智能

人工智能是全球争夺的焦点，发达国家尽数纳入战略部署，产业发展正在进入快车道。依托两江数字经济产业园、大渡口建桥园区、中国智谷

（重庆）科技园等重点产业园区，发展智能机器人、智能可穿戴设备、智能摄像头、智能应用产品等。推进海康威视长江上游区域总部、紫光AI视觉服务中心、商汤智能视觉（重庆）新一代人工智能创新平台、川崎工业机器人研发生产基地、摩柯智能机器人产业化、微型家用智能制造机器人、中科云从人工智能基础资源开放平台等重点项目落地。加快培育海康威视、特斯联、川崎、长安徕斯、海浦洛、金山科技、优必选、库卡、华数、发那科、ABB、讯飞慧渝、大牛机器人等龙头企业，积极对接引进旷视、依图、地平线、第四范式、百应、思必驰等龙头企业。

9. 先进计算

先进计算是大数据爆发式增长的必然产物，是算力时代的核心和基石，已经成为全球先进生产力布局的重要抓手。依托两江水土云计算中心、西部（重庆）科学城等重点产业园区，发展数据中心、云计算服务、云计算制造、高性能计算、边缘计算等业态。推进两江云计算数据中心（集聚腾讯、中国电信、中国移动、中国联通、浪潮、腾龙等十大数据中心，云服务器支撑能力提升至100万台）、润泽（西南）智惠产业创新城、启迪数据云集团总部基地、中新（重庆）国际超算中心、全国一体化数据中心、中国移动边缘计算平台、西部科学城重庆大学超算中心、华为AI计算中心、中科曙光先进数据中心等重点项目落地。加快培育浪潮、腾讯、华为、阿里、紫光、中国电信、中国移动、中国联通、腾龙、万国数据、中移物联网等龙头企业，积极对接引进中科曙光、无锡神威、联想、微软、英特尔等细分龙头企业。

10. 网络安全

网络安全产业关系国家安全，发展潜力巨大，是一块正在快速崛起的产业大蛋糕。依托西永微电园、合川信息安全产业城、綦江西部信息安全谷等重点产业园区，发展信息技术应用创新、信息安全软硬件、信息安全服务、自主可控产品及服务等业态，围绕金融、能源、通信、交通、电子政务等领域安全应用场景，加大网络安全技术产品和服务的研发力度。推进西计信创计算机产业化、华为鲲鹏生态基地、浪潮信创生态产业基地、中国电子信创

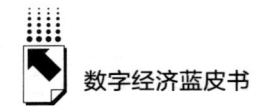

产业园、普天集团先进制造基地、紫光工业4.0智能工厂、网络空间安全态势感知平台、媒体智能安全监测平台、密码应用工控安全公共服务中心、天融信信创适配中心、网络安全大科学装置等重点项目落地。加快培育浪潮、紫光、中国电子、中国电科、普天、华为、重庆奇虎360、恒芯天际、博琨瀚威、启明星辰等龙头企业，积极对接引进中科曙光、中国网安、卫士通、绿梦、美亚柏科、北信源、蓝盾等细分龙头企业。

参考文献

邵春堡：《打造具有国际竞争力的数字产业集群》，《中国信息界》2021年第2期。

汪小龙、周亚平：《半导体产业、数字产业与高质量发展》，《常州大学学报》（社会科学版）2022年第2期。

赵岩、李宏宽：《我国数字产业生态体系建设研究》，《工业信息安全》2022年第1期。

李言、毛丰付：《中国区域数字产业发展的测度与分析》，《河南社会科学》2022年第3期。

王俊豪、周晟佳：《中国数字产业发展的现状、特征及其溢出效应》，《数量经济技术经济研究》2021年第3期。

黄新焕、张宝英：《全球数字产业的发展趋势和重点领域》，《经济研究参考》2018年第51期。

B.11
重庆数字产品制造业发展态势、挑战与应对

重庆市经济和信息化委员会

摘　要： 数字产品制造业是数字经济的核心产业之一，也是驱动产业转型的重要动能。近年来，重庆市积极发展数字产品制造业，加快推进数字经济与实体经济融合，集成电路、新型显示、智能终端、核心器件、网络及信息服务"芯屏器核网"全产业链加速补链强链，数字产品制造业发展取得了较好成效，但仍存在诸多问题，下一步重庆市将抢抓建设国家数字经济创新发展试验区、国家新一代人工智能创新发展试验区的战略机遇，加快做强做大数字产品制造业，着力实现更大规模更高质量突破。

关键词： 数字产品制造业　全产业链　新动能

党的十九大以来，重庆市抢抓数字经济发展机遇，谋划实施以大数据智能化为引领的创新驱动发展战略行动计划，加快推进数字产业化、产业数字化，取得了积极成效。在推进数字产业化方面，陆续制定出台《重庆市加快集成电路产业发展若干政策》《重庆市超高清视频产业发展行动计划（2019—2022年）》《重庆市智能终端产业高质量发展行动计划（2021—2025年）》《重庆市建设世界级智能网联新能源汽车产业集群发展规划（2022—2030年）》《重庆市软件和信息服务业"满天星"行动计划（2022—2050年）》等文件，集成电路、新型显示、智能终端、核心器件、

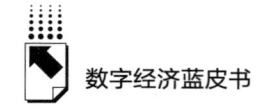

网络及信息服务"芯屏器核网"加快补链成群。2017~2021年，规模以上电子制造业产值年均增长17.5%，高于同期全市规模以上工业产值增速8.8个百分点，对同期全市工业增长贡献率达51.1%，成为全市工业经济增长的"压舱石"；软件信息服务业软件业务收入年均增长18.2%，高于同期全国平均水平3.5个百分点，省级排名由第13位提升至第11位。

2021年11月，市政府正式印发《重庆市数字经济"十四五"发展规划（2021—2025年）》，提出通过集群化发展集成电路产业、做大做强新型显示产业、巩固提升智能终端产业、加快发展物联网产业、抢先发展智能网联汽车产业，做强数字产品制造业，以培育数字产品制造业新动能，加速释放高质量发展活力，开启了重庆打造全国领先的数字经济创新发展试验区和具有全球影响力的数字经济创新发展高地新征程。

一 进展情况

1. 集成电路方面，特色工艺领域优势加速构建

集聚制造企业70家、设计企业40余家，国家地方共建硅基混合集成创新中心、英特尔FPGA中国创新中心等重大平台相继落地，SK海力士、万国半导体、华润微电子等龙头企业加快在渝布局，中科芯亿达、伟特森、中科渝芯、平伟实业等本地企业迅速成长，建成国内首条12英寸电源管理芯片晶圆线，发布国内首款硅光集成工艺包，引进华润润安科技功率半导体芯片封测项目，不断提升集成电路产业链后端封测能力。全市功率半导体晶圆产能跃居全国前列，已成为国家集成电路生产力布局重点承载区域。

2. 新型显示方面，行业龙头企业快速集聚

京东方、惠科、康佳等显示面板龙头企业加速在渝布局，AMOLED面板实现量产，Micro Led面板研发进度国内领先，面板总产能跃居全国前十。引进东进世美肯、住化电子等上游原料企业和联创、中光电等下游触控企业，康宁在重庆市布局全球最先进的"大猩猩"基板玻璃，产业链上下游实现基本贯通。

3. 智能终端方面，世界级产业集群粗具雏形

"品牌+整机+配套"笔记本电脑集群和"整机+配套""生产+检测+供应链服务"手机全产业体系不断完善。PC方面汇聚惠普、宏碁、华硕、苹果、联想等全球著名品牌商和广达、英业达、仁宝、和硕、纬创、富士康等六大全球顶尖终端整机企业，手机方面汇聚OPPO、VIVO、传音等3家全球出货量排名前6位的整机企业，2021年全市微型计算机、手机产量均突破1亿台，分别占全国的23%、6.7%，激光电视、智能门锁等新型终端产品快速壮大。

4. 物联网方面，产业规模效益双向提升

集聚中移物联网、锐迪科、中交通信、城投金卡、中科创达等知名物联网企业，重庆经开·Qualcomm中国智能物联网联合创新中心、重庆邮电大学·科大讯飞人工智能学院等一大批顶级行业平台，中移物联网OneNET平台等产品处于行业领军地位，技术创新势头强劲，产业规模效益双向提升，已形成集"营运服务、生产制造、示范应用"于一体的较为完善的上下游产业链。国家物联网示范基地持续提档升级，电子信息（物联网）·重庆南岸区连续三年被工业和信息化部评为五星级国家新型工业化示范基地。

5. 智能网联汽车方面，整车水平稳步提高

长安汽车、长安福特、赛力斯等乘用车企业已推出多款智能网联产品，与华为、阿里、腾讯等IT企业的跨界合作持续深化，北斗星通、恩智浦、中科创达等智能网联核心部件企业集聚发展，稳步推进自动驾驶汽车开放道路测试示范，加快建设重庆（两江新区）国家级车联网先导区，构建全国最多维、最丰富的智能网联应用场景。公共平台不断完善，中国汽研牵头建成重庆市与工业和信息化部共建的智能网联汽车示范区，发布了国内首个智能网联汽车评价体系框架，中标国家车联网先导应用环境构建及场景测试验证平台；招商车研建成交通部认定的自动驾驶封闭场地测试基地，建成国家智能网联汽车质量检验中心（重庆）。

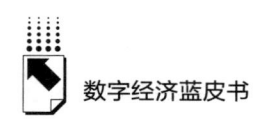

二 面临问题

虽然全市数字产品制造业发展取得了一定成效，具备实现更高质量发展的技术基础和产业发展条件，但与国际国内先进地区相比，重庆市数字产品制造业仍面临诸多问题。一是整体发展水平不高。主要体现在龙头企业产品竞争力不强，配套企业层次总体不高，部分行业产业链关键环节缺失，核心零部件受外在影响较大，产业链供应链安全稳定存在隐忧。二是要素成本优势不足。近年来，随着人力成本、社保成本、招工成本等快速上涨，重庆人力综合成本比较优势正在丧失。此外，处于高位的电力成本也是重庆亟待解决的问题之一，2022年因高温导致的电力短缺直接影响制造企业生产和订单按时交付。重庆物流运输通道较上海、深圳有一定差距，不仅体现在航道密度、地理位置上，运输成本也远高于沿海地区。三是优质企业引领带动作用不强。全市具有行业引领作用的企业数量较少，对产业链整体拉动能力较弱。科技服务业发展相对滞后，科技型中小企业数量不足，产学研成果转移转化不够顺畅。

三 前景展望

重庆正加快建设国家数字经济创新发展试验区、国家新一代人工智能创新发展试验区，数字产品制造业发展迎来重要战略期，具备实现更大规模更高质量突破的基础。一是重庆作为国家中心城市和西部地区唯一直辖市，兼具区位优势、生态优势、产业优势、体制优势，在国内大循环中，西部地区加快工业化、城镇化进程，为重庆数字产品制造业发展提供了广阔的市场空间；在国际循环中，重庆已构建起西部陆海新通道、中欧班列等国际贸易大通道，为重庆数字产品制造业要素集聚和产成品输出提供了便利条件。2022年，因电子信息产业发展需要而诞生的中国首条中欧班列线路——中欧班列（重庆）开行破1万列，助推重庆连续8年成为全球最大的笔电生产基地。

二是成渝地区双城经济圈发展战略的实施，将有效促进国内两大制造业基地生产要素资源合理流动、高效聚集、优化配置，实现两地产业链协同、产业政策协同、公共平台协同，增强区域制造业整体竞争力和影响力，达到"1+1>2"的效果。重庆四川已联合出台了《成渝地区双城经济圈电子信息产业高质量协同发展实施方案》《共同推动川渝电子信息产业高质量协同发展战略合作协议》等文件，正联手打造具有国际竞争力的电子信息产业集群，重庆成都联合申报成渝地区电子信息先进制造集群成功入选国家先进制造业集群名单，将有力增强成渝地区在全球电子信息行业中的影响力，促进更多行业内优质企业、创新资源和高端要素向区域集聚。三是市委、市政府顺应数字产业化、产业数字化发展趋势，持续推进大数据智能化发展战略，全市数字产业化、产业数字化进程不断加快，让重庆在数字产品制造业竞争中占据了先机。

重庆将抢抓机遇，加快做强做大数字产品制造业，打造若干具有竞争力的产业集群。集成电路方面，以功率半导体、数模/模数混合电路、MEMS传感器、硅光芯片等特色工艺为主攻方向，加快MOSFET、IGBT等功率器件发展，做大数模/模数混合电路、MEMS传感器规模，推动硅基光电工程化、商业化发展，建设国家重要的集成电路特色工艺产业基地。新型显示方面，依托现有玻璃基板、液晶面板、显示模组完整产业体系，加快AMOLED、Micro LED等面板产品开发，增加超高清面板供给，加大编解码、采滤波等关键零部件，激光投影等超高清显示终端和超高清内容三大领域企业引育力度，促进新型显示向超高清领域转型。智能终端方面，巩固提升笔记本电脑、手机等传统终端产品，加快智能可穿戴、服务机器人、智能家居等新型终端产品研发，进一步丰富终端种类，提升单品价值。物联网方面，充分发挥重庆物联网产业优势，加强物联网关键核心技术研发，促进产业创新；加强示范带动，以示范促进市场，以市场带动产业；注重物联网产业集聚发展，持续加强国家物联网产业基地建设。努力把重庆打造成为具有国际竞争力的物联网产业高地。智能网联汽车方面，以智能网联新能源汽车为主攻方向，促进整车新品开发和产品迭代，增强"大小三电"、汽车电子等高

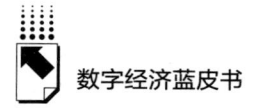

端零部件供给能力，完善充（换）电、加氢、车路协同等设施体系，打造汽车软件验证、车载电子硬件检测与整车测试全流程检验服务平台，构建世界一流的智能网联新能源汽车产业生态。

参考文献

中共中央、国务院：《成渝地区双城经济圈建设规划纲要》，2021年10月。

重庆市人民政府：《重庆市数字经济"十四五"发展规划（2021—2025年）》，2021年12月1日。

武晓婷、张恪渝：《中国数字经济产业与制造业融合测度研究》，《统计与信息论坛》2022年第12期。

产业数字化篇

B.12 重庆工业互联网产业生态培育创新发展现状、问题及对策研究

谭 强[*]

摘 要： 本文对重庆市工业互联网产业生态培育创新发展情况进行了系统的调查分析与研究，对重庆大力实施工业互联网创新发展战略取得的成效进行了归纳总结，发现了目前在推进工业互联网产业生态培育创新发展中存在的问题。针对这些问题，结合重庆实际，就下一步如何推进改革创新，深化工业互联网产业生态培育，实现产业数字化、数字产业化，着力打造国家工业互联网创新发展高地，开展"智造重镇、智慧名城"建设示范，提出推进工业互联网产业创新发展高地建设、推进川渝黔工业互联网产业一体化发展、加快工业互联网基础设施建设、完善工业互联网平台体系建设、健全安全保障体系、提升创新发展水平等针对性建议。

---

[*] 谭强，重庆市北碚区政协，成渝地区双城经济圈智库专家，高级工程师。

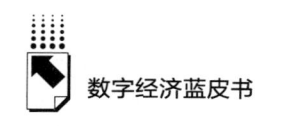

关键词： 工业互联网 产业生态 创新发展 高地建设

工业互联网既是工业数字化、网络化和智能化转型的基础设施之一，也是一种新产业新形态新模式，目前已成为全球新一轮科技产业竞争的制高点。党中央、国务院高度重视，深入实施工业互联网创新发展战略。中共重庆市委、市政府聚焦高质量，发力供给侧，在推进工业互联网、大数据、智能化引领科技创新，大力发展数字经济，促进产业转型升级高质量发展等方面作出了一系列决策部署，大力推进"网络、平台、安全"体系建设，实现"人、机、物、信息"的全面互联，着力构建"芯屏器核网"全产业链、"数算云联用"全要素群、"住业游乐购"全场景集，用工业互联网、大数据、智能化赋能产业转型升级。基于此背景，本文就重庆工业互联网产业生态培育创新发展现状、问题及对策进行了系统研究，发现了目前在推进产业生态培育创新发展中存在的问题。针对这些问题，在学习借鉴国内外先进技术、规划、政策、法律、管理经验的基础上，按照《中华人民共和国国民经济和社会发展第十四个五年规划和2035年远景目标纲要》和工业互联网、数字经济、智能制造相关产业发展规划等要求，结合重庆实际提出相应的对策建议。

一 重庆工业互联网产业生态培育创新发展现状

1. 大力实施工业互联网创新发展战略

2017年以来，市委、市政府认真贯彻落实党中央、国务院关于实施工业互联网创新发展战略和数字经济、智能制造"十四五"规划等重大决策部署。先后出台了《重庆市深化"互联网+先进制造业"发展工业互联网实施方案》《关于加快发展工业互联网平台企业赋能制造业转型升级的指导意见》《重庆市工业互联网创新发展行动计划（2021—2023年）》等政策文件，从网络、平台、安全、产业、应用、生态等多方面对全市工业互联网产业创新发展进行系统规划、全面布局。采取有力措施，加大投入，整合资源，建设"以网络为基础、平台为关键、产业为支撑、安全为保障、应用为根本"的工业互联网产业生态体系，着力构建"芯屏器核网"全产业链、"数算云联用"全要素群、"住业游乐购"全场景集。在推动5G、工业互联网、大数据、智能化、区块链、元宇宙等新技术与电子信息、汽摩、装备制造等重点产业融合发展，建设国家数字经济创新发展试验区、国家新一代人工智能创新发展试验区，加快数字产业化、产业数字化，努力打造"智造重镇""智慧名城"等方面都取得了良好成效。2021年全市数字经济增加值占GDP比重提升至27.2%，数字经济增加值增长16.0%。

2. 网络基础设施走在全国前列

已建成5G基站7.4亿个，国家级互联网直连城市达到38个。用5G、IPv6、TSN等技术来改造企业内外网，获批全国首批5G规模组网试点城市。建成全国唯一的"四节点一通道两中心"工业互联网重要基础设施［国家互联网直联点、国家工业互联网标识解析顶级节点（重庆）、星火·链网超级节点、F根镜像节点，中新专用数据通道，中新国际超算中心和两江新区云计算数据中心］。标识解析顶级节点（重庆）累计标识注册量突破125亿个，解析量达到76亿个，已上线二级节点32个、企业节点1718个，覆盖重庆、四川、贵州、陕西等西部9个省份，服务于电子、汽车、装备制造等19个行业，接入企业超过3500个；聚焦33个产业链条开展融合应用，"上云用数赋智"企业超过11万家。已建成浪潮、中科曙光、联通、两江云计算等十大数据中心。全市共有9万个机架、45万台服务器，基本形成以西部（重庆）科学城、两江新区为核心，重点园区多点布局的一体化大数据中心体系。

3. 平台体系建设西部领先

引进培育了忽米H-IIP、腾讯、海尔COSMOPlat、Geega吉利、公鱼互联、飞象、树根等工业互联网平台50个。28个国家级"双跨"平台已有14个在渝布局区域性总部。忽米网、中冶赛迪等7家入选国家级工业互联网平台，其中重庆川仪等5家获批开展制造业"一链一网一平台"试点示

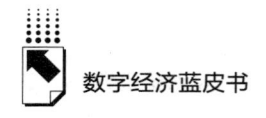

范。建立服务商资源池，集聚工业互联网服务企业208家，本地研发人员达5000多人。重庆"上云上平台"企业达8.7万户，连接设备数量达150万台套。成功入选全国"双智"试点城市。

4. 安全保障体系建设加快推进

制发了《重庆市信息安全产业高质量发展行动计划（2021—2025年）》，围绕工业互联网设备、控制、网络、平台、数据等安全管理需求，搭建了安全监测预警系统、态势感知系统、应急处置平台、网络安全检测中心、区块链与密码学研究中心、工业互联网安全能力中心、工业互联网安全实验室等，初步建立了国家、行业、企业协调联动的网络安全监测预警处置机制和国家、市、区信息网络安全政策法律监管体系。与四川联动打造"双城多园"国家级网络安全产业基地，有力推动了网络安全产业的高质量发展。

5. 产业融合应用成效不断显现

一是推动"芯屏器核网"补链成群。壮大集成电路规模，健全玻璃基板、液晶面板、显示模组产业链条。形成以京东方和莱宝为龙头，康宁玻璃、联创电子等多家企业配套的"玻璃基板—液晶面板—显示模组—整机"全产业生态圈。引进惠普、宏碁、华硕、华为、苹果、OPPO、VIVO、惠科、广达、英业达等几十家全球著名品牌厂商，汇集了紫光展锐、天实精工、峰米科技等1200多家智能终端研发生产企业，形成了智能终端和物联网产业生态体系，年产各类智能终端3.5亿台。二是着力构建"数算云联用"全要素群。已聚集了Geega吉利、中移物联网等20多家产业链上下游企业。推进华为鲲鹏计算、京东、中科曙光、中国电子·重庆软件产业园、江南大数据产业园等30多个高性能算力、数据加工处理项目建设。集聚国家"东数西算"重庆数据中心集群、京东全球首个超算中心、西部（重庆）科学城先进数据中心等，初步构建起以算法为核心、算力为支撑、数据应用为导向的先进计算产业生态体系。三是加快智能网联新能源汽车产业链建设。引进培育长安跨越、东方鑫源、赛力斯等多家高端新能源整车企业和台晶电子、华润微电子、得润电子、唐高鸿车联网等一大批高新技术企业，开展动力电池、汽车电子、车载芯片、传感器、底盘控制、车身电子制造，车载操作系统、功能软件、自动驾驶算法等核心技术关键零部件项目建成投产，推动考泰斯、蒂森克虏伯、宗申、长城汽车、庆铃铁马等重点企业实施200多项工业互联网、数字化、智能化改造，基本构建了"车、路、云、网、图"全产业生态体系。2021年汽车产业增加值增长12.6%。四是大力发展数字化、智能化装备产业。以"智能+"为方向，以"整机+零部件"为路径，大力发展数控机床、通机、智能机器人、新能源装备、数字医疗、智能家居等新型数字化、智能化新技术新产品。在海尔、格力、京东方、紫光、华数机器人等行业重点企业开展智能产品研发，实施数字化车间、智能化生产线建设，为促进工业互联网产业发展提供了设备支撑。五是用"5G+工业互联网"赋能传统产业转型升级。采用"一链一策"支持"5G+工业互联网"平台企业与全市33个产业链条融合创新发展。推动海尔（重庆）、格力（重庆）、西铝、川仪、海装风电、金桥公司、太极集团等一大批传统制造企业实施数字化车间、智能化工厂改造；快速提升了产业数字化、数字产业化的实效。全市规模工业企业关键工序数控化率达43%，数字化设计工具应用率达63%。六是大力推进软件信息服务业发展。先后认定两江软件园、仙桃国际大数据谷、重庆软件园、重庆市工业软件产业园、重庆高新软件园等市级软件产业园，引进中关村、达索、中软、东软、长安汽车软件中心等50多个重点项目，建成软件开发云等20个公共服务平台，实施软件产业"满天星"行动，全市软件从业人员达20万人。初步形成了软件设计、IC设计、数字文创、数字建造、数字金融、数字交易、信息服务等产业生态发展的新格局。2021年全市软件产业业务收入达2300亿元，同比增长17.8%。七是大力开展工业互联网试点示范。用政策资金引导支持，累计实施4700个智能化改造项目，建设数字化运营、网络化协同、个性化定制等工业互联网产业项目584个，其中工业互联网试点示范项目397个，长安汽车、川仪股份、宗申集团等67个项目被列入国家"5G+工业互联网"试点示范。建成127个智能工厂、734个数字化车间、30家智能制造标杆企业；累计引导8.7万户企业"上云上平台"。示范项目生产效率平均提升59.8%，产品不良率平均降低42.3%，运营成本平均降低22.5%，单位生产能耗平均降低19.5%，设备综合利用率提升20%，对全市工业产值增长贡献率超60%。八是用"5G+工业互联网"推动"住业游乐购"全场景集建设。在重点城区、园区，依托中国信息通信研究院西部分院、重庆邮电大学、阿里赛迪工业物联网、科大讯飞、中移物联网、OneNET物联网等开放云平台，大力推动"5G+工业互联网"、物联网、大数据、AI、IOT等前沿技术与园区、政务、交通、市政、环保、教育、医疗、金融、乡村振兴等融合创新应用。目前推广BIM技术应用工程项目830个，实施智慧工地2680个，数字城管覆盖面积达到1500平方公里，建成智慧医院50家，"渝教云"平台累计注册用户超550万人，打造智慧小区210个、智能物业小区600个，建成市级智慧农业试验示范基地210个、市级农业生产智能化示范基地400余个，全面提升了城市和农村数字化、智慧化管理水平。2021年，重庆跨境电商交易额达322.1亿元，同比增长63.3%；商品网络零售额增长17.5%，建成区数字化域管覆盖率达到95%。

6. 工业互联网产业生态建设不断加强

一是加强全市工业互联网产业生态布局。结合全市"十四五"规划和成渝地区双城经济圈建设，建成了两江数字经济产业园、水土云计算中心、重庆高新区、重庆工业互联网产业生态园、中国智谷（重庆）5G产业园、仙桃数谷、江津区团结湖大数据智能产业园等工业互联网重点产业生态区，促进两江新区、重庆经开区、渝北区、南岸区、北碚区、江津区等国家工业互联网产业示范区（基地）建设取得良好成效。在西部（重庆）科学城、重庆市工业软件产业园、重庆市区块链数字经济产业园、璧山西部（国际）数字经济产业园、重庆云谷·永川大数据产业园、巴南数智产业园等地重点布局数字化、智能化产业，大力开展招商引智，华为、阿里、海尔、浪潮、吉利、树根等一大批国内外知名工业互联网企业相继建成投用。大力推进工业互联网平台、工业设备、工业芯片、工业软件、数字经济、智能制造等产业发展取得良好成效。基本形成以两江新区、西部（重庆）科学城为双核，主城重点园区为主体，多点布局的工业互联网生态产业开发开放平台体系。二是布局重大战略项目带动区域发展。争取国家支持先后布局建设了国家工业互联网标识解析顶级节点（重庆）、中国工业互联网研究院重庆分院、国家工业互联网大数据中心重庆分中心、西部（重庆）科学城先进数据中心、超瞬态实验装置、金凤实验室、西部科学城智能网联汽车创新中心等几十个重大战略项目，围绕前沿基础技术、标识解析、平台建设、测试认证、诊断评估、数据传输、储存、计算、处理、交换，安全防御、数智制造、行业应用、产业催生等开展研究并取得丰硕成果。基本构建起"龙头企业+公共平台+产业应用+人才培养+创新孵化"的产业创新生态体系。三是大力推进工业互联网产学研协同创新。引进北京大学、清华大学、哈尔滨工业大学、中国科学院等全国50多所高校院所来渝共建工业互联网、大数据、智能化高端研发机构。支持平台机构与重庆邮电大学、重庆大学、中国信息通信研究院西部分院、中国工业互联网产业研究院重庆分院、在渝重点企业等开展产学研协同创新，共建京东方智慧系统创新中心、华为人工智能创新中心、西门子交通5G能力中心、达索系统智能制造创新中心、浪潮工业智能联合创新实验室、联想5G云网实验室等科技创新中心、重点实验室、博士后工作站、工业设计中心、产教融合人才培养基地等100多个。联合开展新技术、新产品、新工艺、数据处理、整体解决方案等关键技术攻关、成果孵化、标准研制、工业验证、技术人才培养，创造了良好的经济效益。四是加强知识产权保护提升市场竞争力。落实5G、工业互联网、大数据、人工智能、区块链、元宇宙等领域知识产权保护制度，围绕新一代信息技术、智能网联汽车、智能制造等知识产权保护平台、专利导航中心、专利数据库、知识产权联盟等，支持300家重点企业开展知识产权预警防范。开辟数字经济保护"绿色通道"。相关新技术专利申请、软件注册实现较快增长。五是实施产教融合大力引进培养急需人才。深入实施"近悦远来"人才支持政策，近年引进各种急需人才5万余人。支持川大、电子科大、重大、重邮等20多所重点高校、200多所职业学校，与100多家工业互联网平台、大数据中心、智能化平台、研发机构、6000多家企业等联合共建重庆市工业互联网现代产业学院、讯飞人工智能学院、软件产业学院、华中数控产业学院等产教融合人才培养基地、企业集团46个，"双基地"120个，聚焦数字经济人

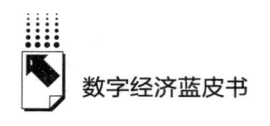

才的"引、育、留、用、储"等关键环节，培养各类博士、硕士等高端复合型人才和职业技能人才。初步构建了工业互联网产业创新发展人才培养生态体系。

7. 推进成渝地区工业互联网一体化发展

近两年来，经工信部批准，川渝两地密切协作，联合印发了《共建成渝地区工业互联网一体化发展示范区实施方案》，按照"统一谋划、一体部署，相互协作、共同实施，创新驱动、融合发展，优势互补、合作共赢"的原则，围绕网络、平台、安全、产业、应用、生态六大方面，明确了推进网络升级改造、构建标识解析体系、共建公共服务平台等19项重点任务。每年制发《工作要点》，以项目指标方式在多方面开展紧密合作，推进相关建设取得良好成效。截至2022年10月，四川着力构建"5+1"特色现代工业体系，建成5G基站7.2万个，龙头企业打造了50多个省级工业互联网平台，培育"5G+工业互联网"标杆项目20多个，建成国家顶级节点（托管与灾备节点），接入通用零部件制造、木质家具制造等20多个行业节点。共享供需对接资源，两地工业互联网服务商协同为四川近1000家企业提供了涵盖标识解析、网络改造、云平台、软件和信息、工业互联网安全服务等13个方向的300多项服务，累计推动30多万户企业上云上平台。充分发挥了工业互联网在降本增效、资源集聚、产业发展、科技创新、区域协同、转型赋能等方面的重要作用，为推动成渝地区双城经济圈高质量发展提供了支撑。

二 重庆工业互联网产业生态培育创新发展中存在的问题

（一）网络基础设施还需要加强，作用还有待进一步发挥

一是工业互联网基础设施存在不足。重点区域5G基站仍需要完善，以5G、NB-IoT、4G等多网络技术融合支持企业开展内外网改造的力度不够。"5G+工业互联网"开发利用不足。5G建站及运营维护成本较高，利用率低。新型立体网络基础设施建设还需要加强。二是数据处理及智能计算等基

础设施需要不断完善。已经建成的算力设施作用还未有效发挥。标识解析体系利用范围需要扩展。二级节点及企业节点建设接入数远低于广东、江苏等东部发达地区。三是企业数字化转型基础薄弱。企业数据散乱,管理不规范且汇聚难,全市 50%以上的企业还未实施精益生产,实现工业互联网应用的企业不足 30%,工业大数据利用价值还不明朗。

(二)工业互联网平台建设仍然不足,融合利用成效不高

一是工业互联网平台关键技术有待突破。部分平台所依赖的智能装备、自动控制、工业协议、通用 PaaS、高端工业软件等关键技术仍依赖进口,80%以上的高端 PLC 和工业网络协议被国外厂商垄断,50%左右的工业 PaaS 平台采用国外开源架构,国产技术还未实现突破。二是部分平台跨领域拓展业务能力不足。对数字化条件下深层次的工业逻辑、业务重构、数据深度挖掘、智能化改造、商业模式创新等积累的经验不足。关键技术、人才等主要依赖全国总部,结合重庆市产业需求创新拓展能力不足。三是企业内网改造和综合集成难度大。大部分企业内网网络构架尚不具备整合控制系统、通信协议、生产装备、执行系统、管理工具、专业软件、平台建设等各类资源的能力。大部分中小企业生产经营数字化、网络化、信息化水平较低。四是部分平台生态构建能力不足。业务局限于垂直细分领域,工业 PaaS 搭建、开发者社区建设、商业模式创新能力、工业 App 等生态圈能力建设存在不足。开源社区和工业 App 开发队伍建设滞后,平台间通用性差,难以吸引海量开发者开发各种微服务组件和工业 App。

(三)大部分企业对上云上平台数据安全存在顾虑

一是全生命周期安全防护体系建设力度不足。安全规划、攻防演练、漏洞检测、安全防护等技术研发能力不足。体系化信息安全设计、防护工具、监测手段跟不上工业网络、数字经济快速发展需要。覆盖全市的工业互联网安全事件监测发现、精准预警、快速处置和有效溯源的全网态势感知平台、监测体系工作应对能力还需要不断提升。二是大部分企业对上云

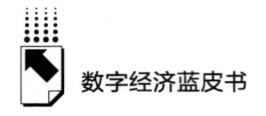

上平台数据安全都感到不放心。三是网络数字安全产业园区、基地建设需要强化。

（四）产业融合应用特色不突出，规模效益还有待提升

一是重点园区产业发展特色不够明显。同质化竞争严重，产业链还不够完善，招商引资力度还需加强。区县融合应用特色显示度不够高。重点园区的辐射带动作用发挥不够。二是现有平台与产业融合度仍不高。引进的各类平台缺乏对重庆39个行业企业、工艺、设备、生产、技术、管理、数据、知识、经验的深度掌握，导致部分改造项目未能真正达到预期效果。"5G+工业互联网"、大数据、智能化、区块链、元宇宙的开发应用、试点示范成效还未凸显。三是工业互联网前期投入大，产生的效益还不够明显。部分平台主要靠政府投入的项目支持；实施数字化、智能化改造成本较高，大部分中小企业积极性不高。

（五）工业互联网产业生态体系建设仍需不断完善

一是工业互联网集成创新能力不足。创新资源分散，市场化运作的科研机构总体偏少；为企业提供技术咨询、管理诊断、科技研发、质量检测、模拟推演、产业升级等公共服务的能力不足；对利用工业互联网实施企业数字化智能化改造需要加强分类指导。二是平台的辐射带动作用发挥不够。部分平台、重点项目等在推动产业生态协同发展方面的示范作用发挥不够；大部分平台服务商解决方案定制化水平、复用性低；企业上云上平台成本高，投入产出效益没有吸引力。各行业融合发展差异较大。三是知识产权保护力度还需加大。涉及5G、工业互联网、大数据、智能化、高端装备制造等知识产权案件不断增多；专利和软件著作权创造、应用、保护工作均需要加强。四是产教融合人才培养跟不上发展需要。政策支持体系需要进一步完善；高校、职校新兴专业设置、本科生和研究生培养跟不上时代发展要求；区域资源共享展示体验平台作用发挥不够。这与上海、杭州、苏州、无锡存在较大差距。五是工业互联网与产业深度融合应用的领域还不多。目前主要集中在

汽车、电子、电力、装备制造等先进制造业领域，而在商贸、旅游、文化、城建、市政、交通、环保、水务、农业、农村、政务管理等领域推广应用还不够。

三 加快国家工业互联网产业创新发展高地建设的对策建议

（一）认真贯彻中央决策部署，大力推进工业互联网产业创新发展高地建设

一是进一步深化对中央大力实施工业互联网创新发展战略的认识。深入贯彻落实习近平总书记关于工业互联网创新发展的一系列重要指示精神，按照党中央、国务院实施工业互联网创新发展战略决策部署，扎实推进国家"十四五"经济社会发展规划纲要及科技创新、数字经济、智能制造专项规划，网络安全法律和标准等政策规划文件的落实。结合重庆市"十四五"经济社会发展规划和《重庆市数字经济"十四五"发展规划（2021—2025年）》部署，利用各种手段、采取多种方式，加强对广大干部、企业家、工程技术人员的教育培训。把深入实施工业互联网创新发展战略，强化"网络、平台、安全、产业、应用、生态"体系建设，实现"人、机、物、信息"的全面互联，加快推进5G、工业互联网、云计算、大数据、人工智能、区块链、元宇宙等与重点产业融合创新发展，形成"平台化设计、智能化制造、网络化协同、个性化定制、服务化延伸、数字化管理"新模式，构建全要素群、全产业链、全价值链的新型工业生产制造和服务体系，不断提升"芯屏器核网"全产业链、"数算云联用"全要素群、"住业游乐购"全场景集建设成效，努力打造国家工业互联网产业创新发展高地作为推进成渝地区双城经济圈建设、形成西部大开发新格局、参与国内国际双循环、建设内陆开放新高地、实现经济高质量发展的重要工作来抓，为奋力打造"智造重镇、智慧名城""数字农业、智慧乡村""数字中国、网络强国"提供支持。二是进一步健全跨区域跨行业跨部门的统筹协调机制。及时健全完善成渝统筹协作机制，充实提升工作领导小组、专家委员会、产业创新联

盟的能级。为整合两地创新资源，落实好产业发展规划、推进重大项目建设、实现政策信息共享，推动经济高质量发展提供支持。三是加强产教融合人才培养基地建设。加强对全市部门、区县、企业专业技术管理干部的选任配备。大力引进领军人才；支持园区、平台、企业与在渝高校、职业技术学院、科研院所等联合建设提升一批不同层次、不同类型产教融合人才培养基地，加强新兴学科专业建设，加快高端研发人才和职业技能人才培养，满足高地建设所需。

（二）结合高地建设大力推进川渝黔工业互联网产业一体化发展

一是努力提升成渝地区工业互联网一体化发展示范区建设水平。尽快建设以成渝主干高速铁路、高速公路沿线城市为主轴，以现有国家级新区、高新区、特色产业园区、产业基地等资源优势为支撑的成渝工业互联网产业（数字经济）创新发展走廊，进一步充实参加示范创建的城市、区县，强化年度区域目标任务落实，提高建设的规模、质量、实效和示范效果。二是进一步提升重点产业园区数字化发展能级。结合数字中国建设，进一步提升两江新区、西部（重庆）科学城、重庆工业互联网产业生态园、南岸"中国智谷"等重点科技产业园区的建设发展能级。争取国家再布局一批重大创新发展项目。建设一批科创中心、数据中心、安全防护中心、融合产业发展示范基地和行业应用场景。辐射带动重庆、成都周边区县及西部省市地县加快数字技术的规范化、标准化、规模化、国际化应用。三是大力推进嘉陵江智能创新湾区建设。立足水土高新城、北碚科教城、礼嘉国际博览城的云计算、光电显示、工业互联网、数据处理、智能制造、国际会展、智慧生活体验等"芯屏器核网、数算云联用、住业游乐购"全要素群、全产业链、全场景集，以及各种科技、产业、网络、平台、数据、人才资源富集优势，联动大竹林、水土、北碚、井口、双碑等嘉陵江两岸重点区域，加快建设中国嘉陵江智能创新湾区，打造集硬件、平台、软件研发、生产、展示、交易于一体的智能创新发展先行示范区。四是加快推动渝黔工业互联网产业一体化发展。充分发挥重庆、贵州各自的市场、产业、科技、网络、平台、数据、人才等资源优势，结合重庆国家工业互联网产业创新发展高地建设，提前谋划实施辐射贵州、迈向云南、向东盟拓展的渝黔一体化创新发展建设方案，带动西南省市共同实现高质量发展。

（三）持续推进工业互联网基础设施建设

一是大力提升"5G+工业互联网"开发应用能力。加快 5G 网络重点区域全覆盖；建设以 5G、NB-IoT、4G 等多网络技术融合的多模态网络供应体系；大力推进企业内外网改造升级和工业设备实施网络化改造；推动 IT 网络和 OT 网络融合，推进 IPv6、OPC UA、MEC、TSN、SDN 等新技术在企业网络改造中的应用。努力打造全国"5G+工业互联网"融合应用先导区。二是加快建成高性能计算处理储存设施集群。不断提升工业大数据储存、计算、处理服务能力，建设国家新型工业互联网交换中心；协同推进工业互联网标识解析国家顶级节点体系扩展应用。加快西部省份二级节点建设和接入，促进更多企业"上云上平台"。建成全国一体化算力网络国家枢纽节点成渝枢纽。着力打造全国领先的新型基础设施标杆城市。

（四）深入推进不同类型工业互联网平台体系建设

一是提升平台企业系统集成创新能力。大力推动平台关键核心技术和体系构架创新，加快边缘侧智能传感、实时操作系统、智能网关、边缘智能模块等软硬件技术开发，推进人工智能算法在工业互联网平台模块和工业 App 的融合应用，促进制造业产业链、供应链、价值链、科技链等产业生态整体优化。二是继续推进工业互联网全产业链发展。重点围绕"芯屏器核网，数算云联用"全产业链，继续推进 5G、工业互联网、物联网、云计算、大数据、人工智能、区块链、元宇宙、集成电路、光电显示、智能终端、智能仪器仪表、传感器、机器人、智能装备、信息软件、智能网联汽车等产业链、产业园区、产业基地建设。努力构建完整的数字经济、智能制造、智慧管理产业生态链体系。聚力打造以人工智能科学中心为引领的全国新一代信息技术产业基地和全球有影响力的智能制造城市。三是提高平台赋能制造业

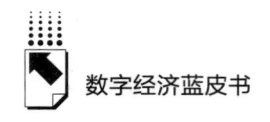

转型升级高质量发展的实效。激发平台"新主体"活力,发挥数字车间、智能工厂、龙头企业的"火车头"作用,深入实施"一链一策",大力提升平台与 33 个产业链条融合创新应用能力,为促进产业转型升级赋能、赋智、赋值,推动实体经济提质、增效、降本、绿色、安全发展。

(五)加强工业互联网安全保障体系建设

一是强化网络安全平台体系建设。加强网络安全基础设施建设,大力开展网络数据安全科技攻关,加快人工智能安全技术创新,强化西部安全数据中心和工业互联网资产目录库、工业协议库、安全漏洞库、恶意代码病毒库、安全威胁信息库等建设,进一步提升安全风险实时监测、动态感知、快速预警、灾害评估、保障服务能力。二是强化跨领域网络安全信息共享和工作协同。加强安全责任分级分类监管,建立市、区县、企业三级应急联动机制,构建安全技术支撑队伍,注重网络安全风险评估和审查。提升网络安全威胁发现、监测预警、应急指挥、攻击溯源能力。加强网络安全宣传教育和人才培养,提升信息安全防护实效。三是促进信息网络安全产业加快发展。进一步加大对全市网络数据安全产业园区、基地建设的投入,加大招商引智力度,用政策支持加快建设一批适应互联网、大数据、智能化、区块链、元宇宙等发展的安全保障项目,加快商用密码示范项目建设,努力打造国家网络信息安全产业创新发展示范区。

(六)不断提升工业互联网产业创新发展水平

一是分类指导企业利用工业互联网转型发展。按照企业生产设备自动化数字化程度分类指导开展上云上平台,实施数字化、智能化改造,重点规上科技企业和"专精特新"中小企业优先上云上平台,避免盲目发展造成资金浪费。二是加快"5G+工业互联网"产学研用协同创新。鼓励平台、企业、高校院所等联合开展 5G、设备控制、边缘计算、平台、工业软件、数据安全、融合应用等核心技术攻关及新产品研发;共建工业互联网开发者社区,加快工业 App 的推广应用。努力构建大数据、智能制造、车联网、智慧医疗、智慧物流等垂直行业应用的产业生态。三是加强工业互联网产业生态知识产权保护。强化政策支持，加大对专利导航、高价值专利培育申请、软件著作权申请的指导力度；建立全产业链专利数据库；探索数据交易机制，推进数据、软件和知识产权国际合作；打击各种侵权行为，营造良好的创新生态。四是大力推动工业企业"上云上平台"。支持重点企业采用私有云、公有云、混合云等云设施、技术和架构，集成融合企业信息系统，支持建设应用自有云平台，降低上云上平台门槛和成本。五是大力发展工业互联网新模式新业态。鼓励实施网络化协同、个性化定制、数字化生产、柔性化制造、智能化经营、服务化运维等新模式。大力发展工业电子商务、数据加工储存、工业大数据利用、平台经济、数字金融等新业态。六是着力构建更好的工业互联网创新创业生态。大力支持环大学创新创业生态圈、平台、展示体验中心、产教融合基地等载体与龙头企业加强合作，利用重点平台和企业资金、创投基金等各种优质资源，加快培育一批工业互联网、大数据、智能化、区块链企业"孵化器""加速器"。七是打造工业互联网公共服务体系。加快建设川渝黔工业互联网产业创新联盟平台应用创新体验中心、智能感知监测评定中心等，聚焦市场、研发、生产、检测、标准、融资、人才、知识产权等政产学研用金"六位一体"的公共服务。八是持续推进工业互联网应用试点示范建设。深化"放管服"改革，加快研发、制造、管理、商务、物流、孵化等生产各环节数字化、智能化改造，持续开展产业融合创新发展应用示范。九是推动工业互联网在更多领域扩大应用。在融合汽车、电子、电力、装备制造、化工、矿山、冶金、建筑建材等33个制造产业链应用的同时，大力推进在农业、商贸、旅游、文化、市政、环保、水务、燃气、城市农村治理等领域的推广应用。全面提升"制造重镇""智慧名城"建设水平。

参考文献

左文明、丘心心：《工业互联网产业集群生态系统构建——基于文本挖掘的质性研

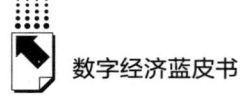

究》,《科技进步与对策》2022年第5期。

胡世良:《打造工业互联网产业生态 推动工业制造高质量发展》,《通信管理与技术》2020年第4期。

仇宝宇、陈泠璇:《互联网+产业:互联网生态系统的探索》,《山西农经》2018年第13期。

彭本红、鲁倩:《移动互联网产业系统生态化治理研究》,《中国科技论坛》2016年第10期。

彭本红、鲁倩:《产业生态学视角下移动互联网产业链治理》,《管理现代化》2016年第1期。

武常岐、刘兴华:《中国移动互联网产业生态系统优化策略》,《管理现代化》2015年第5期。

薛萌、艾菲:《互联网产业微观生态位测度研究》,《西北工业大学学报》(社会科学版)2015年第1期。

王东、王昭慧:《互联网产业链和产业生态系统研究》,《现代管理科学》2005年第6期。

B.13
重庆主城都市区中小制造企业数字化创新发展对策研究

江薇薇[*]

摘　要： 企业制造业数字化创新发展包含两个主要方面：其一是制造业的整个生命活动周期由新一代信息技术覆盖，全流程走向数字化；其二是产业链条上的各类活动可通过数据分析赋能决策、预测生产、创新服务。经过多年积累，重庆数字经济发展的整体骨架、龙头企业、大型平台等都取得了显著成效，而工业主战场主城都市区的中小制造企业数字化创新发展可谓刚刚起步，很多企业还处于对数字经济的感知阶段。本文通过问卷调查、关键信息人访谈的方式了解到，目前主城都市区制造企业在数字化创新发展过程中面临数字化认识水平亟待提升、数字化创新发展能力欠缺等主要困难和掣肘，并提出增强数字化平台专业性、构建数字化发展生态、强化数字化转型政策支持力度等相关对策建议。

关键词： 数字经济　中小制造企业　数字化创新　重庆

习近平总书记强调，综合判断，发展数字经济意义重大，是把握新一轮科技革命和产业变革新机遇的战略选择。随着以数字化、网络化、智能化为核心的新一轮技术变革进入拓展期，工业世界的物理连接成为信息技术应用的角逐场，新基建加快布局、数字应用场景不断拓展。而数字经济与实体经

---

[*] 江薇薇，重庆社会科学院产业经济研究所研究员，研究方向为产业经济。

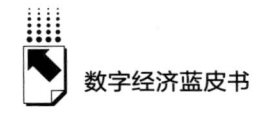

济深度融合的关键在于企业，特别是大规模中小制造企业的数字化创新发展，是数字经济的活力源泉与关键支撑。2022年8月，工信部办公厅、财政部办公厅联合发布《关于开展财政支持中小企业数字化转型试点工作的通知》，2022年11月工信部印发《中小企业数字化转型指南》，明确提出了中小企业数字化转型的实施原则、重点方向与政策支撑。

一 重庆主城都市区中小制造企业数字化创新发展概况

主城都市区中小制造企业数字化软环境与政策支撑、数字产业龙头企业与整体规模、上云中小企业数量、基础设施建设、智能车间建设等发展效果明显。

（一）制造业数字化外部支撑不断充实

新型基础设施建设提速。2020年新建5G基站3.9万个，截至2021年1月累计建成4.9万个，占全国5G基站总数的比重约7%，成为国家首批5G规模组网建设和应用示范城市。全力建设全国一体化算力网络国家枢纽节点，推进国家"星火链网"超级节点建设，积极打造一批国产自主可控区块链平台。制造数据"汇集+流通+算力"的条件不断优化。重庆全力打造规模位于西部前列的数据中心，推动数据中心集群化、规模化发展，两江云计算产业园集聚腾讯、电信、移动、联通、浪潮等10个大数据中心，形成2.3万个机柜、40万台服务器的数据存储能力，数据中心规模近5年年均增速超40%。工业互联网发展方面，重庆忽米工业互联网成为中西部地区首个国家级"双跨"平台，全国15个"双跨"平台中已有11个布局重庆，全市已引导超过9万家企业"上云"，企业生产效率平均提升54.3%，生产成本平均降低21.9%。

（二）产业数字化发展政策支持力度不断加大

重庆是较早进行数字经济布局的城市之一，出台了全面的支持数字经济发展的政策。早在 2016 年，重庆市人民政府办公厅就发布《重庆市"互联网+"行动计划》，2018 年为深入贯彻《国务院关于深化"互联网+先进制造业"发展工业互联网的指导意见》（国发〔2017〕50 号），重庆市政府先后出台了《重庆市以大数据智能化为引领的创新驱动发展战略行动计划（2018—2020 年）》《重庆市深化"互联网+先进制造业"发展工业互联网实施方案》及智能制造、新能源和智能网联汽车产业、新型智慧城市等相关配套实施方案，同时出台了《重庆市推进工业互联网发展若干政策》等系列文件。2019 年，进一步出台了《关于加快发展工业互联网平台企业赋能制造业转型升级的指导意见》。2020 年以来，印发《重庆建设国家数字经济创新发展试验区工作方案》，进一步明确了全市数字经济发展方向。2021 年，制定《重庆市工业互联网创新发展行动计划（2021—2023 年）》《重庆市专精特新"小巨人"企业服务行动方案》等一系列推进工业互联网、中小企业数字化转型的政策文件。推动各项关于中小企业的政策服务落地，帮助企业攻克关键技术难关，促进数字化、智能化转型。

（三）数字经济龙头企业队伍不断壮大

重庆围绕"芯屏器核网""云联数算用"积极构建全要素集群，数字设备制造业发展领先，聚集了数百家数字设备制造企业，例如重庆京东方、SK 海力士半导体（重庆）有限公司以及全球第一大笔记型电脑制造商台湾广达集团的全资子公司达丰（重庆）电脑有限公司等。2019 年，华为鲲鹏计算产业生态重庆中心、海康威视、紫光华智数字工厂、联合微电子中心、英特尔 FPGA 中国创新中心、阿里巴巴、腾讯、科大讯飞等一大批大数据智能化龙头企业落户主城都市区。众多数字技术头部企业签约落地，已引进华为、中国电子、中软国际、IBM、新浪视觉、润泽科技、平安智慧城市、MicroFocus（微福思）等国际国内知名企业 14 家。在数字产业"独角兽"企业数量排名中，重庆虽然与第一名北京的"独角兽"企业数量差距巨大，但作为后发身份已进入 TOP10，排名第 7。其产业主体指数排名超越 GDP 排名，在细分领域有所突破，数字经济发展潜力巨大。

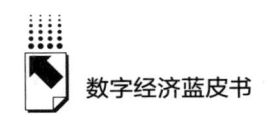

二 主城都市区中小制造企业数字化创新发展存在的问题

为了解重庆主城都市区中小制造企业数字化创新发展中存在的问题，研究团队对重庆主城区已经启动数字化升级改造，并已完成数字化车间和智能工厂建设的402家制造业中小企业进行随机抽样的方式开展问卷调查，问卷由企业总负责人或数字化改造负责人填写。本次调查发放问卷200份，回收有效问卷164份。通过问卷调查、关键信息人访谈的方式了解目前主城都市区制造企业在数字化创新发展过程中面临的主要困难和掣肘。

（一）中小制造企业对数字化认识水平亟待提升

1. 中小制造企业对数字化的紧迫性认识不足

尽管数字经济建设已全面展开，但面对经济下行压力与高企的制造成本，加之在重庆成功实现数字化转型的中小企业比例还不高，中小制造企业还缺乏足够的危机感。本次调查的164家中小制造企业中，有31.10%的企业认为数字化转型十分紧迫，应该马上进行；有62.19%的企业认为数字化转型比较紧迫，应在近期进行；6.71%的企业认为短期内不会进行数字化转型。

2. 中小企业对数字化和工业互联网平台了解不充分

数字化创新发展要求制造业企业了解数字化的内容和效果，与本行业结合的应用模式存在一定技术门槛，企业难以在短时间内对专业术语、实际应用场景和数字化路径有清晰认识。推广中小企业上云上平台过程中出现企业不急政府急的"一头热"现象，部分企业认为"上云"是政府的事，自己的业务和数字化无关。本次调查中，有21.95%的企业完全不了解工业互联网、数字化平台技术和应用场景。

3. 中小制造企业对数字化创新发展投入产出缺乏清晰判断

投入方面，制造业企业数字化转型前期投入多，相关补贴多为大型企业或平台享受，中小制造企业补贴不及时，中小制造业企业转型风险较大。改造过程中存在的新技术磨合、资源占用等隐性成本和风险导致总体投入难以预估，企业有畏难情绪。在产出方面，由于数字化转型见效周期长，回报不明确，目前市场上中小制造企业成功案例少，谈数字化改造、智能车间建设结果的多，讲清楚路径与风险控制的转型案例的少，制造业企业看不懂、看不透。因此，中小制造业企业不愿在数字化转型前景不明的情况下"摸着石头过河"。本次调查的164家中小制造企业中，有29.27%的企业认为自己是数字化转型的"观望者"；有40.85%的企业认为自己是"缓慢采纳者"；仅有6.10%的企业认为自己在数字化创新发展中是"领导者"。

（二）中小制造企业数字化创新发展能力欠缺

1. 企业数据资产积累不足

第一，数据资产收集能力有限。超过半数的工业企业的数据资产管理仍处于起步规划阶段，超过半数的被调查企业未设置数据资产管理专职机构。大多数中小制造企业信息化程度较低，数字化改造往往局限于财务、销售、制造等某一环节或某一领域，数据的收集、整理、储存和分析缺乏人力资本投入。

第二，中小企业数据资产管理[①]能力有限。数字资产在生产运营过程中产生，获取容易，但积累、管理困难。未经处理的数据是一组无序且混乱的数字，不能给企业带来效益。数据资产管理要求企业全过程收集数据，统一指标体系，并做好数据分析和安全管理，多数重庆中小制造企业在业务数字化尚未普及的情况下，就需要直接进入数字化转型阶段，企业难以获得全流程的数据管理能力。本次调查中，仅有3.66%的企业认为自己具备全流程的数据管理能力；有81.09%的企业认为自己在数据管理方面存在

---

① 数据资产主要包括结构化数据（如业务数据和各类分析报表等）和非结构化数据（如标签库、企业知识图谱、文档、图片等）。企业的数据资产管理需要包以下方面：①数据资产盘点；②元数据管理；③数据质量管理；④数据资产管理平台。此外，数据资产积累还需要企业统一指标体系，做好数据安全管理，并做好数据服务管理。

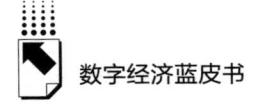

不同程度的能力不足；有15.24%的企业认为自己完全不具备全流程数据管理能力。

第三，现有设备标准和接口不统一。制造业企业装备往往种类繁多、生产厂家多，由于缺乏行业通用的标准体系与关键标准，不同厂家不同类型设备的通信接口与功能参数各不相同，且装备与制造管理系统也缺乏统一的集成机制，造成设备与设备、设备与系统之间互联互通操作困难，难以统一数据接口。此外，有部分设备有很强的封闭性，只对本产品系列垂直系统开放，加大了数据采集难度，企业内"数据孤岛"现象突出。本次调查中，18.90%的企业认为各生产环节、各个设备间的"数据孤岛"现象十分严重；有70.12%的企业认为企业存在不同程度的"数据孤岛"；仅有10.98%的企业认为企业内没有"数据孤岛"现象。

2. 数字化战略发展缺乏顶层设计

多数中小制造企业数字化还集中如何在生产端引入先进信息系统，能够从技术、业务能力建设、人才培养等方面进行战略布局的企业不多。主要表现在以下几方面。第一，没有进行数字化发展全面规划。在本次抽样调查中，仅有3.66%的企业将数字化战略作为企业全局战略核心。第二，缺乏领导层推动。针对中国企业数字化转型的研究表明，企业数字化转型成功的关键是顶层，特别是企业"一把手"的重视和推动。有部分中小企业在数字化创新发展时缺乏顶层推动，混淆了数字化发展和信息化改革，让IT部门主导转型和改革。本次抽样调查的中小制造企业中，仅有49.39%的企业数字化由企业"一把手"推动。

3. 资源能力难以支撑数字化全面发展的要求

第一，缺乏数字化资金积累。大数据、云计算、AI等数字技术要求高、代价大，仅中小规模制造企业单个流程数据系统的搭建就平均需要数十万元，甚至上百万元之多，还存在数字化后期的实施、服务、维护等费用，中小企业利润难以支撑。受限于激烈的市场竞争、经济下行压力和疫情影响，中小制造企业资本积累和现金流处于紧张状态，难以一次性投入大量资源进行数字化改革，更愿意把资源投入对供应链、现有产品的简单技术升级上。

例如，在调查一家电梯生产企业的过程中企业管理者谈到，如果企业要真正利用和发挥好工业互联网就需要进一步提高物联水平，优化运维监测，这需要给电梯增加大量的传感器，但目前传感器的成本还很高。现在部分普通电梯出厂的价格只在十几万元，增加几万块的传感器费用一下就降低了企业产品的竞争力，甚至导致企业失去已有的市场份额。本次调查中，仅有6.71%的中小制造企业表示有足够的资金投入数字化转型。

第二，缺乏数字化技术积累。中小制造企业首先需要完成机械化、自动化，然后才能实现数字化、网络化、智能化。目前重庆中小制造企业发展程度不一致，在一些行业，特别是劳动密集型制造企业尚未完成机械化和自动化转型，数字化转型所需工程庞大。据统计，全市开展网络化协同、服务型制造、个性化定制等新模式应用的企业不足30%。

第三，数字化人才储备不足。除了部分新兴科技型中小企业之外，传统中小企业内部缺乏数字技术型人才，企业又缺乏足够的资金实力进行外招，数字化转型或将转型业务外包给技术型企业，不仅加大了对外技术依赖，也带来了经营风险。而从企业内部进行人才培养不仅耗时长、成本高，而且人才成长起来后还面临极大的流动风险，这也对企业的数字安全造成隐患。本次调查中，49.39%的企业表示数字化人才欠缺或非常欠缺；有39.64%的企业认为数字化人才存在一定程度的缺口；仅有1.22%的企业认为数字化人才储备非常充分。

4. 中小制造企业数字化创新发展的外部支撑不足

主城都市区中小制造企业数字化创新发展的产业支撑、平台支撑、服务支撑、政策支撑还不足。覆盖全流程、全产业链、全生命周期的工业数据链尚未构建，行业内部及行业之间存在较大的数字鸿沟。

（1）数字经济体系不健全

数字经济产业生态体系不健全，中小企业公共服务平台、企业供应链服务平台发展不完善，部分行业缺乏龙头企业的引领带动，企业上下游、产业链间协同转型不够，数字化产业链和数字化生态尚未建立。由于关系不对等、数据安全等因素的影响，尽管重庆各领域制造业领军企业、供应

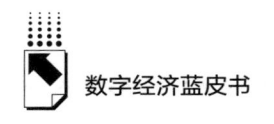

链"链主"企业在数字化转型中走在前列,但是数字化改革更多在企业内部进行,缺乏对产业链数字化的带动,长此以往,将无法推动行业整体竞争力的提升。

(2) 新型基础设施建设不足

中国电子信息产业发展研究院等发布的《2019年中国数字经济发展指数》调查显示,在传统数字基础设施建设上各省份差异不大,但就新型数字基础设施建设而言,全国各省份差距较大,重庆位于第三梯队末尾,排名第13位。重庆建设国家数字经济创新发展试验区基础设施建设不足主要体现在创新、试验、交易平台建设不够,基础设施互联互通水平及集约化水平不高,电力成本较高等方面。工业园区甚至是高新技术试验区配套设施明显不足,5G、工业互联网、物联网等信息通信网络升级方面有待完善。

(3) 平台型数字企业的数字化服务内容和层次亟待丰富

大型数字化服务平台还未充分结合主城都市区中小制造企业特点提供精准的数字化服务。主要表现在:数字化平台开发模式导致平台缺乏灵活性,针对企业需求定制难度大。数字化平台越来越多采用SaaS(软件即服务)和PaaS(平台即服务)模式,开发模式决定了云平台被"模块化"开发,针对企业具体需求定制的成本高、开发难度大。互联网平台服务商在推广时,工业互联网平台商、服务商对工业一线缺乏足够的实践和理解,容易就技术谈技术,其解决方案没有与地方特点、行业特点、企业需求真正结合起来,解决企业实际问题的能力还不足。本次调查中,仅有32.32%的企业认为现有工业互联网平台能够完全解决企业生产经营中的痛点;有55.49%的企业认为现有工业互联网平台仅能够解决部分问题;有12.20%的企业认为现有工业互联网平台对解决核心业务中问题的帮助不大。

(4) 数字资产产权保护机制不完善

工业互联网领域数据泄漏、恶意软件和漏洞数量逐年增加,中小制造企业数字化发展过程中,欠缺安全防护能力、安全保护体系和安全技术手段,使企业面临更大的安全风险。目前,关于数据的确权、定价、交易规则的制定设计还较为滞后,这不仅给中小企业带来了数据安全隐患,也对数据交易造成了障碍。同时，还缺乏工业数据的统计、清洗、开放、整合等标准制度。

三 主城都市区中小制造企业数字化创新发展的建议

以新一代信息技术、汽车制造、高端装备制造、生命健康、节能环保、新材料等重点行业制造业龙头企业、ICT 领军企业、互联网平台企业为主导，根据具体行业的特点以及运作方式，选择合理的作用点、重点和方法推动中小制造企业数字化转型。

（一）增强数字化平台专业性，加速赋能中小制造企业

1. 推进工业互联网平台在重点行业的推广应用

推动行业云平台发展，根据不同行业特点"一业一策"精细化推动企业上云。鼓励支持云平台服务商开发符合行业需求、解决行业痛点的行业云平台应用，推动同区县、同行业、同类型的制造业中小企业协同上云。

鼓励产业链龙头企业、领军企业基于产业链开发工业互联网平台，带动产业链上下游企业共同开展数字化转型，打破数字化改革的企业壁垒，支持搭建线上线下相结合的大中小企业创新协同、产能共享、供应链互通的新型产业创新生态。

加强对中小企业转型成功经验的总结示范。鼓励各行业数字化创新发展先行中小企业从转型痛点、应用场景、转型步骤、转型费用和实际效果等方面总结数字化转型经验，用企业家"看得懂、学得会"的方式呈现。

建立完善企业数字资产管理体系。推动制造业中小企业建立数据标准，实现数据统一，接口、指标、标签和安全规范，提升数据质量，将数据资产化、服务化、业务化。

建立完善数字资产产权机制。加快推进工业数据的确权、定价、交易规则的制定，制定工业数据的统计、清洗、开放、整合等标准制度。

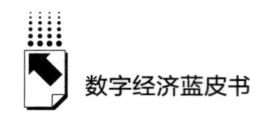

2. 推动工业互联网关键资源与工具的共享

落实现有工业互联网平台发展的政策、规划，选择培育一批立足重庆、辐射全国的工业互联网服务平台。在互联网平台扶持奖励和补贴政策、财税优惠方面给予支持。按计划培育"十大工业互联网平台"、3~5个国家级服务平台，建成20个以上个性化定制、网格化协同、服务化轻型的制造业平台。

提升工业互联网平台运营能力。强化平台的资源整合能力，整合产品设计、生产工艺、设备运行、运营管理等数据资源。鼓励工业互联网平台开展面向不同行业和中小企业应用场景的应用创新，从设备健康维护、生产管理、协同设计制造、制造资源租用等各类应用方面综合提升服务能力。

引导工业互联网平台加强数字安全保障。提升安全防护能力，建立涵盖设备安全、控制安全、网络安全、平台安全和数据安全的工业互联网多层次安全保障体系。建立数据安全保护体系，明确相关主体的数据安全保护责任和具体要求，增强数据收集、存储、处理、转移、删除等环节的安全防护能力。

3. 培育基于数字化平台的产业集群

加快布局新型基础设施网络，有效连接地理空间、物理空间和虚拟网络空间。通过超前建设数据中心、物联网、工业互联网等新型基础设施，以及传统基础设施的智能化改造，布局一批数字产业技术创新平台，促进要素跨领域、跨地理空间聚合。建立一批以平台企业、行业协会为主体的集群促进机构和集群联盟，突破地理边界限制，形成产业链上中下游互融共生、分工合作、利益共享的数字化发展模式。特别是立足成渝地区双城经济圈建设统筹布局数字产业集群。打破行政区划限制，全面统筹数字产业生产力布局，形成区域间分工合作和产业协同发展的格局。

（二）重点推动园区数字化转型，构建数字化发展生态

1. 提升园区数字化发展能力

加强依托两江新区、重庆高新区、重庆经开区和相关区县园区数字化基

础设施建设，通过信息技术和各类资源的整合提升园区的智慧管控和服务水平。支持基于供应链上下游企业打通不同系统间的数据联通渠道，实现数据信息畅通、制造资源共享和生产过程协同。

2. 建设一批示范性数字化中小微企业园

围绕中小制造企业数字化发展要求，推动产业园区、孵化园、特色小镇等数字化转型，加快探索形成一批中小企业数字化升级的解决方案。提升与推广应用工业园区数字化服务平台，建成一批示范性数字化小微企业园。探索搭建统一的电子商务平台、物流平台和企业服务平台，推动园区中小制造企业资源共享，降低园区企业整体的经营成本，提高运营效率。

3. 推动园区政、企、研、介数字化联动

瞄准园区企业数字化转型的共性需求，以原有公共平台为基础，加强政府、企业、高校和科研院所、金融机构和中介机构等的紧密合作，开展基础共性技术研究，配套完善集人员培训、应用示范、测试认证等环节于一体的支撑体系，切实降低中小微企业数字化转型成本。

4. 依托"链主"企业发挥园区集群效应

发挥"链主"企业对上下游企业的集聚核作用，搭建面向整个区域和行业、链接产业链和供应链的数字化平台、依托园区形成大企业建平台、中小企业用平台的双轮驱动格局。

（三）强化数字化转型政策支持力度

1. 形成中小制造企业数字化转型的政策合力

统筹研究制定推动主城都市区中小制造企业数字化创新发展的政策意见及配套政策，整合财税、金融、人才、土地等政策力量。制定数字经济发展实施方案，分行业制定中小企业数字化发展行动方案，结合各行业、各产业特点，做到"一业一策"，推进制造业中小企业数字化改革。

2. 加大财税政策支持力度

强化财政专项资金统筹，加大对数字经济领域服务中小制造企业突出的平台、项目的支持力度。探索成立中小制造企业数字化发展基金，推动中下

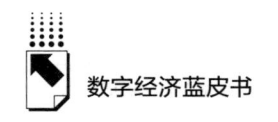

制造企业在市场化推动下更好地完成数字化转型。

强化财政资金导向作用，加大工业转型升级资金对工业互联网发展的支持力度，重点支持网络体系、平台体系、安全体系能力建设。研究工业互联网补贴政策，降低中小企业上云成本。建立"政府补一点、服务商让一点、企业出一点"的联合激励机制，鼓励中小制造企业上云上平台。

试点开展融资风险补偿，扶持中小制造企业。设立市级资金池，对各类金融机构发放用于数字化智能化转型发展的"数字贷"金融产品予以风险补偿。支持重庆主城都市区工业互联网集聚发展。

试点开展基金股权投资，服务中小企业。设立重庆制造业转型发展基金，基金按照市场化运作的模式，主要围绕数字化、智能化转型发展的制造业中小企业开展股权投资。

落实相关税收优惠及补贴政策，推动固定资产加速折旧、企业研发费用加计扣除、软件和电子信息产业企业所得税优惠、小微企业税收优惠等政策落实，鼓励相关企业加快工业互联网发展和应用。对传统制造装备联网、关键工序数控化等进行数字化改造的中小企业实施相应奖补。

3. 引导人才向中小制造企业流动

加强数字化人才信息发布，对中小制造企业人力资源管理能力实施专项培训，搭建高校、大企业、中小制造企业、数字化平台人才流动的活动与平台。

鼓励高校、职业院校和制造业企业合作，搭建人才交流合作平台。以合作实习基地、委托培养等方式，培养企业所需的数字化转型的复合型人才。

政府主导，利用现有人才培养和职业培训平台及职业技能培训政策，针对中小企业数字化转型需求培训人才。结合标杆企业组成的案例，组织企业、员工相关交流研讨，提升企业管理人员数字化认识和素养。有条件的区县可以结合企业需求，试点开展"人才生产线"，集中力量培养企业所需的各类技能人才，降低企业育才成本。加强职业教育，缓解人才供给和企业需求脱节错配问题。

鼓励企业结合数字化需求，提前布局人才储备。在研发、管理、生产环节提前布局，针对数字化需求培养人才。人才引进和人才培养相结合，形成人才梯队。

参考文献

石先梅：《制造业数字化转型的三重逻辑与路径探讨》，《当代经济管理》2022 年第 9 期。

邹玉坤、谢卫红、郭海珍等：《数字化创新视角下中国制造业高质量发展机遇与对策研究》，《兰州学刊》2022 年第 1 期。

郭倩、王志、叶婧：《利好举措密集释放 中小企业数字化转型走深向实》，《经济参考报》2022 年 11 月 10 日。

张新、徐瑶玉、马良：《中小企业数字化转型影响因素的组态效应研究》，《经济与管理评论》2022 年第 1 期。

李舒沁：《欧盟支持中小企业数字化转型发展政策主张及启示》，《管理现代化》2020 年第 5 期。

王慧、夏天添、马勇等：《中小企业数字化转型如何提升创新效率？基于经验取样法的调查》，《科技管理研究》2021 年第 18 期。

邹婧、甘成久：《基于 SWOT 视角的中小企业数字化转型》，《金融与经济》2022 年第 10 期。

何子龙、盛新宇：《中德制造业数字化转型水平比较及对中国的政策启示》，《经济体制改革》2022 年第 5 期。

李春发、李冬冬、周驰：《数字经济驱动制造业转型升级的作用机理——基于产业链视角的分析》，《商业研究》2020 年第 2 期。

王军、朱杰、罗茜：《中国数字经济发展水平及演变测度》，《数量经济技术经济研究》2021 年第 7 期。

陈楠、蔡跃洲、马晔风：《制造业数字化转型动机、模式与成效——基于典型案例和问卷调查的实证分析》，《改革》2022 年第 11 期。

董晓松、许仁仁、赵星等：《基于价值视角的制造业数字化服务转型机理与路径——仁和集团案例研究》，《中国软科学》2021 年第 8 期。

B.14 重庆市制造业数字化转型路径研究*

黄庆华 潘 婷**

摘 要： 随着新一轮科技革命和产业变革向纵深演进，制造业数字化转型成为重塑重庆市产业竞争力的重要突破口。本文从制造业数字化转型的核心特征出发，在梳理重庆市制造业数字化转型发展现状和问题的基础之上，围绕夯实技术基础、打造支撑平台、加强跨界融合和创造用户价值，规划制造业数字化转型的基本路径，进一步提出促进重庆市制造业数字化转型的政策支持：明确数字经济地位，深挖数据潜在价值；增加数字转型投入，重构产业竞争模式；赋能产业组织升级，培育产业发展动能；夯实数字经济人才，提升产业创新能力。

关键词： 制造业 数字化转型 重庆

《"十四五"信息化和工业化深度融合发展规划》明确提出，将制造业数字化转型行动作为重点工程，这顺应了制造业智能变革、走向融合的新时代发展趋势。加快推动制造业数字化转型，已然成为优化产业体系、提升经济发展质量的重要突破口，更是构建国内大循环战略布局的重大举措。因此，对制造业数字化转型开展理论探索和经验总结十分必要。制造业是重庆

---

* 基金项目：本文是国家社科基金一般项目"新发展格局下稳定和优化成渝地区双城经济圈产业链供应链研究"（批准号：22BJY037）的阶段性成果。
** 黄庆华，西南大学经济管理学院副院长、教授、博士生导师；潘婷，西南大学经济管理学院硕士研究生。

的立市之本、强市之基，在重构区域价值链、突破供需错配、承载创新活动和优化资源配置等方面具有不可替代的作用，但是近年来却面临着多重发展掣肘：一是制造业竞争力的相对优势下滑，以往依赖劳动力成本优势的传统模式变得不可持续；二是高端制造业竞争优势尚未完全构建起来，遭受国际贸易保护主义和美国对华战略竞争的壁垒堵截，外部发展环境趋于恶化；三是传统制造业发展略显乏力，低端恶性竞争加剧，利润率持续走低；四是消费结构持续优化升级，消费者对产品提出了更高要求。在上述因素叠加影响下，重庆市制造业数字化转型既是大势所趋，也是高质量发展的必然选择。探索出一条具有重庆特色的制造业数字化转型之路，事关重庆市经济发展大局，事关成渝地区双城经济圈长远发展。

一 制造业数字化转型的核心特征

一是数据逐渐成为制造企业的核心生产要素。随着数字技术走向大规模应用，制造企业各类资源要素在更大范围内实现了高效联通，促成了以"数据"为核心生产要素的制造业发展范式，这从本质上突破了传统制造业的生产管理模式和价值增值方式。通过对海量数据的收集、分析与管理，借助数字要素与劳动力、固定资产和管理经验等传统要素的链接作用，能够大幅降低企业生产经营成本，有效提高企业生产经营决策效率、要素协同程度、配置效率和生产效率，数据要素对于制造业发展的重要性被提到新高度。

二是企业生产模式从链式生产、自动化生产和规模化生产向网络化协同、服务型制造和个性化定制转变。通过搭建链接制造商、生产商、中间商和消费者的数字信息平台，能够有效缓解企业与用户之间的割裂状态、信息不对称难题，进而实现按需生产、定制生产和智能生产；借助数字制造系统快速传递、处理和研判市场需求信息，可进行协同制造与个性化定制；通过对生产过程的仿真分析和优化，可准确防范各生产环节的安全漏洞，能够大幅减少生产环节的不确定性。除此以外，充分利用数据资源完善各生产环节

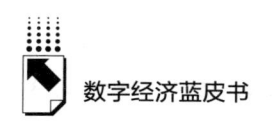

和供应链管理，能够缩短产品的生产周期，进一步提高制造链和供应链的运行效率。

三是企业组织形态趋于柔性化、扁平化和网络化，并呈现大平台、小前端的特征。数字经济时代，组织外部环境呈现复杂性、动态性和不可预测性特征，传统科层结构因部门分割而产生的信息中断、信息分散等问题，难以满足现代组织的环境适应需求，企业亟须建立更加包容、开放的组织架构，以及更加务实、高效的沟通体系。随着跨界融合的深入，以链主企业或平台企业为中心的网状治理结构呈现平等治理、多中心治理特征，而柔性化、扁平化和网络化的组织形态能够突破部门壁垒，通过优化企业决策流程，能够帮助企业实现科学、及时、高效决策，有效提高了企业决策效率和环境适应能力。

四是需求侧的资源潜力挖掘成为价值创造的重要动力源泉。在数字经济时代，数字平台企业更多地通过创造链接手段来创造价值。一方面，数字技术应用极大削弱了信息不对称，企业可通过整合分散的市场数据对消费者精准画像，进一步挖掘用户资源、创造用户价值；另一方面，由于用户需求趋向多样化和碎片化，制造企业的价值源泉逐渐由专业生产驱动变为多样化生产驱动，这促使企业加大产品功能和价值开发力度，企业价值链朝着产品与服务融合方向延展，进而丰富了盈利模式，价值增值空间得到拓展。

二 重庆市制造业数字化转型发展现状

（一）核心技术攻关布局持续展开，支撑制造业数字化转型的创新能力提升

在重大技术攻关方面，重庆市聚焦制造业数字化转型"卡脖子"难题，持续加大关键核心技术攻关力度。2020年初，重庆市科技局围绕汽车、生物医药产业"卡脖子"技术问题，开展了"张榜招标"试点工作，探索了"重庆出题，全国解答"机制；2021年以来，为建立健全紧缺核心技术攻关项目生成机制，打赢关键核心技术攻坚战，围绕高端制造、汽车和生物医药

等重点领域，重庆市科技重点研究计划实行"揭榜挂帅"制度，通过深化科技体制改革进一步释放技术创新潜能。重庆市制造特色的重点实验室、创新创业中心建设加快推进，重庆市制造业基础研究的重要性被提到前所未有的新高度。根据《重庆市制造业高质量发展"十四五"规划（2021—2025年）》，2025年规上工业企业基础研究经费投入占研发经费投入比重将提高到2%。在众多政策利好之下，重庆市制造业数字化转型创新动能后劲十足。

（二）大中小企业融通发展格局建设初见成效，助力制造业中小微企业转型

数字化转型可划分为研发模式转型、制造模式转型、运营模式转型和服务模式转型等多种形式，但无论其形式如何，中小企业由于自身缺陷依然深受"不会转、不敢转、不能转"的困扰。近些年来，在新冠疫情反复和全球商品价格飘忽不定的压力下，制造中小企业普遍遭受消费需求疲软、订单严重不足和生产成本居高不下等难题困扰，数字化转型已不是简单的选择题，而是涉及企业生死存亡的核心问题。要实现参与制造业数字化转型各主体"平权"，关键在于协调好制造业大型企业和中小企业之间的关系，重点要增强中小企业的生存能力，为大中小企业双向赋能夯实基础。对此，重庆市开展了多方面探索性工作。相关转型政策举措主要强调三方面内容：一是大企业要带动中小企业，促进联动发展、转型；二是为中小企业转型创造各种软环境；三是着力培育"专精特新"中小企业或"小巨人"企业。

（三）多层次推动制造业数字化转型的体制机制初步形成，数字化进程加快

目前，重庆市市级层面已形成较为成熟的加快制造业数字化转型的体制机制。重庆市先后制定了《重庆市制造业与互联网融合创新实施方案》《重庆市发展智能制造实施方案（2019—2022年）》《重庆市工业互联网创新

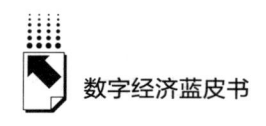

发展行动计划（2021—2023年）》等政策文件，对制造业数字化转型的支持力度明显加大，加快制造业数字化转型已成为重庆市经济发展的重要组成部分。在地区层面，很多区县推出了有针对性的加快制造业数字化转型方案，其精准程度、可操作性和有效性均获得大幅度提升。比如，渝北区借力大数据智能化技术，聚焦"渝北制造"发展目标，引导区内制造车间升级改造，扶持企业建设智能工厂和数字化车间；涪陵区依托"5G+工业互联网"数字孪生技术，建设太极、美心翼申、首键药包和华兰生物数字化标杆工厂；万州区则聚力打造制造业数字化转型示范区，成立多个领导小组大力推动制造企业加快创新和转型发展。

三 重庆市制造业数字化转型发展存在的问题

（一）技术创新能力不强

加快制造业数字化转型的关键要点在于加强技术创新。近些年来，重庆市制造业数字化转型势能强劲，但其生产领域的核心技术创新能力仍然较弱。随着战略性新兴产业的迅猛发展，重庆市的人工智能、大数据和5G等产业也呈现区域集聚态势；但重庆市尚未掌握上述领域的核心研发技术，创新、研发、设计和制造能力不强。与此同时，尽管重庆市电信制造业总体上实现了规模化发展，但因长期面临核心零部件"卡脖子"瓶颈，产品仍处于价值链中低端。重庆市制造业核心技术的缺失，成为制约制造业数字化转型的关键因素。

（二）跨界融合存在瓶颈

重庆市的制造优势突出，但相当一部分制造企业特别是中小企业，在基础制造工艺和技术创新能力方面存在诸多短板，且以传统工业为主，产品多集中在中低端，附加值偏低。通过"制造+服务""制造+信息"两业融合的发展模式，实现产业高质量发展，是制造业转型升级的必然选择。然而，大多传统制造企业尚未具备在服务化和数字化领域深入发展的能力，这也意味着重庆市制造业融合发展之路十分艰巨。从企业层面来看，由于缺乏跨行业、跨领域以及跨部门的整合协调经验，制造企业的转型效能难以达到最优化，企业变革发展遭遇瓶颈。从产业层面来看，制造业上下游企业之间协同发展、合作共赢，是产业数字化转型的必要条件。然而，随着社会分工日益精细化，产业层面的数字化转型往往较难实现。

（三）平台支撑体系有待完善

长期以来，重庆市的信息系统普遍存在各地自行开发、平台重复建设问题，信息资源难以有效共享，数字资源获取成本较高、信息治理水平较低以及资源要素比较分散，制约了制造业数字化转型服务支撑平台高水平建设。目前，重庆市正加快推动政务信息系统整合与共享；但尚处于初步探索阶段，在数据开放共享、信息安全管理等方面仍较为落后，数据资源利用效率不高，数字安全面临巨大挑战。此外，重庆市部分制造企业依然缺乏数字化转型意识，对于数字化转型的认知和实操滞后，导致企业之间的"数字鸿沟"问题较为突出；外加重庆市新型基础设施建设的区域内部不平衡，使得相当一部分制造企业没有享受到数字红利。

（四）需求侧资源的开发深度不够

加强数据开发利用、创造用户价值，是实现企业数字化转型的有效路径。但就重庆市的现实情况而言，制造企业在用户需求挖掘分析方面存在一系列亟待突破的瓶颈和障碍，严重影响了制造业数字化转型效益提升。具体可归结为两大方面。一是大多企业一味强调用户端的数据采集，忽视了对数据资料的深层次开发和有效利用，使得企业面临沉重的数据存储负担，数据红利尚未得到有效释放。二是一些企业缺乏对制造大数据的深层次理解，不仅制造大数据的潜在价值没有发挥，也因忽视制造大数据的关联有限性、价值密度稀疏性特征，尚未构建起连接企业制造数据、用户需求数据的企业盈利模式，需求侧数据价值有待挖掘。

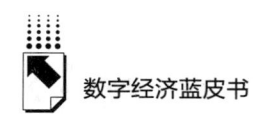

四 重庆市制造业数字化转型的基本路径

一是夯实技术基础。依托重庆市数字经济发展优势，收束制造业全产业链研发力量，促进数字基础研究、数字人才培育、数字技术应用；将数据要素与传统制造业特征紧密结合，深入实施以数字技术为核心的行动方案，组织实施制造行业应用数字技术示范工程；营造优秀企业家精神浓厚学习氛围，发展数字经济"独角兽"企业，为抢占数字经济国际新高地和制高点奠定微观基础；促进"政产学研用"协作，加快破除制约重庆市数字领域发展的技术障碍，推动新兴数字技术产业化及其在重庆市制造业的大规模应用。

二是打造支撑平台。紧抓互联网发展机遇，加快工业互联网创新发展，重点支持重庆市数字网络平台打造等战略性项目，促进数据中心、工业互联网平台高水平建设；把握重庆市制造业数字化转型平台支撑体系建设特点，尽快明确平台支撑体系建设重点任务，充分利用数字技术优势，促进工业互联网与制造业深度融合，形成工业互联网生态圈；鼓励重庆市制造企业大力引进数字设备，对传统设备实施智能化改造，对网络设施、资源要素和信息平台等资源实施云化升级，促进重庆市制造业数字化、网络化、智能化发展。

三是加强跨界融合。加强数字技术与重庆市制造场景和制造行业高效对接，推动数字技术与研发设计、市场调查、物流管理和售后服务等生产环节深度链接，强化制造领域的数字技术支撑；构建以用户需求为核心的"制造+服务"融合发展模式，充分发挥数字化发展优势，促进重庆市制造业模块和下游服务业模块融合，进而推动企业由偏重生产产品本身转变为偏重需求挖掘；抓住制造业数字化转型这一关键变量，尽快弥补重庆市制造业和服务业融合短板，夯实制造业跨界融合基础，加快建立重庆市制造业跨界融合发展生态体系。

四是创造用户价值。借力数字经济优势，破除制造商和消费者之间的供需不匹配难题，充分挖掘消费者需求价值，将市场需求融入创新研发和生产过程；提高企业的用户需求感知、柔性制造能力和需求响应速度，深度融合供给和需求两端，不断满足用户个性化需求；整合碎片化价值，利用网络协同，提高用户黏性；增加企业业务多样性，满足用户的多样化、碎片化需求，扩大用户自主选择范围，优化用户体验。以数字技术为依托，帮助企业构建上中下游稳定合作和资源高效运转的价值网络，进而丰富重庆市制造企业的用户价值创造载体。

五 重庆制造业数字化转型的政策支持

一是明确数字经济地位，深挖数据潜在价值。对政府来说，应站在全局高度加强战略性布局，聚焦数字经济重点领域，加强重庆市数字经济谋划和布局；持续完善数字经济发展环境，加快推进数字技术攻关和创新成果转化，提高数字经济发展质量。就企业而言，一方面，要以数据驱动赋能智慧化制造。借助数字技术和通信技术，推动数据与制造业转型升级深度融合，推动制造企业形成数据驱动的现代化发展模式。另一方面，要以信息化智能化引领传统制造业转型。搭建信息管理平台，保证数据信息安全，降低企业内各部门信息获取门槛，加强信息资源流动，促进各类信息整合协同，夯实制造企业创新的基础支撑。

二是增加数字转型投入，重构产业竞争模式。一方面，持续加强基础设施建设。通过搭建链接平台，强化企业的数据使用主体地位，推动数字基建与供应链、价值链相互结合，优化制造企业发展路径，助推生产设施转型升级。另一方面，注入产融结合资本动能。加大对制造企业数字基建的投入力度，强化企业创新能力，构建"创新引领+资本保障"一体化的制造企业发展体系，推动实现创新驱动的引领式发展。同时，充分利用现代数字技术，提高企业融资信息透明度，将外部金融活动内部化，降低企业融资成本费用，进一步为制造企业数字化改造转型以及产业高质量发展提供强有力的资金保障。

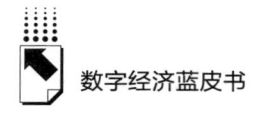

三是赋能产业组织升级，培育产业发展动能。第一，以用户价值为导向。加强信息技术与新兴产品、传统产业融合，通过实时分析用户数据，快速把握用户需求变化，更新生产制造工艺流程，创新产品制造模式。第二，提高全要素生产率。破除企业要素资源自由流动的体制机制壁垒，借助数字化技术和数据要素的链接作用，提高生产要素的利用率和配置率。第三，增加产品附加价值。运用网络数据丰富供需链接手段、提升网络用户数量规模，突破制造商和消费者互动时空限制，推动企业不断升级产品和服务。第四，促进现代产业体系培育。将生产者、中间商和消费者纳入同一平台，发挥整体联动优势进一步打造制造生态圈。

四是夯实数字经济人才，提升产业创新能力。第一，加大人力资本投入。掌握数字经济发展趋势，充分借助产学研协同，培育创新型复合人才，促进数字化人力资本积累。第二，吸引高技能型人才。扩大大型制造企业发展规模，强化人才虹吸效应；借助校企联合人才培养模式，推动中小制造企业加速将人力资源转化为人力资本，为中小企业数字化转型注入人才"活水"。同时，以数字化的就业岗位环境、生产条件、决策和评价机制吸引并留住数字化人才，依托数字人才的带动，吸引更多的复合型人才，进而发挥人才的集聚效应。第三，聚集制造人力资本。鼓励员工接受培训和在职学习，优化制造企业人才的知识结构，提升自主创新能力和员工数字化水平，构建数字经济及关联领域人才发展和壮大的可持续路径。

参考文献

石先梅：《制造业数字化转型的三重逻辑与路径探讨》，《当代经济管理》2022年第9期。

孔存玉、丁志帆：《制造业数字化转型的内在机理与实现路径》，《经济体制改革》2021年第6期。

李辉、梁丹丹：《企业数字化转型的机制、路径与对策》，《贵州社会科学》2020年第10期。

祝合良、王春娟：《"双循环"新发展格局战略背景下产业数字化转型：理论与对策》，《财贸经济》2021年第3期。

钱艺文、黄庆华、周密：《数字经济促进传统制造业转型升级的内涵、逻辑与路径》，《创新科技》2021年第3期。

吕铁：《传统产业数字化转型的趋向与路径》，《人民论坛·学术前沿》2019年第18期。

郑瑛琨：《经济高质量发展视角下先进制造业数字化赋能研究》，《理论探讨》2020年第6期。

焦勇：《数字经济赋能制造业转型：从价值重塑到价值创造》，《经济学家》2020年第6期。

肖旭、戚聿东：《产业数字化转型的价值维度与理论逻辑》，《改革》2019年第8期。

任保平、何厚聪：《数字经济赋能高质量发展：理论逻辑、路径选择与政策取向》，《财经科学》2022年第4期。

B.15
重庆农业数字化转型发展的思考*

张 莉**

摘　要： 农业数字化转型是推动重庆农业由数量扩张向质量效益转变的关键。本文对农业数字化转型的基本内涵和我国政策推进情况进行了梳理。研究发现重庆农业数字化在顶层设计、基础设施建设、创新示范、农业生产效率等方面成效显著；同时也存在数字基础设施建设与网络服务供给需要加强、农业数字化创新和应用不足限制数字红利释放、数字技能不足制约其分享红利和就业增收等问题。最后提出加快推进农村新基建，持续推进融合创新、探索农业全产业链的应用和提升农村地区的数字技能应用能力等三方面建议。

关键词： 农业数字化　转型发展　农业全产业链

习近平总书记多次强调，要推动互联网大数据、人工智能和实体经济深度结合，加快农业数字化、网络化、智能化。中国信息通信研究院测算，2018年我国数字经济规模为4.73万亿美元，位居全球第二，但是其中农业数字化占比仅为7.3%，低于全行业数字化的平均水平。① 重庆依托独特山地丘陵资源禀赋，坚持生态产业化、产业生态化，推进绿色兴农、质量兴

---

* 项目支持：本文系重庆社会科学院研究阐释党的二十大精神专项课题"加快建设宜居宜业和美乡村研究"（2022ZXYB06）和"数字技术赋能重庆农业提质增效研究"（2022D0305）阶段性成果。
** 张莉，重庆社会科学院农业农村研究所副所长，副研究员，研究方向为农业经济。
① 中国信息通信研究院：《全球数字经济新图景（2019年）——加速腾飞　重塑增长》，2019年10月。

农、品牌强农。同时，也存在农业发展方式比较粗放、质量效益相对较低，数字农业发展基础薄弱、创新能力不足、农业装备智能化水平不高等现实问题。推动重庆农业由数量扩张向质量效益转变，加快数字技术赋能，实现农业数字化转型是关键。在此目标下，重庆农业数字化发展的水平到底如何？存在的薄弱环节主要在哪？制约其转型的因素有哪些？如何因地制宜选择数字化转型路径？未来发展的重点领域是什么？需要的配套政策措施有哪些？系统研究上述问题，具有很强的现实意义和理论价值。本文围绕这一系列问题，从多个视角考察了重庆农业数字化发展的现状、问题，并围绕未来发展趋势，提出了路径选择及政策安排。以期推动重庆实现农业高质高效、农村宜居宜业、农民富裕富足，实现农业农村现代化。

一 农业数字化转型的基本内涵和我国政策推进情况

"数字农业"是以农业生产数字化为特色的农业，是数字驱动的农业。其主要目标是建成集数据采集、数字传输网络、数据分析处理、数控农业机械于一体的数字驱动的农业生产管理体系，实现农业生产的数字化、网络化和自动化（见图1）。

数字农业也被广泛认为是"信息高速公路"和"数字化地球"等概念在农业领域的进一步引申，孙敬水认同并提出，数字农业是数字地球与智能农机技术相结合产生的农业生产和管理技术。数字化农业将从根本上改变农业生产方式落后、规模小、不稳定、可控程度低的弱点，为人类提供崭新的农业生产模式。冀强、赵伊杨提出，数字农牧业在生产环节可以降低成本，提高农牧业生产效率；在交换环节可以改变信息不对称，降低交易成本；在消费环节可以解决小生产与大市场之间的矛盾。也有学者在总体肯定外，指出数字农业具有技术依赖性、数据中心性和能力匹配性等特性，容易引发投资不足、失业、数字鸿沟和侵犯数据隐私等问题。

国家陆续出台数字农业相关政策和法规，多策并举推进了我国农业现代化、数字化的进程。如2019年5月，中办、国办印发《数字乡村发展战略

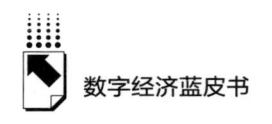

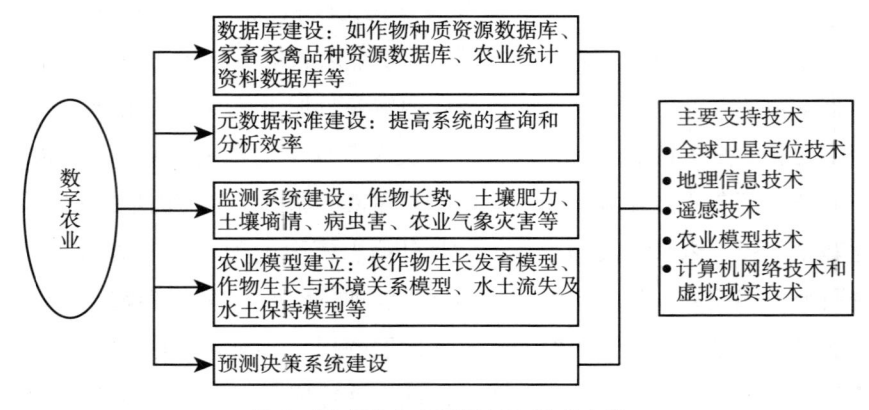

图 1 数字农业主要系统和技术支持

资料来源：作者整理绘制。

纲要》提出要大力发展农村数字经济，夯实数字农业基础，推动农业数字化转型。2021年初发布的中央一号文件，将数字经济赋能农业提升至促进"乡村振兴"的国家重大战略地位。

二 重庆农业数字化转型的进展情况

党的十八大以来，重庆农业规模快速壮大。统计数据显示，2009~2021年，重庆市农林牧渔业总产值由2009年的886.1亿元增加到2021年的2935.6亿元，2021年农林牧渔业总产值约为2009年的3.3倍，年均增长率为10.5%；同期，全国农林牧渔业总产值由2009年的59311.3亿元增加到2021年的147013.4亿元，2021年农林牧渔业总产值约为2009年的2.5倍，年均增长率约为7.9%。集群规模促进产业技术升级，现代农业支柱产业基本形成。粮菜猪三大保供产业发展水平不断提升，七大特色产业链支柱性地位基本形成，农村电商、乡村旅游等新业态蓬勃发展。

近年来，通过实施"生产智能化""经营网络化""管理数据化""服务在线化"行动，重庆市在数字农业、数字农村建设方面积极探索，取得了明显成效，农业数字化转型升级的步伐持续加快。农业农村部信息中心发布的

《全国县域农业农村信息化发展水平评价报告》显示，2020年重庆市农业农村数字化水平达40.3%，高于全国36.0%的总体水平，位于全国第8、西部第1；2021年重庆市农业农村数字化水平达43.3%，高于全国37.9%的发展总体水平，位于全国第7、西部第1（见表1）。综合两年的评价结果可见，重庆在农业农村信息化县均财政投入、县均社会资本投入、县域农产品网络零售额占农产品交易总额、行政村电子商务站点覆盖率、应用信息技术实现行政村"三务"综合公开水平、基础设施建设等方面取得了较好建设成效。

表1 2020年、2021年我国数字农业农村发展水平

单位：%

排名	省区市	2020年数字农业农村发展水平	排名	省区市	2021年数字农业农村发展水平
1	浙江	68.8	1	浙江	66.7
2	上海	51.0	2	江苏	56.5
3	江苏	47.7	3	上海	55.0
4	福建	41.3	4	安徽	49.0
5	安徽	41.2	5	湖南	44.5
6	江西	41.0	6	江西	43.7
7	湖南	40.4	7	重庆	43.3
8	重庆	40.3	8	湖北	42.0
9	吉林	39.3	9	福建	40.8
10	广西	37.9	10	天津	40.5
11	天津	37.6	11	山东	39.5
12	宁夏	37.4	12	四川	38.3
13	河南	36.5	13	宁夏	38.0

注：由于有效样本量的增加、农业生产信息化指标的细化、个别指标权重的调整等，该报告两年的评估结果统计口径略有不同。

资料来源：农业农村部信息中心《全国县域农业农村信息化发展水平评价报告》（2020年、2021年）。

（一）重视顶层设计，发挥好政策引领作用

近5年来，重庆市围绕党中央、国务院决策部署，以《重庆市实施乡村振兴战略行动计划》《重庆市以大数据智能化为引领的创新驱动发展战略

行动计划（2018—2020年）》为主要指引，结合现代山地农业的特点，因地制宜出台了一系列推动农业数字化转型的政策文件，积极探索重庆实现农业数字化发展的有效路径。

2019年11月，出台了《重庆市智慧农业发展实施方案（试行）》，将发展智慧农业作为推动"智慧名城"建设和促进农业转型升级的重要抓手，大力推广山地特色智慧农业新技术新装备，持续巩固大数据智能化为现代农业赋能和网络扶贫成果，不断提高农业综合效益和竞争力，推动农业农村经济实现高质量发展。2020年7月，出台了《重庆市数字乡村发展行动计划（2020—2025年）》，对进一步夯实智慧农业基础、加强农业数字化转型、全面推动农村电商发展和大力培训新业态进行了规划布局。2020年7月，出台了《重庆市"互联网+"农产品出村进城工程实施方案（2020—2022年）》，该方案指出，进一步发挥"互联网+"优势，推动农产品卖得出、卖得好，促进农业高质量发展。2021年9月，出台了《重庆市推进农业农村现代化"十四五"规划（2021—2025年）》，该规划提出，建设"智慧农业·数字乡村"，深入实施以大数据智能化为引领的创新驱动发展战略行动计划，将发展智慧农业、建设数字乡村作为促进农业转型升级的重要抓手，促进现代信息技术与农业农村深度融合，不断壮大乡村数字经济。2021年12月，出台了《重庆市数字经济"十四五"发展规划（2021—2025年）》，该规划提出要"推进农业数字化转型"，推动农业生产智慧化、促进农业经营网络化、培育数字农业新业态；提出了农业数字化转型重点工程，包括农业产业链关键环节智能化示范、农业产业数字地图、农业大数据创新应用、"互联网+"农产品出村进城。2021年12月，出台了《重庆市数字农业农村发展"十四五"规划（2021—2025年）》，该规划指出，以数字技术与农业农村经济深度融合为主攻方向，全面提升农业农村生产经营精准化、管理服务智能化、乡村治理数字化水平，不断壮大农业农村数字经济，为实现乡村全面振兴提供有力支撑，打造西部数字农业农村发展高地。

（二）加大基础投入，数字农业基础设施建设与服务水平大幅提升

当前，重庆市农业农村基础数据资源采集和汇聚体系框架初步形成，"天空地一体化"农业农村监测网络骨架逐步形成，生猪、柑橘、脆李等7个区域性单品种大数据管理平台建成。2020年重庆农村网络零售额达243.3亿元，农产品网络零售额达130.7亿元[1]，2021年农产品网络零售额增长15%[2]。通过开展数字乡村网络发展"五提升一补盲"行动，重庆市农村互联网普及率、农村综合信息服务站行政村覆盖率不断提升，正努力建设西部"智慧农业·数字乡村"示范区。2019年，重庆市统计局课题组对全市203家农业企业一项调查结果显示，重庆农业企业在数字信息生产方面的投入占总产值的比例为9.3%~11.1%[3]。截至2021年底，全市完成约8亿元涉及数字乡村基础设施建设的新基建项目投资，显著提升数字化治理支撑能力。[4]

（三）注重创新示范，"互联网+"在农业生产中得到广泛运用

重庆市聚焦高质量、供给侧、智能化，大力促进数字技术赋能农业生产创新发展，大力实施"智慧农业·数字乡村"建设工程，不断提升全市农业农村数字化水平。一是持续开展智慧农业"四大行动"推广运用项目建设，建设了一批数字化应用推广基地，探索重庆市保供产业和现代山地特色产业数字化转型路径。截至2020年底，全市已建成市级智慧农业试验示范基地200个，重庆市农科院鱼菜共生AI工厂被评为全国十佳智慧农业新技术应用模式。二是在生产条件好、产业多样集群、现代信息技术应用相对较好的区域开展西部智慧农业·数字乡村示范区建设，打造西部数字农业农村

---

[1]《2020年重庆农村网络零售额达243.3亿元》，http://nyncw.cq.gov.cn/zwxx_161/mtbb/202205/t20220510_10699250.html。
[2]《2022年重庆市政府工作报告》，http://wap.cq.gov.cn/zt/2022lh/gzbgjd/202201/t20220117_10307190.html。
[3] 宋晓英等：《重庆市农业产业数字化发展调研报告》，《重庆经济》2020年第3期。
[4]《重庆数字乡村怎么建？抓好"三化"是关键》，《重庆日报》2022年6月27日。

发展高地。荣昌、巴南、大足、渝北、垫江等地成为国家首批数字乡村试点地区。三是积极探索山地特色智慧农业应用模式。推动智能化与产业发展深度融合，以产业链关键环节改造提升为重点，大力推广智慧农业新技术新装备，通过农业的精准化管理，实现降低农产品的生产成本等目标。如围绕粮猪菜保供产业和山地特色高效农业开展智慧农业技术攻关和智能化先行试点，促进智慧农业技术在农业生产管理、加工流通、市场销售、安全追溯4个关键环节融合应用（见图2）。

图 2　重庆智慧农业试验示范"四大行动"

资料来源：《重庆市农业农村委员会　重庆市财政局关于印发2020年智慧农业"四大行动"推广应用项目申报指南的通知》。

（四）聚焦融合创新，新生产方式与农业生产效率得到提升

基于丘陵山地的地形特点，利用现代信息技术和创新技术成果逐步投入数字农业建设了一批数字种植业、数字畜牧业、数字渔业示范基地。截至2020年底，重庆市41.18万亩设施栽培、868.04万头畜禽养殖、8.82万亩水产养殖基本实现智能化生产。[①] 荣昌构建了以生猪大数据为关键要素的农牧产业数字经济，打造国家级重庆（荣昌）生猪大数据中心。搭建智慧养

---

① 《重庆农业农村数字化水平达40.3%位居西部第一》，《重庆日报》2021年12月4日。

殖管理、畜禽粪污资源化利用、猪肉溯源大数据等智慧畜牧综合服务平台，打造了"荣易管""荣易养""荣易买""荣易卖""荣易医"等创新平台，对20万头生猪的养殖、贩运、屠宰进行"一站式"实时监管，有效解决交易链条过长、质量难溯、成本难降等问题。巴南区银针智慧农业园区，开通智能化生产监控、病虫害大数据分析防治等功能，还搭载了区网信办、区农业农村委的"数字乡村区块链智慧化管理平台"，该智能化示范项目启用以来，茶叶生产率提高15%，农户户均种茶收入比2020年全区农村居民人均可支配收入高60%。[1]

三 重庆农业数字化转型面临的问题

重庆市数字乡村建设仍存在基础建设待强化、信息化应用程度不高、人才支撑能力不足等问题，重庆数字乡村建设仍存在不少短板。

（一）数字基础设施建设与网络服务供给需要加强

与平原地区农业农村相比，重庆作为典型山区农业农村数字基础设施建设与网络服务供给成本更高、建设更难、效率偏低。尤其是在渝东南和渝东北等地区的偏远山区农村，由于山区地形陡峭、人口居住分散、产业布局零碎、农业生产条件差、地方财政不足等，不同程度存在数字基础设施建设滞后、网络信号差和盲区盲点多等问题，导致这些山区的农业数字化信息化转型十分困难。此外，随着网络技术在运输和销售环节的不断渗透，农产品电商已成为乡村产业的主要新业态之一，但山区农产品加工流通等基础设施依然滞后，农产品上行的通道还不够畅通，尤其是生鲜农产品的物流费用较高，这些都制约着农产品电商的发展。

---

[1] 《重庆数字乡村怎么建？抓好"三化"是关键》，《重庆日报》2022年6月27日。

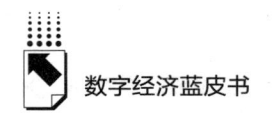

（二）农业数字化创新和应用不足限制数字红利释放

农业具有"民以食为天"的基础性、光合作用把自然资源变为食物的生物性、动植物生长的周期性和"南橘北枳"的地域性等特征，农业生产也存在种类丰富多样、更难标准化的产业特征，这使得农业的数字化进程与制造业、服务业相比稍显滞后。具体到重庆而言，首先，农业数字化创新体系基础依然薄弱。国家级高水平农业研究平台不多，影响力和成果培育能力较弱。一些核心技术研发数量和水平尚不能很好满足生产需求。其次，创新转化市场机制不完善。已建成一些智慧农业示范点，目前主要还是依靠政府投资补贴，市场化资金来源不足，市场竞争博弈不充分，效益实现正向机制还不明朗，难以得到大规模普及推广。与浙江、江苏等农业数字化先进省份相比，重庆农业数字化创新和应用不足，数字红利在农业领域释放还有较大空间。

（三）数字技能不足制约其分享红利和就业增收

农业经营主体"散小弱"明显，制约了经营主体数字技能的提升。重庆农村农民专业合作社、农业大户、龙头企业、家庭农场以及农产品加工企业等新型经营主体数量快速增加，但是总量和占比仍然偏低，与农业大省、农业强省差距较大。根据中国农业普查数据资料，2016年川渝地区农业生产经营人员共计3189.06万人，规模农业经营户生产经营人员共计65.57万人，农业经营单位农业经营人员98.14万人。农民合作社53774个，其中重庆16652个，占比为30.97%。规模农业经营户163622户，其中重庆28486户，占比为17.41%。

此外，重庆仍然处于城市化进程中，农村人口持续向外流动，呈现"农村向城镇流动、远郊向近郊流动"的基本特征。农村青壮劳动力持续流失，而老龄化、高龄化、男性为主、文化程度低的农村人口，习惯传统的农业生产方式，缺乏兴趣和能力使用现代农业网络信息技术。

四 推进重庆市农业数字化转型的建议

山区农业的资源禀赋决定了特色和高效是其现代化的必然方向。持续推动数字技术与农业产前、产中、产后环节的渗透融合，是破解传统山区农业生产难组织、成本难降低、产品难销售、风险难控制、收入难提升等问题的有效途径。

一是加快推进农村新基建。适当超前建设重庆重要农业生产区域的网络基础设施，满足龙头企业、重要园区的数字基础设施需求；注重城乡融合基础设施建设，通过以城带乡的方式，对信息、数字、物流、交通等基础设施进行统一规划建设，提升农产品电商出村进城能力；持续做好数字乡村网络发展"五提升一补盲"行动，逐步完善偏远农业基础设施。

二是持续推进融合创新，探索农业全产业链应用。面向山地农业发展长远、重大需求，持续推动技术研发创新，探索建立山地特色数字农业应用模式，不断开发山地特色高效产业基地作为特色应用场景，提升数字设备、数字技术对山地农业的适应性。持续做好山地农业数字化转型的试验示范，完善山地智慧农业创新产业体系。

三是提升农村地区的数字技能应用能力。利用多种形式，加强农村生产经营关键群体的数字技能提升，主要包括"三乡"人才、新型农业经营主体、农技人员等；引导数字农业社会化服务的壮大和提升，逐步形成适应性高的组织机制和服务模式，推动数字化技术赋能农业生产经营。

参考文献

卢方元、王肃坤：《中国数字农业发展水平研究》，《统计理论与实践》2022年第3期。

冯献、李瑾、崔凯：《中外智慧农业的历史演进与政策动向比较分析》，《科技管理研究》2022年第5期。

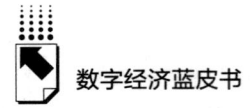

吴友群、叶青杨、曹欣宇：《数字农业、农业资本有机构成与农村居民收入》，《安徽农业大学学报》（社会科学版）2022年第1期。

钟真、刘育权：《数据生产要素何以赋能农业现代化》，《教学与研究》2021年第12期。

黄惠春、管宁宁、杨军：《生产组织模式推进农业经营规模化的逻辑与路径——基于江苏省的典型案例分析》，《农业经济问题》2021年第11期。

钟文晶、罗必良、谢琳：《数字农业发展的国际经验及其启示》，《改革》2021年第5期。

王胜、屈阳、王琳等：《集中连片贫困山区电商扶贫的探索及启示——以重庆秦巴山区、武陵山区国家级贫困区县为例》，《管理世界》2021年第2期。

崔凯、冯献：《数字乡村建设视角下乡村数字经济指标体系设计研究》，《农业现代化研究》2020年第6期。

农业农村部信息中心课题组等：《数字农业的发展趋势与推进路径》，《智慧中国》2020年第4期。

李晓华：《数字经济新特征与数字经济新动能的形成机制》，《改革》2019年第11期。

B.16 发展国产汽车操作系统的思考

杨芳勋[*]

摘 要： 汽车操作系统分为车控操作系统和车载操作系统两类，在汽车操作系统领域，重庆已有布局。为了满足软件定义汽车，汽车网联化、智能化的发展趋势，汽车操作系统将向高实时性、高安全性、混合内核化的趋势演化。结合汽车操作系统参考架构，报告认为应积极发展国产汽车操作系统，解决高实时性、高安全性、自主可控的关键技术问题，彻底解除产业受制于人的"卡脖子"风险，并提出发展国产汽车操作系统三步走策略。

关键词： 汽车产业 汽车操作系统 汽车技术 重庆

一 前言

按照《车用操作系统标准体系》划分，汽车操作系统分为车控操作系统和车载操作系统两类。车控操作系统主要面向车辆控制领域，包含安全车控操作系统和智能驾驶操作系统，主要负责车身控制，比如车辆底盘控制、动力系统等，对安全性和实时性要求高，任务调度周期要求毫秒级，要求长时间稳定运行。车载操作系统主要面向信息娱乐和智能座舱领域，相较于车控操作系统而言，其安全性和可靠性要求较低，更注重软件应用生态资源丰富性、服务多样性，依赖于驾乘用户个性化需求。

---

[*] 杨芳勋，重庆数字经济研究中心特聘专家，博士，硕士研究生导师，主要研究方向为人工智能技术、软件系统、汽车软件等。

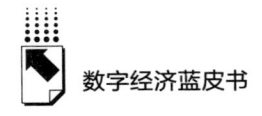

重庆是全国主要汽车生产基地之一，传统汽车产业已形成"1+10+1000"优势集群，正加快向新能源化、智能网联化转型升级，智能网联新能源汽车产销规模增长迅速，"大小三电"（电控系统、驱动电机、动力电池、电制动、电转向、电空调）等核心配套已有较好基础，具有西部地区最为完整的智能网联新能源汽车产业链。同时，在汽车操作系统产业，重庆已有布局，并初见成效。

二 发展趋势

（一）操作系统发展趋势

汽车操作系统作为汽车软件堆栈中承上启下的关键系统，向下兼容各类硬件资源，向上支撑各类应用软件和功能软件的运行，是汽车软件化的核心部件。先进的汽车操作系统能够以兼容的方式适应汽车电子电器架构变迁，最大化利用硬件资源、提升硬件利用率、降低硬件成本，能够通过软硬解耦方式降低上层应用的开发、调试和部署成本，促进汽车应用软件的创新和加速发展。同时，汽车操作系统也是保障软件和汽车能够安全、可靠运行的基础。

汽车操作系统的服务对象包括车载电子设备（IVI系统）及电子控制装置（ECU）等，正逐步从传统的车机操作系统向分功能域操作系统（智能座舱操作系统、自动驾驶操作系统、车控操作系统），最后向全车集中混合操作系统的方向演化。因此，为了满足软件定义汽车，汽车网联化、智能化的发展趋势，汽车操作系统将朝着高实时、高安全、混合内核化的趋势发展。

（二）电子电气架构发展趋势

传统汽车电子产品采用分布式电子电气架构，伴随着"软件定义汽车"概念和自动驾驶的兴起，汽车不再仅仅被定义为传统的机械设备，而是向智能终端演进。汽车智能化的落地应用，导致多功能域、大数据与复杂计算等新功能需求激增。传统分布式电子电气架构无法满足汽车软件的需求。

作为汽车智能化的基础设施，汽车电子电气架构的更新迭代将从传统的硬件隔离的分布式架构，逐步走向集中化、云化。电子控制单元的控制权向域集中演化，并最终形成以高算力 SoC 为核心的中央计算平台，这将是汽车电子电气架构发展的终态。迭代升级包括硬件、软件、通信架构三大升级，通过芯片、操作系统、中间件、应用算法软件、数据构建核心技术闭环。通过硬件资源共享、软件标准化，简化整车布置，达到整车轻量化和功能优化整合的目标，从而推动软件定义汽车的落地，实现丰富且差异化的用户体验。

行业目前还处在分布式架构向域集中架构转换的过渡阶段，未来将车控域 ECU 全部集中到中央算力单元（SoC）上，并与驾舱、座舱融合。在同一个 SoC 上运行不同种类的应用，核心关键应用的自主性、安全性成为突出问题，一些病态案例（Corner-Case）常常引发严重的安全性问题，因此需要在底层系统软件层面，解决信息安全、功能安全、预期安全相关问题。近期，算力单元融合趋势是将娱乐系统和仪表盘融合，形成座舱域的融合，最后座舱域与自动驾驶域深度融合。

三　汽车操作系统参考架构

汽车电子电气架构升级带来汽车操作系统升级，同时，汽车智能化与计算架构的集中化，也促进大数据和复杂计算对算力提出高要求。针对未来电子电气架构和汽车智能化的趋势，大众汽车公司和汽标委提出了两种操作系统参考架构。在两种参考架构中，均将 Hypervisor 作为多域融合的底层基础设施。

在车控操作系统之上，分别运行车载娱乐操作系统、自动驾驶操作系统、安全车控操作系统。在车载娱乐操作系统方面，国内发展比较成熟，应用生态也比较丰富，但是在自动驾驶操作系统、安全车控操作系统方面，还存在"卡脖子"风险。

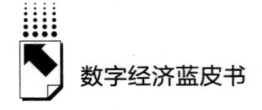

目前国内的自研操作系统，大多是在现有 Linux 内核的基础之上进行优化和二次开发。与 QNX、Wind River VxWorks 相比，Linux 操作系统更大的优势在于开源，在各种 CPU 架构上均可运行，可适配更多的应用场景，并有更为丰富的软件库可供选择，因此具有很高的定制开发灵活度。另外，Linux 是宏内核，除了最基本的进程、线程管理、内存管理外，操作系统内核也包含了文件系统、网络协议，其优点是执行效率高、吞吐量大，可以充分发挥硬件的性能。但是，Linux 内核的组件要比 QNX、VxWorks 复杂，因此也存在不容忽视的缺点，如稳定性不如 QNX、Wind River，代码量大，内核源码超 1000 万行，无法通过 ASIL-B 认证，病态案例多，难以完全消除实时性抖动风险。

四 发展建议

综合分析，当前国内外汽车操作系统的差距主要体现在以下方面。

关键核心技术仍受制于人。现有国内大部分操作系统是基于 Linux、Android 系统的二次开发，对其内核等核心技术掌握不足，应用开发所需要的工具链、安全体系、程序库等主要被国外机构掌握。

自主创新能力依然不足。汽车操作系统发展仍处于初期阶段，在智能车控、自动驾驶关键核心技术研发，以及软硬件兼容适配等方面缺乏自主创新能力。

未建立可持续的生态体系。由于国外操作系统已形成较高的技术壁垒，自主操作系统很难快速打开市场，造成系统开发者、软件开发者和使用者等各个主体难以有效聚焦，尚未形成良性循环生态圈。

缺少操作系统评测和调优能力。缺少客观准确地评价 Linux、QNX、Wind River VxWorks 实时性的标准，缺少实时性优化的工具和方法。

因此，积极发展汽车操作系统，建议聚焦以下方向。

突破自动驾驶领域没有高实时性、高安全性自主操作系统的难题。目前，国内自动驾驶领域的基础操作系统均为 Linux，但是 Linux 无法通过汽车行业安全标准，无法满足高等级自动驾驶的要求。缺少高实时性、高安全性自主操作系统的现状，将会制约汽车产业升级发展。

解决汽车三电控制基础软件国产替代问题。目前主要由国外 Tier 1 厂商提供安全车控操作系统。发展自主安全车控操作系统，可以紧紧抓住汽车三电控制安全性的命根子，提升能源利用率。

解决主机厂目前面临的现实痛点：不同供应商的硬件差异大，Linux 基础版本杂，供应商提供的 Linux 版本一般只负责 BSP，很难对 Linux 基础版本的稳定性、实时性、性能进行优化。这导致同一主机厂商要面对不同版本的 Linux，维护工作量大，稳定性、安全性隐患多，亟须发挥全国一盘棋的优势，统一维护汽车行业的基础 Linux 版本。

针对汽车行业的特点，特别是汽车行业对操作系统实时性的要求，迫切需要建立一套实时性评测工具，客观准确地评价国外操作系统、国内 Linux 系统的实时性。这有利于正确评价 Linux 系统替代国外操作系统的可行性，评价国内供应商操作系统版本的优势和不足。

针对自主可控的操作系统，更容易建立一套应用开发诊断调优工具，加快产品上市速度。国外主流汽车操作系统属于闭源系统，很难针对这些闭源系统进行工具研发。

解决燃眉之急，面对未来可能存在的"卡脖子"危机，从目前的形势来看，越来越多关键领域都面临被断供的风险。很难说汽车领域使用的 QNX、Winder River 等基础操作系统何时进入断供名单，因此必须从操作系统这个根开始构建汽车基础软件。

建设完整的汽车产业软件链，特别是实现基础软件自主可控。只有从根开始建设整个软件链，才能保证整个软件链基础扎实，不然上层软件链就是无根之木、无源之水，最终成为空中楼阁。

培养自主研发操作系统核心软件人才。在发展自主操作系统的过程中，可以培养相关的工程技术专家，专家可回馈社会企业、研究机构，以工程促科研能力提升，实现科研与工程的结合，相互促进、相互提高。

建议发展汽车操作系统分三步走。

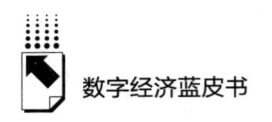

第一步，维护汽车领域的实时 Linux 操作系统，满足近 3 年内自动驾驶的需求。研究操作系统实时性评测工具及应用调优工具，帮助主机厂加快车型上市周期。研究三电控制的安全车控实时操作系统，实现国产替代。

第二步，研发汽车领域的自研操作系统，解决自动驾驶领域对操作系统实时性的迫切要求。

第三步，建立自研汽车操作系统生态，实现汽车领域的 Linux、QNX、Wind River 国产化替代。

五 结论

伴随着产业对"软件定义汽车"概念逐渐形成的共识，新能源汽车的发展将秉承人类对于既智能又有极致驾驶体验的"新四化"智能汽车的追求而逐步演化。

结合汽车操作系统未来的发展趋势以及现有的操作系统架构基础，报告认为应发展国产操作系统，解决高实时性、高安全性、自主可控的关键技术问题，积极规避产业受制于人的"卡脖子"风险，并提出发展国产汽车操作系统三步走策略，形成了国产汽车操作系统产业发展的初步思考，以期促进产业良性健康发展。

B.17
搭建产业平台赋能中小型企业数字化转型与创新

刘能惠*

摘　要： 数字化转型为中小企业应对新冠疫情的强烈冲击提供了有效支撑，帮助众多企业成功应对生存危机。但企业在数字化转型中存在"不会转""不能转""不敢转"等问题。京东与重庆市政府携手打造了京东（重庆）数字经济产业园，搭建数字化服务产业平台，赋能中小型企业数字化转型与创新，促进中小企业数字化转型，实现产业向更高水平迈进。

关键词： 产业平台　中小企业　数字化转型　防疫常态化

中小企业占据市场主体重要地位，数量庞大，生命力顽强，为提升我国经济韧性和国际竞争力注入了新鲜血液，为促进经济增长推动创新创业提供了不竭动力，为吸纳居民就业增加财税收入产生了无可替代的效力。习近平总书记指出："中小企业能办大事"，想要真正使我国经济全面发展、科学发展、高质量发展，党中央必须高度重视中小企业的发展问题。

在防疫常态化以及数字化技术的加速普及背景下，数字化转型不仅能帮助中小企业解决困难，顺利应对疫情冲击；也有助于中小企业抓住商业机会，大幅缩减未来发展进程。数字化转型是加速推动产业结构调整的关键环

---

* 刘能惠，京东云率为（重庆）科技有限公司副总经理，重庆市创新创业先进个人，获京东集团百里挑一个人奖、中国电子系统公司突出贡献奖。

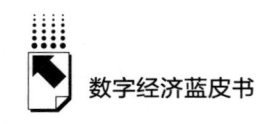

节，也是实现我国经济增长方式阶段性提升的必经之路。

2018年京东与重庆市政府签订《共同推进大数据智能化创新发展战略合作协议》，携手打造了京东（重庆）数字经济产业园，搭建"基础服务+创新服务"的创服平台，为中小企业数字化转型提供"线上+线下"的全方位服务，助推重庆南岸区、经开区产业数字化、数字产业化创新高效发展。

一 进展情况

重庆作为西部地区唯一的直辖市，肩负引领数字经济发展、壮大产业新动能的时代使命，南岸区、经开区作为战略实施的落脚点、"实验田"，积极探索数字经济促进实体经济发展新路径。2018年京东与重庆市政府签订《共同推进大数据智能化创新发展战略合作协议》，同年于南岸区、经开区落地，携手打造了京东（重庆）数字经济产业园，助力成渝科创走廊建设，稳步推动重庆南岸区、经开区产业数字化、数字产业化创新高效发展。

京东（重庆）数字经济产业园落地打造的"一基地三中心"，作为提升西部地区数字经济发展引擎的"原动力"深耕产业数字化发展。园区以"重庆市京东数字经济产业基地"为技术中心，围绕科技创新、电商业态、智慧医疗三大领域，构筑引领西部地区的"国家智能制造产业创新中心""西南电商聚集中心""互联网+大健康示范中心"，助力南岸区、经开区产业转型升级与科技创新，加速西南区域电商中心城市建设与生物医药和高端医疗器械集聚区建设。

园区针对物联网、人工智能、大数据、智慧医疗行业，为入孵企业提供拎包入住的免租金、免水电、免物业费的精装修办公空间，并借助本地资源（创业辅导、工商代办、财税服务、法律服务、政策申报人员培训、贷款融资等）以及京东创新服务体系（创新支持、大数据咨询、信息服务、云技术赋能、京东生态链助力、京东金融服务、人工智能合作），形成了"基础服务+创新服务"的创服平台。同时园区还为企业开辟京东商城上行通道，指导创新企业从线下到京东众筹—商城—自营—精选一路成长，并建立了大数据研究开发实验室，给园区的入孵企业免费使用，促进企业在大数据方面的发展。

（一）重庆南岸新经济智能服务平台（线上）

园区作为高新技术成果的重要转化地，建立了重庆南岸新经济智能服务平台。对财务、物业、人事等主要业务做出准确有效的信息化处理，已然成为行业领头羊。值得一提的是，局域网协调关系的建立满足了信息平台与信息资料的共建、共用、共享需求，极大地提高了信息管理系统与多方机构的工作效率。此外，由于中心企业大多处于创业期，独立搭建信息管理系统难度极大，中心还在重庆南岸新经济智能服务平台加入了入孵企业信息管理平台功能。

同时，平台聚集全国产业服务信息和资源，具有深度融合京东生态服务的能力。平台链接京东智联云城市云的基础设施和能力，通过城市运营服务平台对园区企业进行管理和扶持，做到量化扶持标准、管理扶持过程、评估扶持效果、优化扶持政策，为园区提供全面的智能解决方案及生态产品。平台的主要功能包括产业资源推送、人才培养提升、产业大数据积累、产业服务能力迭代升级、服务申请等，基于京东智联云 AI 资源建立了企业助手、中心助手、政策助手，依托京东智联云 AI 技术为入孵企业提供最合适最全面的健康发展方案。

平台也整合了京东智联云全国各创新中心优秀项目，并面向全社会征集了大量优秀项目，旨在打造创新大数据项目库。目前，平台项目库已经成为全国多家优秀投资机构、大型企业发掘投资机会和供应链优秀企业的重要途径。此外，作为园区活动、信息、资源重要推送的媒介，平台搭建了六大服务体系（企业销售、企业管理、企业服务、企业生产、企业研发、企业供应链），共 22 项专业服务，涉及企业发展的各个方面，如工商、财务、设备、技术等。

此外，园区设立信息服务岗位，配备专门人才负责信息服务工作、日常维护以及及时剔旧、更新，实行动态化管理。建立健全信息管理制度，制定信息计划和信息战略，规范信息工作程序以及考评奖惩办法。

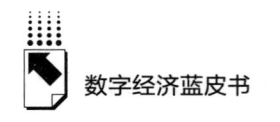

（二）"创新合作+大数据"的研究开发实验室

目前园区很多企业从事大数据的研究和开发，但是与之相匹配的实验设备和系统开发软件极度缺乏，对此，京东（重庆）数字经济产业园为入孵企业配套了相应的设备和与之对应的自动化平台，提供给园区的入孵企业免费使用。

同时，园区积极联合专业机构或高校院所为在孵企业提供技术成果评估、科学实验、检验检测、科技情报、知识产权、高企申报、金融投资等创新支撑服务。以不断降低在孵企业的运营成本为需求点，积极拓展创新支撑的服务内容及拓宽服务渠道。

（三）京东生态资源服务

园区为入驻企业提供上行京东服务，为企业营销培育赋能：入驻资质引导，选品提案咨询，企业品牌定位分享，企业上行优化指导，店铺分析定位，店铺运营策划指导。

京东结合创业产品品类根据数据分析，得到用户消费偏好，向其推荐适合自身的产品与服务。不仅让企业营销更具目标性，为企业降低人力成本，还进一步帮助其发现潜在问题改变经营模式，助力企业牢牢把握市场方向。

借助京东的市场渠道进行产品推广，助力项目完善产品开发并取得市场成功，通过建立行业口碑形成良性闭环。同时，通过对企业全生命周期的数据记录和追踪汇总等数据积累，经过智能化数据分析，进行政策调节的优化。

3年来，京东智能城市聚焦科技创新，全面提升产业数字化、数字产业化运营基础能力，为南岸区、经开区的数字化升级打下坚实基础。截至2022年10月，京东（重庆）数字经济产业园累计孵化企业300余家，实现营收超140亿元，纳统企业48家，高新技术企业7家，企业知识产权516项，举办创新创业活动85场，累计为企业发放价值超175万元科学技术服务券，取得重庆市众创空间、重庆市科技企业孵化器、重庆市南岸区青年就业见习基地、重庆市南岸区大学生就业创业公共服务中心等资质，省级新闻媒体相关报道达到23次。

二 面临问题

近年来新冠疫情给国家经济和人民生活带来了广范围、深层次的破坏。加上全球经济下行和对外贸易摩擦不断的影响，中小企业融资难融资贵的问题难以解决，生存处境更为艰难。虽然数字化转型为中小企业摆脱疫情影响和产业链变动导致的生存危机带来具有变革性意义的突破口，在资金融通、复工用人、资源对接等方面提供了有力的支持，但由于企业的规模不具统一性，且无法克服数字转型高固定成本和低边际效益的特性，政策传导效果不佳，难以跨越数字鸿沟，导致"不敢转、不能转、不会转"问题依然突出。

（一）企业内部存在的问题

"能不能"——中小企业由于资金紧张和转型成本过高的制约，能不能进行数字化转型成为企业在转型过程中遇到的第一个关键问题。

据调研，园区内的大部分中小企业在转型初期都存在融资困难、资金紧张和转型成本高等问题。较为典型的案例是重庆环问问科技有限公司（以下简称"环问问"）。环问问是一家专业从事环保市场业务需求建设及环保云系统研发的科技型企业。在转型初期，环问问也曾面临系统技术升级困难、业务渠道稀缺、项目知名度不高、资金链紧张等问题，很大程度上阻碍了其数字化转型进程。入驻园区后，园区根据其转型需求制定了解决方案，通过京东云扶持资源、京东科技底层技术对企业进行技术升级，京东品牌背书为企业开拓市场渠道，园区开展创业活动及媒体宣传助力企业发展，最终协助环问问获得790万元的生态环保大数据订单，且成功研发了中国西南地区首个"工业中心智慧环境管理系统"，助力其数字化转型进程。类似的案例还有寅翔智能科技有限公司（以下简称"寅翔科技"）及恭逸科技有限公司（以简称"恭逸科技"）。寅翔科技主要从事指静脉生物识别及人工智能领域的研发、生产和销售业务，并在2020年被成功认定为国家高新技术企业，拥有12项核心知识产权。但企业也面临产品销售状况不佳、项目知名度不高及资金链紧张等问题。入驻园区后,园区通过各项优惠政策对接、商务渠道开拓及技术协助等多个方面为企业赋能,助力其数字化转型。恭逸科技是主要从事智能家电研发、生产和销售的科技公司,该企业虽然技术先进,但存在销售渠道单一、销售情况不理想等问题,造成了其数字化转型方面的困难。为此,园区为企业产品打通了京东商城上行渠道,实现产品"线上+线下"的销售模式,并通过融资对接为企业实现800万元融资,助力其进行技术革新及产品更新。受到新冠疫情的持续影响,企业面临现金流规模缩减、融资困难等问题。而数字化转型这样的系统工程,从软硬件设备的升级改造到数字人才的引进以及对于现有员工的专业培训等,都是企业必须投入的。数字化转型的漫长周期和不确定的收益预期,让不少中小企业在"是否需要进行数字化转型"的问题上踌躇不定,无法决策。

"会不会"——中小企业由于自身战略认知、知识储备、管理层能力等多方面原因,对于数字化转型存在认知不足的问题,致使企业"不会转"。

中小企业不了解数字化转型的概念、数字化转型的优势与必要性,更不熟悉数字化转型的措施与实施路径。这一问题在园区多家科技型中小企业普遍存在,其中较为典型的企业有依企莱、了赢科技及飞悦互娱。依企莱和了赢科技都是主要从事软件技术开发的科技型企业。在数字化转型方面,企业都存在战略知识储备较为薄弱及科技研发能力有限的问题。为此,园区以京东科技底层技术、云计算能力为基础为企业提供了技术能力输出、系统科技研发方面的帮助,助力其打造核心的软件技术。同样,飞悦互娱的数字化信息研发能力也较为缺乏,对此,园区根据其需求提供了价值16万元的云资源用于企业信息化管理及网页、App的制作和优化,帮助增强企业实力,加快数字化发展进程。同时,很多中小企业在开展数字化转型的过程中找不准业务场景与数字应用的结合点,"线上+线下"模式融合不充分,链条环节联系不紧密,难以达到数字化转型所需要的广度和深度。例如,蒙以科技、启群科技及承世科技都存在类似问题,其主要业务都涉及互联网软硬件开发及平台的设计管理。一方面,企业没有结合自身需求和现实情况,使用不契合转型的新产品或者购置大量不需要的功能,导致成本提升、应用复杂度提升从而影响最终转型效果。另一方面，大多企业只达到数字优化层面的要求，将进步局限在个性化营销与感知客户需求阶段，数字化转型所带来的业务价值增加远低于转型过程中付出的高昂代价，没有突破有限场景扩大数字优化范围，云计算、虚拟现实等技术的应用没有得到真正利用产生更高效益，从而导致数字化转型效果不佳。

（二）企业外部存在的问题

"难同步"——中小企业在产业协同中存在数字化转型不同步问题。中小企业是各类产业链中的重要一环，处于链条中的企业出现任何变动，都有可能影响产业链型企业群结构，甚至会对上下游相互价值交换造成影响。虽然数字化转型是企业发展的必然选择，但并非所有企业齐头并进，各种因素会导致各企业转型速度和效率有所不同，从而对相关产业链产生连锁反应。有的企业进行数字化转型后，采用未经磨合或更"先进"的业务流程，可能会给产业上下游其他企业造成沟通或交易成本的增加，导致在业务流程和沟通上产生摩擦，影响业务效率。园内较为典型的案例是西普货物代理有限公司。西普货物代理是一家服务全国的物流服务企业，其主营业务包括货物代理、仓储服务、普通货运及物流信息咨询等。在物流产业的整体数字化进程中，西普货物代理的转型速度较慢，业务效率受到上游企业的影响。对此，京东科技将完善的物流管理系统赋能到企业，并指导其建立智能化的货物仓库，助力其提高数字化转型速度。此外，有的企业不具备数字化转型资本，却迫于行业协同压力进行不匹配的数字化转型，盲从大流，影响正常生产经营，最终转型成效低，例如，重庆启群大数据科技有限公司（以下简称"启群"）。启群是业内首家企业人力资源服务一站式采购平台，通过平台为人力资源服务供应商提供强大的大数据整合营销服务以及相关的软件、技术支持等服务。通过数字化转型，企业虽然在供应商对接及平台销量上有所增加，但由于内部管理效率不高，其经营效率也受到影响，导致数字化转型成效较低。对此，园区对其进行技术赋能，通过提供强大的供应商管理系统，帮助其有效地管理供应商并进行购买决策，大幅降低采购成本，提高工

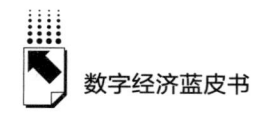

作效率。

"难顾全"——在政府调控过程中难顾全中小企业数字化转型。虽然全国及地方各级政府在疫情期间为助力中小企业防控疫情、复工复产和稳定发展推出了各类帮扶政策,但政策扶持主要集中在防疫抗疫、金融支持、援企稳岗、降低成本等方面,对于中小企业数字化转型升级需求的支持较少,园区内大部分中小企业都无法享受到国家的帮扶政策。例如,园区企业萨阁拉斯科技有限公司、循声科技有限公司虽都为软件研发的预备高新技术企业,但享受到的数字化转型帮扶政策都较为有限。由于数字化转型政策的帮扶对象多为大企业或龙头标杆企业,很多中小企业无法享受到政策利好,由此错失转型发展的良机。

三 前景展望

中小企业占据市场主体重要地位,数量庞大,生命力顽强,为提升我国经济韧性和国际竞争力注入了新鲜血液,为促进经济增长推动创新创业提供了不竭动力,对吸纳居民就业增加财税收入产生了无可替代的作用。疫情期间数字化转型为解决中小企业资金短缺、产能不稳定、人员短缺等问题提供有效支持,保障中小企业等市场主体的存续和发展。国家发展改革委在《关于推进"上云用数赋智"行动培育新经济发展实施方案》中指出,数字化技术可提升企业约60%的作业效率和50%的管理效率,降低20%的人力成本。但在数字化转型面前,中小企业响应力度不强,步伐迟缓,国内多数中小企业"不敢转""不能转""不会转",工信部给出的权威统计结果显示,中小企业数字化转型比例不超过25%。

针对中小企业数字化转型的瓶颈问题,搭建产业平台尤为重要。京东搭建技术水平高、集成能力强与行业应用广的第三方数字化服务平台,针对不同行业中小企业的需求场景,开发使用便捷、成本低廉的中小企业数字化解决方案以及产品和服务,同时立足中小企业共性需求,搭建资源和能力共享平台,在重点领域实现设备共享、产能对接与生产协同,从而形成助推与牵引中小企业数字化转型的系统化赋能之力。

在平台运营动态导向方面，一是数字化平台应保持开放性与开发性，服务商应向中小企业和创业团队开放平台接口、数据、计算能力等数字化资源，提升中小企业二次开发能力，推动中小企业之间的众创、众包与共享；二是数字化平台应彰显包容性与互济性，在尊重各自知识产权的基础上，加强数据资源的互换与互用，主动拆除各种数据壁垒，形成具有可用性的数据集群，有效降低中小企业的数据购置与应用成本；三是数字化平台要突出对接性与关联度，数字资源能够互相促进且放大支撑效应，比如云服务平台可向融资增信服务平台提供企业的仓储及其利用效率数据，而后者可据此为中小企业提供增信支持。同时为提高数字化平台的服务质量，有必要建立中小企业数字化可信服务商、数字化产品与服务的评价标准体系，在此基础上，创建方便数字化服务商注册认证、中小企业对服务商加以测试验证和沟通咨询以及信用评估的公共服务平台。

要完成数字化转型必须深层突破数字优化的要求，打通数字基建与产品升级脉络，搭建数字基建平台，形成产业产品的互通互联，解决产业协同中数字化转型不同步问题。通过各项优惠政策对接、商务渠道开拓及技术协助等多个方面积极推动企业赋能、数字应用，跨越物理边界，助力产业经济向高水平跃进。

四 政策建议

为解决中小企业在数字化转型过程中面临的困难和问题，除了中小企业自身要有主动寻求改变的意识、实现转型的动力外，还需要政府在以下各方面倾力支持。

一是针对中小企业内部"能不能"的问题。由于资金紧张和转型成本过高，中小企业在转型过程中往往受到成本制约。因此，政府应给予有企业数字化转型需求的中小企业足够的资金支持。各地政府可以就企业的数字化转型需求设立专项资金，大力投入支持数字化转型过程中的研发、推广和应用活动,比如数字经济发展迅速的贵州省,当地政府每年至少投入3亿元专项资金支持企业数字化转型;同时,对于科技型企业,政府也可以根据研发费用为企业提供资金补助,并针对科技部门的创新创业大赛设置更多的项目奖金。此外,可以调动民间投资的积极性,利用社会资金帮助中小企业摆脱困境;还可以通过推进数字普惠金融服务,降低中小企业融资准入门槛,破解其融资难的困境,以获取必要的数字化转型资金。

二是针对中小企业内部"会不会"的问题。由于自身战略认知、知识储备、管理层能力等多方面原因,大部分中小企业对数字化转型存在认知不足、专业化人才不足的问题。对此,政府应该出台相关支持政策,推进数字化人才培育工作。根据企业的具体需求,探索高效灵活的人才引进、培育、激励和保障政策,通过优惠政策鼓励中小企业增加在数字化专业人才上的投入,例如鼓励高校注重数字化技术相关人才的培育、鼓励企业利用专项资金补贴和落户政策等招募数字化专业人才。此外,政府也可以增加转型帮扶借款、"一对一"专家辅导等项目,给予企业数字化转型咨询、数字化转型培训、资源对接等帮扶。

三是针对中小企业外部"难同步""难顾全"等问题。首先,政府应该加强关于数字化转型的政策引导,鼓励和推动更多中小企业积极加入数字化转型进程,并密切关注政策的落实情况和企业经营效率,保证中小型企业在数字化进程中齐头并进。例如,政府可以积极培育数字化转型促进中心,并加速建成覆盖面广、功能齐全的数字化转型公共服务体系,面向中小企业提供数字化转型服务。同时,政府也可以联合企业积极搭建数字经济产业园、智能制造产业创新中心,赋能企业数字化转型,不断深化产业运营服务。其次,政府应该及时总结经验、调整误差、改善机制,使政策措施达到更高的覆盖率,顾及更多中小企业,有效推动其通过数字化转型实现高质量发展。例如,在中小企业层面选择专精特新"小巨人"打造数字化转型标杆,彰显领头羊作用,强化与提高中小企业转型动机与意愿。

参考文献

罗仲伟、陆可晶：《转危为机：运用数字技术加速中小企业群体性转型升级》，《价格理论与实践》2020 年第 6 期。

刘涛、张夏恒：《我国中小企业数字化转型现状、问题及对策》，《贵州社会科学》2021 年第 2 期。

钟雨龙、陈璋：《防疫常态化背景下我国中小企业数字化转型的发展研究》，《商业经济研究》2021 年第 10 期。

张锐：《创建中小企业数字化转型的多元赋能平台》，《中关村》2022 年第 1 期。

李刚、黄思枫：《全球新冠疫情背景下我国中小企业生存与发展对策研究——基于数字化转型和商业模式升级应对策略分析》，《价格理论与实践》2020 年第 7 期。

李辉、梁丹丹：《企业数字化转型的机制、路径与对策》，《贵州社会科学》2020 年第 10 期。

《关于促进中小企业数字化转型　增强企业国际竞争力的提案》，《中国建设信息化》2022 年第 6 期。

叶璎婵、张红梅：《基于"数字贵州"之贵州省经济高质量发展建议》，《南方农机》2021 年第 14 期。

B.18
重庆自贸试验区数字贸易发展探讨*

马晓燕**

摘　要： 重庆自贸试验区作为对标国际高水平贸易投资规则，探索高水平制度型开放、推动更高水平对外开放的核心载体，探索数字贸易发展是其先行先试的内在要求，且具有先发优势和基础，但仍面临数字贸易系统不完善，数据要素市场化配置能力不高，数据跨境流动规则体系未建立，数字贸易基础设施有待加强等问题，因此要争创国家数字贸易先行示范区，加快培育壮大数据要素市场，探索建立具有中国特色的跨境数据流动规则体系和跨境数据安全监管制度体系，加快建设数字贸易基础设施，推动重庆自贸试验区数字贸易创新发展，进一步激发自贸试验区制度型开放新活力。

关键词： 自贸试验区　数字贸易　数字贸易规则　重庆

当前，世界正处于百年未有之大变局，全球产业链、供应链和创新链发生重大变革，在融合趋势下加速重构，数字贸易赋能产业提质增效，引领各产业协同融合、带动传统产业数字化转型。同时，随着数字技术在各产业、各领域的创新应用，大量贸易新业态新模式不断衍生，我国在全球价值链中

---

* 本文系国家社科基金项目"自由贸易试验区商事主体违规风险及其法律治理研究"（20BFX125）、重庆社会科学规划"成渝地区双城经济圈"建设重大项目"川渝自贸试验区协同开放示范区建设研究"（2021ZDSC13）、2021年度重庆市社会科学规划重大委托项目（重庆社会科学院自主研究项目）"中国特色对外开放理论及内陆地区实践研究"（2021WT40）的阶段性成果。

** 马晓燕，重庆社会科学院国际经贸与物流研究所所长、研究员。

的地位不断攀升,世界各国多种贸易壁垒和由新冠疫情带来的全球供应链受阻问题在贸易新业态新模式下得到有效解决,推动我国形成高水平对外开放新格局,有利于进一步促进国内国际双循环发展。重庆自贸试验区作为对标国际高水平贸易投资规则,探索高水平制度型开放、推动更高水平对外开放的核心载体,探索发展数字贸易是其先行先试的内在要求,且具有先发优势和基础,因此,重庆自贸试验区数字贸易发展对激发自贸试验区制度型开放新活力,加快试行《全面与进步跨太平洋伙伴关系协定》(CPTPP)和《数字经济伙伴关系协定》(DEPA)的数字贸易规则,积极打造数字贸易先行示范区具有重要意义。

一 数字贸易的科学内涵

(一)数字贸易基本概念

当前,数字贸易由于发展时间不长,对国际经贸领域而言还是新生事物,国内外学界和相关实务部门对数字贸易的基本概念尚未形成统一认识。

国际层面,主要是发达国家经济体和相关国际组织根据自身的理解对数字贸易进行了界定,比较有代表性的如《美国与全球经济中的数字贸易 I》(美国国际贸易委员会,2013 年)中指出数字贸易仍然属于国际贸易范畴,是基于互联网传输产品和服务形成的国内商务和国际贸易活动,其范围涉及数字技术、数字产品和数字服务,按照技术、产品和服务的特点,主要分为数字交付内容、社交媒体、搜索引擎、其他数字化产品和服务四个大类;2019 年经济合作与发展组织(OECD)、国际货币基金组织(IMF)与世界贸易组织(WTO)共同发布《数字贸易测度手册》,提出数字贸易是基于所有数字方式订购和(或)以数字方式交付形成的贸易。

国内层面,数字贸易也属于贸易新业态新模式,目前尚未对数字贸易形成统一认识。数字贸易的提法于 2019 年在《中共中央 国务院关于推进贸易高质量发展的指导意见》中首次出现。比较有代表性的如商务部服贸司

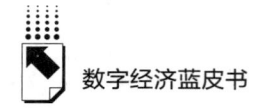

在《中国数字贸易发展报告2020》中，将数字贸易定义为"依托信息网络和数字技术，在跨境、研发、生产、交易和消费活动中产生的，能够以数字订购或数字交互方式实现的货物贸易、服务贸易和跨境数据流动贸易的总和"，包括数字技术贸易、数字产品贸易、数字服务贸易、数据贸易四大类。

目前，国内外各类有关数字贸易的定义仍有较大分歧，特别是在数字贸易与电子商务的关系以及数字贸易的分类等方面，但也有共同之处，即都强调互联网和"数字"技术在跨境交易中的重要地位，强调数字贸易是一种贸易新业态，具有服务贸易属性。综上，本文认为数字贸易是依托信息网络和数字技术实现数字服务与产品在线交付和高效交换的跨境贸易活动，既是服务贸易的重要领域，也是数字产业链条中数字产品、技术、数据在国际市场中的流通、交易与销售环节。

（二）数字贸易的特征

1.以贸易方式和贸易对象数字化为核心

数字贸易作为贸易新业态新模式，数字技术和数字服务在其全过程中发挥着重要作用，与传统贸易相比最大的区别在于数字技术和数字服务在贸易方式和贸易对象中的应用，也就是贸易方式和贸易对象数字化，并因此给各领域带来颠覆性的创新。其中，贸易方式数字化是指数字经济背景下，在国际贸易活动中，数字技术充分发挥主导作用并与国际贸易活动深度融合，不断优化提升外贸全流程各环节，外贸创新能力不断增强，形成外贸新业态新模式，数字展会、智慧物流、社交电商、大数据营销等新业态新模式蓬勃发展；贸易对象数字化是在数字技术作用下，国际分工向数字世界延伸，以搜索引擎、在线文娱、云计算服务等为代表的各类数据要素、产品以及服务成为国际贸易交易的对象。作为跨境电商发展的高级形态，以数字化平台为载体是数字贸易最显著的数字化特征，以大数据、人工智能、云计算等为主的核心数据技术的广泛应用极大推进了跨境电商贸易便利化发展，大幅提升了传统供应链的运转效率。

2. 以跨境数据的安全有序流动为极核

数字经济时代，受诸多因素影响，传统的货物贸易、服务贸易、资本流动和跨境数据流动此消彼长，一方面，传统的货物贸易、服务贸易、资本流动增长放缓。与此同时，跨境数据流动飞速增长，这一增长对绝大多数其他类型的跨境流动起到了决定性的支撑和促进作用，对全球经济增长的贡献大幅度提高，甚至超过了传统货物贸易。跨境数据流动，在推动不同国家价值链高效配置、流动，提升用户获得感的同时，有力促进了以搜索引擎、社交媒体、云计算等为代表的基于数据流动的贸易新业态新模式发展，进一步推动数字服务贸易发展。另一方面，还要特别注意跨境数据涉及的数据与个人隐私、商业秘密和国家安全等，以建立安全、可靠的跨境数据流动规则制度为前提，更好地推动各个国家降低对跨境数据流动的限制，为推动数字贸易健康快速发展提供良好的的数字制度基础。

3. 以数字平台服务为支撑

数字经济条件下，网络技术飞速发展，有力推动了更多新型数字化平台形成，这些数字化平台逐渐形成数据驱动发展模式，并成为发展数字贸易良好的媒介，为贸易活动与贸易资源合理配置奠定了良好的基础，也为数字经济发展注入新动能。一方面，数字贸易在各类数字化网络平台模式优势的有力支持下，最大限度在全过程中实现生产、交换和消费等功能，建立网上交易机制，为数字贸易的顺利运转提供了强有力的支撑，网上交易机制的建立使数字贸易能够顺利作用于世界贸易市场主体和客体，进一步提高货物贸易和服务贸易的水平。另一方面，数字平台服务突破了地域限制，特别是超大型平台企业，跨国业务成为其主营业务，更多国家的数据资源和用户流量成为平台的资源，同时这些资源让其在资源整合和生态构建方面的优势进一步强化，促进各国软件、技术等服务提供商与数字服务平台深度融合，进一步推动全球数字服务分工，构建形成新型国际分工环境。

4. 以跨界融合的全球性普惠化数字生态为发展方向

生产性服务业线上服务能力随着数字技术的广泛应用得到显著提升，也进一步推动制造业、农业数字化转型升级，同时对分工进一步细化和服务外

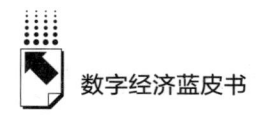

包提出更高的需求，数字化生态已然呈现跨界融合大发展趋势，迅速占领国内市场并向国际市场拓展。一方面，数字化产业链加速构建，研发→生产→供应链的数据供应链逐渐成熟，逐步形成以数据供应链为引领，以物资链、产业链为内容的高效协同发展局面，全面推动全渠道、全链路供需调配和精准对接的实现；同时，产业与生产性服务业相互配合、持续跨界融合。逐步构建起以生产服务为基础的数字化产业生态。另一方面，得益于数字贸易发展，中小企业享受到以互联网为媒介传输产品和服务的红利，众多中小企业积极发展跨境电商，数字贸易在促进各类中小企业发展的同时也以商品和服务的多样性满足了全球消费者日益增长的消费需求。

二 双循环新发展格局下数字贸易发展态势

当前，我们正处新发展阶段，数字经济逐渐成为全球经济复苏发展的关键动力，贸易数字化趋势明显，由数字化产品和服务衍生出的贸易新业态新模式势头强劲，给数字贸易发展带来新气象，为全球产业链、供应链重构及调整提供了强力支撑，也为国际贸易发展注入新动能，数字贸易已成为国际贸易的重要组成部分，发展前景广阔，并呈蓬勃之势。其主要呈现以下特点。

1. 为推动全球服务贸易根本性变革注入新动能

数字技术作为数字贸易的手段，在数字经济时代已成为推动国际市场资源合理有效配置的主要引擎。当前，全球贸易在数字贸易特别是数字服务贸易带动下，克服局部政治冲突和新冠疫情带来的不利冲击，在总量、结构、模式等方面整体呈现新发展趋势，有力推动后疫情时代全球数字化的互利共赢发展。全球服务贸易数字化水平在以大数据、人工智能、区块链等为主的新一代信息技术的广泛应用下大幅提升，数据显示，最近10年（2011～2020年）是全球数字服务贸易增长最快的时期，10年间数字服务贸易在服务贸易中的地位不断攀升，占比显著提升，从2011年的48%提升至2020年的63.6%，其中信息通信服务贸易提升最快，10年间的平均增速达到

7.7%,特别是新冠疫情发生以来,信息通信服务贸易呈现井喷式发展,在数字服务贸易中的占比持续提升,2020年达到22.2%。[①] 为适应全球贸易数字化进程加快的发展趋势,"十四五"期间,我国明确把数字贸易列为服务贸易发展规划的重要内容之一,数字贸易迎来高速发展机遇期,据统计,2020年我国数字贸易整体规模达到4.0万亿元,同比增长9.3%,其中,数字服务贸易占了半壁江山,进出口规模为2.31万亿元,占服务贸易总规模的50.6%,同比增长6.9个百分点。[②]

2. 为产业数字化发展提供广阔空间

数字经济时代特别是在新冠疫情冲击下,产业数字化成为区域经济高质量发展的主要因子,随着产业数字化转型向纵深推进,我国数字贸易突破限制进入快速发展时期。大数据、云计算、人工智能、区块链等新一代数字技术的加快应用,为中国产业数字化快速发展注入不竭动力,以智慧港口、智慧工厂、智慧医疗等为代表的一批示范行业发展前景极为广阔,在推动产业数字化方面发挥日益重要的作用,为数字贸易的稳步发展奠定了坚实的基础。"十四五"规划从产业数字化转型、数据赋能全产业链协同转型、服务业数字化转型、智慧农业等方面明确提出产业数字化系列重大任务,在赋能数字贸易发展的同时,进一步拓展了产业数字化的发展空间。

3. 为构建新的全球产业链供应链体系注入"强芯剂"

数字贸易中对人工智能、大数据、区块链等技术的广泛应用,为国际贸易活动持续注入新的发展动力,形成新的贸易业态和模式,加快了新全球供应链体系建设。特别是数字贸易以数字平台服务为支撑的特征,对各种市场参与者极具吸引力,数字平台为各种市场参与者提供广泛服务。基于技术和服务水平的提高以及应用范围的扩大,推动地理空间分布不断拓展、网络空间集聚能力持续提升,推动形成贸易新业态新模式,创造了市场价值。同时,数字平台改变了贸易活动的竞争力量,形成产业集群,并成为产业集群

---

① 前瞻产业研究院:《2022年中国及全球数字贸易发展趋势研究报告》,2022年8月。
② 国家工业信息安全发展研究中心:《2021年我国数字贸易发展报告》,2022年5月。

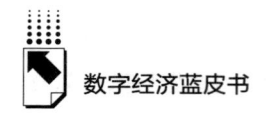

的中心，高效配置产业集群内资源，为数字贸易重组全球产业链及供应链中的产品流、数据流和信息流提供强有力支持，构建起新型供应链模式，以大宗商品交易、跨境商业投资、原材料采购等商业活动的数字化生态推动形成"数字驱动、平台服务、智能终端、广泛供应"的新经济供应链体系，广泛满足世界各国需求。

4. 为推动形成新的世界级产业集群提供强力支撑

目前，数字经济步入快速发展时代，数字贸易呈蓬勃发展势头，也为中国、越南、巴西等典型的后发国家或地区突破传统贸易活动与产业组织方式的限制，打造新一代世界级产业集群，探索后发国家自主发展道路提供了战略机遇。数字贸易在新一代世界产业集群形成过程中对产业结构、产业形态、空间结构、发展动力及数字治理的重塑发挥着不可替代的作用。在产业结构方面，数字贸易赋能商业模式与结构转变，基于数字平台，重塑新的产业结构，显著提升地区的本来优势，形成新的世界级产业集群。在产业形态方面，数字贸易推动新一轮制造业转移，基于成本、资源禀赋等多方面因素考虑制造业从高成本地区向低成本地区转移，形成新的贸易模式和形态，改变传统国际分工格局。在空间结构方面，数字贸易赋予国际贸易活动新的主体：数据流和信息流，推动有形商品与无形数据深度融合，推动传统商业配送中心向新兴数字贸易中心转型，全球贸易地图发生深刻变革，多个数据集结形成核心。在发展动力方面，运营模式发生显著变化，数字经济赋能传统低成本运营模式，形成高效率资源配置的发展模式，特别是推动企业逐步实现数字化经营，进一步提高利润空间。在治理方面，数字经济背景下新的世界级产业集群形成与发展需要相匹配的以数字化、智能化监管手段和数字制度框架为主的治理工具。

5. 为完善跨境数据传输规则提供中国方案

数字贸易的发展离不开跨境数据传输规则，由于数字贸易在我国发展时间较短，跨境数据传输规则的建立仍处于不断探索完善阶段。目前，跨境数据传输规则并未形成国际统一标准，国际跨境数据传输根据交易区域和对象，主要适用发达经济体国家的规则，具体包括欧式、美式和俄式三种。三种跨境数据传输规则各有侧重，欧式规则注重对个人数据信息的保护，强调个人隐私的监督管理；美式规则倡导自由化发展，在确保数字贸易行为合法的前提下，提倡数字贸易自由化发展，推行数字贸易行为空间自由及网络环境的开放；俄式规则强调安全监管，对跨境数据信息安全监管极为重视，从信息储备入手，严格要求跨境数据信息在本国境储备保存，从源头上确保跨境数据传输信息的进一步安全。我国在以往的数字贸易发展过程中更注重数字产品、数字服务、数字技术的交易，对数字贸易商品活动中涉及的跨境数据传输安全、个人数据信息保护及贸易自由化等方面的跨境数据传输规则还处于摸索阶段，没有在国际数字贸易规则中形成中国的话语权，极大影响了我国在国际数字贸易中的地位。双循环新发展格局下，数字贸易的发展不再局限于产品、服务、技术，数字贸易规则成为全面推动我国高水平制度型开放的重要抓手，我国将持续探索构建数字贸易规则体系，进一步提升我国在数字贸易规则中的地位和话语权，为国际数字贸易发展提供中国方案。

三 重庆自贸试验区数字贸易发展的条件分析

（一）重庆自贸试验区数字贸易发展的基础

1. 规划引领作用突出

顺应全球贸易日益数字化的趋势，我国《"十四五"服务贸易发展规划》明确提出到2025年数字贸易占服务贸易总额的比重达到50%。《重庆市国民经济和社会发展第十四个五年规划和二〇三五年远景目标纲要》中提出"全面深化服务贸易创新发展试点，重点发展数字贸易"，《重庆市商务发展"十四五"规划（2021—2025年）》中也提出"依托大数据、物联网、移动互联网、云计算等新技术，建设新型服务贸易促进和交易平台，探索打造数字贸易内陆国际枢纽港"。

2. 数字经济产业衍生出丰富的数字贸易新业态与新模式

作为"试验田"的重庆自贸试验区具备了创新发展数字贸易的基础和

条件，全市数字经济呈现加速发展的良好态势并取得了积极成效，智能产业补链成群，构建了"芯屏器核网"全产业链，2020年底数字产业增加值达到1824亿元，软件和信息服务业营业收入规模突破2000亿元，形成一批集聚产业发展的战略平台，7000余家大数据智能化企业集聚在以两江数字经济产业园、中国智谷（重庆）科技园、渝北仙桃国际大数据谷为主的战略平台；此外，还形成了部门齐全、功能完整的现代化金融体系以及文旅与社会服务类产业门类，为数字贸易创造了广阔应用场景，《重庆市数据条例》也于2022年7月1日正式施行，西安交通大学"一带一路"与全球发展研究院和"一带一路"自由贸易试验区研究院服务贸易研究中心联合发布的报告显示，2019年重庆数字贸易发展竞争力位于全国第17位。

3. 初步构建数字服务贸易发展体制和机制

重庆是服务贸易创新发展试点城市，获批国家大数据综合试验区，拥有中新（重庆）国际互联网数据专用通道等，更为重要的是，我国自贸试验区正在探索进一步缩减外资进入仓储、邮政、信息传输和软件以及租赁商务等服务业的准入负面清单，存量与增量政策叠加为重庆自贸试验区创新发展数字贸易注入动能。

（二）重庆自贸试验区数字贸易发展面临的障碍

1. 数字贸易系统不完善

对标高标准国际经贸规则特别是DEPA的规则要求，重庆自贸试验区数字贸易系统尚处在探索成长阶段，在全面电子化、数据化、国际化、标准化等方面与高标准国际经贸规则还有一定距离。当前，重庆市数字贸易发展主要涉及商务委、大数据管理局、网信办等部门，各部门根据职责分工，管理不同板块，也未建立统一的数字贸易统计制度，难以形成一个统一的数字贸易系统。

2. 数据要素市场化配置能力还需进一步提升

数据要素市场体系还不够成熟，有待进一步健全完善，数据要素市场化配置改革创新的推进难度比较大，特别是涉及数据确权、数据资产、数据价值评估，有的是国家事权，有的还没有清晰的法理支撑和实施途径。

3. 跨境数据流动规则体系尚未形成

由于国内尚未形成成熟、完善的跨境数据流动规则体系和市场监管机制，现有规则体系与数字贸易也谈不上完全合理适配，目前，我国跨境数据流动规则主要采取限制数据跨境流动及个人信息和重要数据本地化措施，而国际层面，各发达经济体国家从经济、安全等多层面考虑，对跨境数据流动议题避而不谈，极大影响了跨境数据流动规则体系的建立。再加上跨境数据流通安全监管属于国家事权，对地方发展数字贸易形成一定的障碍。

4. 数字贸易基础设施建设有待加强

中新数据通道应用率不高，新型外贸基础设施如海外仓在开放通道沿线布局明显不足，仅占全市海外仓的15%，多数以海外租赁模式为主，稳定性有待提升，以通关物流为主要功能的占比高达40%，未能围绕通道产业，如汽车整车、冷链、医药等进出口货品形成服务配套，淡旺季业务不均衡，并且在运营中存在政治、法律和政策以及文化风险。

四　加快推动重庆自贸试验区数字贸易发展的建议

（一）争创国家数字贸易先行示范区

进一步完善数字贸易发展体制机制，高标准对接DEPA协定，以开放压力测试为核心任务，充分发挥自贸试验区先行先试的优势，推进数字自贸区建设。以人工智能、金融科技、监管沙盒等领域的规则为先行先试内容积极对接DEPA协定规则主要条款，全力推进产业数字化和数字产业化发展。进一步集聚数字贸易高端要素资源，以先进技术、人才、金融等要素为手段和内容，优化数字贸易生态，推动数字产业、数字金融、数字物流、数字监管等数字贸易的关键领域全面实现规则、价值和优势的重塑，构建数字贸易产业发展生态圈，形成数字贸易全产业链，争创国家数字贸易先行示范区。

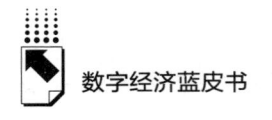

（二）加快培育数据要素市场

着力解决数据要素市场发育不充分问题，从个人、企业、平台、国家四个层面完善数据交易制度，探索建设国际离岸数据交易平台，加快数据要素价值转化，构建数据全产业链生态体系，推动以跨境数据流动、政府数据公开、数字身份等为主的相关规则与DEPA协定等高标准国际经贸规则对接，探索在金融服务、工业互联网等领域制定形成低风险跨境流动数据目录，确保国家经济安全。进一步完善重庆新加坡数据保护标准互认和合作机制，依托中新（重庆）国际互联网数据专用通道，探索建立跨境数据流通治理体系和运营平台，积极推动建立商务数据开放共享机制，加快达成区域性实质性的数字领域信任协定和争端解决机制协定，推动形成数据资产评估机制，争取在渝设立国家级或区域性数据资产评估运营平台。以与DEPA协定等高标准国际经贸规则接轨为标准，探索开展数据资产第三方认证、定价和合约业务，探索建设离岸数据中心，建立全生命周期的数据流通交易规则、服务与监管机制，打造数据交易流通体系，培育引进一批数据采集、数据治理、数据安全等企业，加快培育数据要素市场。

（三）探索建立跨境数据流动规则体系

积极推动企业探索跨境数据流动实践，探索在优势数字产业领域的龙头企业开展试点，以信息服务业对外开放为引领，有序放开外商投资增值电信业务领域准入限制，完善云计算等新兴业态外资准入与监管。规范数字产业化领域行业标准和重要数据，鼓励率先出台跨境数据流动行业标准与重要数据指南。推动科研机构深入挖掘、分析跨境数据，提供高质量的决策参考，依托中新合作优势，加强跨国校企合作，联合设立跨境数据流动研究中心，进一步提升跨境数据应用价值。加强跨境数据保护合作，探索以数据分类分级、数据跨境流动安全评估等为核心内容的规则体系，积极开展数据出境安全管理试点。探索数据流动标准国际化战略与技术路线，提升与RCEP和"一带一路"沿线国家共建共享水平。

（四）探索建立跨境数据安全监管制度体系

探索建设"新型数据监管关口"，推动数据跨境流动先行先试，启动数据跨境流动安全审查平台建设，聚焦跨境数据安全监管，在人工智能、生物医药、智能制造等关键产业领域，探索国际化数据安全监管机制。探索"数据海关"建设，开展跨境数据流通的审查、评估、监管等工作。采取灵活化分级分类模式，强化与 GDPR[①]、CBPR[②] 等国际规则的对接，建立数据流动备份审查机制，完善跨境数据安全事件快速响应机制，建立关键产业、关键领域跨境数据流动白名单。

（五）加快数字贸易基础设施建设

抓住"西数东算"机遇，聚焦重点业务，引入一批国际性公共云服务商，重点架设出海云平台；依托重庆国家大数据综合试验区建设，积极发挥重庆在交通、物流等方面的枢纽作用，引进培育一批大数据服务企业，建设完善数据服务产业链供应链体系。进一步释放中新通道动能，促进数字贸易发展，会同新方探索推动马来西亚、印度尼西亚等东盟国家，以及四川、贵州等中国西部省市共建中新数据通道，依托中新数据通道打造陆海新通道的数字通道，提供云应用、超级算力、数据安全、云加速等"云网融合"一体化服务，拓展数字内容、工业互联网、国际金融等应用场景，为多方经贸合作提供数字基础设施。加快推进新型数字贸易基础设施建设，依托中欧班列（重庆）、西部陆海新通道在沿线国家设立海外仓、前置仓、独立站"两仓一站"等，并向其他国家覆盖，支持进口母仓、全球中心仓等设施建设，探索建立跨境电商海外物流智慧平台，全力构建全球数字物流网络。

---

① GDPR，即《通用数据保护条例》（General Data Protection Regulation）。
② CBPR，即《跨境隐私规则体系》（Cross Border Privacy Rules System）。

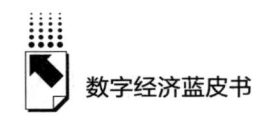

参考文献

李晶主编《数字贸易国际规则的新发展》，北京大学出版社，2022。

马述忠、濮方清、潘钢健、熊立春等：《数字贸易学》，高等教育出版社，2022。

王思语、张开翼、郑乐凯：《我国自由贸易试验区数字贸易禀赋与提升路径研究》，《上海经济》2020年第5期。

白洁、张达、王悦：《数字贸易规则的演进与中国应对》，《亚太经济》2021年第5期。

国务院发展研究中心对外经济研究部、中国信息通信研究院课题组：《数字贸易发展与合作：现状与趋势》，《中国经济报告》2021年第6期。

李嘉美：《自贸试验区数字经济发展的制度创新路径研究》，《辽宁大学学报》（哲学社会科学版）2021年第5期。

曹宗平、黄海阳：《中国数字贸易发展的协同关系与路径探索》，《华南师范大学学报》（社会科学版）2022年第1期。

卫晓君、赵淼：《"十四五"时期数字贸易高质量发展：问题审视与创新路径》，《经济体制改革》2022年第3期。

刘杰：《发达经济体数字贸易发展趋势及我国发展路径研究》，《国际贸易》2022年第3期。

数字社会与数字治理篇

B.19 重庆市新型智慧城市建设研究

何佳晓[*]

摘　要： 推进新型智慧城市建设，对提升城市治理能力和城市发展水平具有重要意义。本研究分析重庆在智慧城市建设中，在民生服务、城市治理、政府管理、产业融合、生态宜居等领域取得的成效，剖析发展方向、体制机制、应用场景、绩效评估、保障措施等方面存在的问题，结合其他国家和地区的先进经验，提出要聚焦方向，重点突破，着力构建智能化治理体系，全面提升公共服务数字化水平，加快推进新型智慧城市建设。

关键词： 新型智慧城市　城市治理　公共服务

---

[*] 何佳晓，重庆社会科学院财政与金融研究所副研究员，重庆数字经济研究中心，研究方向为财政金融、数字经济。

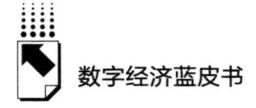

新型智慧城市是以人为本，贯彻落实创新、协调、绿色、开放、共享的发展理念，推进新一代信息通信技术与城市战略、规划、建设、运行和服务全面深度融合，以信息化为引领的城市发展新形态。推进新型智慧城市建设，是党中央、国务院立足我国城市发展实际情况和信息化、城镇化建设进程，推动城市可持续发展做出的战略决策。2019年重庆印发《重庆市新型智慧城市建设方案（2019—2022年）》，加快新型智慧城市建设。经过探索实践，重庆在民生服务、城市治理、政府管理、产业融合和生态宜居等领域打造智能化应用场景，有效提升人民群众的幸福感和满意度。重庆应持续加大创新，纵深推进新型城镇化建设，加快提升城市能级，创造高品质生活。

一 重庆市智慧城市建设现状

（一）民生服务领域

智慧医疗方面，建成57家智慧医院，近80%的二级及以上医院实现网上预约诊疗服务。建设全民健康智能管理服务平台，完成市—区县全民健康信息平台和数据中心建设，基本实现全市政府办医疗卫生机构专用网络全联通。智慧教育方面，全市学校互联网接入率达100%，接入带宽全部达到100M以上，配备多媒体教室的中小学校占比96.4%，425所学校创建智慧校园建设示范学校，持续推动"渝教云"综合服务平台数据融通汇聚，为智慧教育发展提供基础环境支撑。智慧社保方面，打造全市人力社保公共服务平台、人力社保内部协同平台和智能就业服务平台，构建"重庆掌上12333"App、人社官网办事大厅、单位网上经办平台、重庆社保官微、人社自助服务一体机、养老保险指纹认证终端等多渠道的社保服务体系，建设就业创业线上线下一体化的服务平台，提升社保经办服务水平。智慧扶贫方面，建设重庆精准扶贫大数据平台，基本实现对全市贫困户动态信息、产业项目、扶贫资金、帮扶过程的全流程实时监督。

（二）城市治理领域

城市管理方面，全市智慧城市管理大数据平台建成投用，汇聚 3.2 亿条城管数据。数字化城市管理面积达到 1609 平方公里，建成区覆盖率达 100%。加快城市照明智能控制系统建设，强化道路照明的精细化管理，建设桥梁结构运营状态监测系统，对跨江大桥进行"云管理"。搭建智慧城管视频智能分析融合平台，深化"AI+视频"在城市管理行业的应用深度和识别精度，实现 58 类城市管理问题的智能动态识别、自动立案派遣、远端核查评价等智能化流程。智慧交通方面，推动高速公路、普通公路桥梁、高危边坡智能化健康监测和边坡位移预警系统建设，在嘉陵江、梅溪河等港口航道建设智能视频监控设备、AIS 基站、VHF 基站等。建成交通执法管理服务系统、重点营运车辆管理信息系统、出租汽车管理信息系统，顺利推进全市主城区巡游出租汽车、网约车、重点营运和"两客一危"车智能终端安装工作。建成公交智能化应用示范项目，升级改造主城区公交车智能车载终端，实现公交、轨道移动支付全覆盖，在全国率先实现主城区公共交通"一码通乘"。建成重庆市交通综合信息平台，实现了跨部门交通数据资源的整合。

（三）政府管理领域

智能政务方面，建成"渝快办"全市一体化在线政务服务平台，形成全市统一的行政权力和公共服务事项清单，实现集中管理、动态调整、扫码办事，市级行政许可事项"最多跑一次"比例超过 99%。加快市政府机关协同办公平台建设，为跨层级、跨部门工作赋能。大数据规划决策方面，建成"多规合一"一张蓝图、重庆市"多规合一"业务协同平台，与重庆一体化政务服务平台、投资项目基础数据库对接。智慧市场监管方面，市场监管情报信息工作平台累计获取案源信息 7.89 万余条，引领查办案件 5.72 万余件。智慧司法方面，建成 41 个区县公共法律服务中心、1034 个乡镇（街道）公共法律服务工作站。建设智慧检务辅助系统、智能办案平台、智能

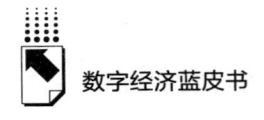

诉讼服务平台、纠纷多元化解平台，推进智慧监狱建设，升级改造智慧戒毒业务信息平台，对社区矫正工作推行全面智能化升级。

（四）产业融合领域

智能制造方面，实施4800多个智能化改造项目，累计认定127个智能工厂和734个数字车间，推动运营成本平均降低21.5%、产品不良率平均降低40.7%、单位生产能耗平均降低19.7%。智慧农业方面，推进天空地一体化农业监测体系建设，成功发布农业产业数字化地图、耘间·农业产业互联网平台、丘陵山地智慧稻田综合管理平台。推动国家级重庆（荣昌）生猪大数据中心完成建设并上线运行，建成市级智慧农业试验示范基地200多个。建成市级农产品质量安全管理追溯平台，已覆盖全市各区县农业规模化生产基地所涉及农产品。智慧文旅方面，建成"重庆市智慧文旅广电云平台"，推动示范智慧旅游景区（旅游度假区）、智慧旅游乡村示范点的创建。智慧金融方面，积极打造"渝快融"平台，促进银企有效对接，为企业提供一站式融资服务。智慧口岸方面，推动口岸通关和作业设施设备智能升级，在重庆果园港口岸上线运行"集装箱智能化理货系统"，推进重庆智慧口岸物流平台、重庆市物流信息平台体系建设，确保货物提取率达100%。智慧商务方面，完成重庆市商务大数据平台内电子商务中心模块的构架，推动解放碑、观音桥、苏宁易购智慧零售实体广场等智慧商圈建设，提升跨境电商仓储服务时效性和仓配准确率。

（五）生态宜居领域

智慧环保方面，建设全市生态环境智能监测大数据平台，建成要素统筹、规范统一、天地一体的全市生态环境监测大数据网络。建成生态环保智能监管服务平台，实现三峡库区和长江流域生态环境流域保护智能防控，形成较为完备的环保治理信息服务模式。智慧能源方面，建设全市能源运行统一的监控管理平台、重庆智慧能源服务一体化平台和重庆市电动汽车与充电基础设施监测平台，全面实现对能源的运行监测、智能控制、能效管理、智能运维等功能。加快电网智能化改造,建立在线预警体系和智能调控机制,推动电网行业智能化、数字化转型。

二 重庆市智慧城市建设存在的问题

(一)应用品牌打造缺乏亮点

近年来重庆全面推进智慧城市建设,在各个领域都取得了一定成效,但仍缺乏在国内外叫得响的品牌和项目。究其原因,主要还是在推动智慧城市应用建设时,尚未明确应用打造的重点方向,资源分散到各个部门、各个领域,难以通过集中发力在点上实现质的突破,再逐步带动智慧城市的全面发展。

(二)推进"三融五跨"的体制机制有待完善

对于需要不同部门、不同层级共同参与、共同推进的智慧城市建设项目,缺乏成熟高效的协调机制,导致项目需求梳理、数据标准、业务协同等无法统一。同时,由政府投资建设的智慧城市项目,其资金来源主要是市级各部门的划块资金,一方面部门以自身内部项目为中心的传统政务信息化建设观念仍然存在;另一方面跨层级、跨地域、跨部门智慧城市项目建设过程中面临权责利不明确的风险,因此各部门动用部门资金参与"三融五跨"项目建设的积极性不高。

(三)智慧城市应用场景开发深度不够

重庆部分智慧城市应用场景仍停留在信息化系统建设阶段,以数据查询、简单数据比对为主,在运行监测、预测预警、实时调度、辅助决策等方面的智能应用还不够,智慧化、便利化水平有待提升。

(四)智慧城市建设评价机制有待完善

尽管重庆已印发《重庆市新型智慧城市评估指标体系(试行)》,但在

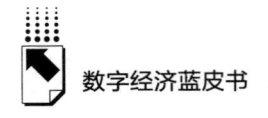

实际评估过程中，许多数据指标难以进行量化、准确的统计，难以客观评估项目建设产生的经济效益、社会效益和可持续影响。同时，智慧城市的整体建设涉及城市的方方面面，各区县的建设方式、建设方向都不一样，难以通过一套指标体系对建设成效实施评价。

（五）智慧城市建设保障措施亟待加强

各部门各领域智能化应用场景工作多由综合性业务干部承担，既懂智能技术又熟悉具体业务的复合型人才严重缺乏。同时，智慧城市建设资金主要依托分散在各部门的政务信息化项目资金，一方面政务信息化项目资金主要用于保证各部门业务系统建设运转，难以覆盖公共服务各领域；另一方面分散化的资金对统筹资源开展特色应用品牌建设造成影响。

三 国内外智慧城市建设情况

（一）纽约——智慧公共服务

美国纽约在21世纪初提出促进城市信息基础设施建设、提高公共服务水平的"智慧城市"计划，通过推进基础设施升级、数据开放进程、城市服务供给以及治理决策流程优化，为多语言、多种族、多群体的服务对象打造城市治理范式与智慧公共服务供给模式。2003年创立NYC311城市服务统一热线，提供市民生活、出行、工作、健康等咨询信息入口。2009年启动"城市互联"行动，通过智慧城市建设促进城市信息基础设施优化，提升城市公共服务水平，并持续推动"LinkNYC"免费高速WiFi无线网络计划。2012年正式通过《开放数据法案》，建立"纽约市数据开放平台"，构建政府建设、维护数据开放平台，市民、企业和公共组织对社会运行场景进行创造、深度挖掘的城市社会运行数据生态系统。

（二）巴塞罗那——智慧环卫

巴塞罗那是最早致力于创建绿色低碳发展和生活环境的城市。严格推行垃圾智能化回收，在垃圾回收箱顶部和底部安装容量传感器和压力传感器，同时安装气味传感器，通过无线网络传输将垃圾容量和气味信息反馈到垃圾处理控制中心，以此安排装有 GPS 定位装置的垃圾运输车的出行频率和路线，提高垃圾处理效率。

（三）斯德哥尔摩——智慧生态

瑞典斯德哥尔摩以可持续发展为智慧城市建设的核心战略，提出不依赖矿物燃料的发展构想。在城市现有基础上，小范围开展智慧城市技术的融合，从试点到单个智慧城市产业逐步拓展到全市智慧城市建设。采用具有先进污染控制装置和优化程序的区域集中采暖系统取代大量小型、老旧的燃油采暖锅炉，降低城市温室气体排放，大力推进"生态化能源"在城市的应用，推进城市电力使用符合生态环境标准，促进居民的身心健康，减少噪声，净化空气和水质，全力保障高品质绿地，塑造"绿色之城"。

（四）上海——智慧城管

上海构建一张整合的城市管理"数据湖"网络，在"交通""健康医疗""健康食安""环保""城市公共设施"五大领域形成大数据创新应用。积极推行电子亮证执法，缩短行政执法证办理申请更新周期，提升一线执法队员执法便利度。各地区积极探索创新，例如虹口区推动网上勤务、网上办案、网上诉处、指挥监管、疫情防控、一店一码、数据库等接入区"一网统管"平台，通过大数据支撑增强平台服务能力；浦东新区利用微平台构建发现—告警—处置—反馈流程，大幅度提升执法规范性。

（五）杭州——智慧交通

杭州 2016 年在全国率先提出并开始建设城市大脑，并于 2017 年发布杭

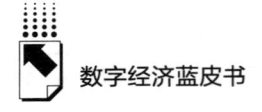

州城市大脑交通系统，将海量城市交通管理数据、互联网平台数据等集中录入共享数据平台，对城市交通进行即时分析和调度。目前，杭州正积极打造城市大脑2.0智慧交通场景，包括智慧规划、智慧交管、智慧公交、智慧地铁、智慧物流、智慧停车、智慧慢行多个子场景，着力打造畅通、安全、便捷、高效、绿色的城市交通。

四 重庆市新型智慧城市建设的对策建议

（一）重点发展方向

坚持"以人民为中心"的理念，着力加强数字政府、数字社会建设，全方位提升城市治理效能，建设高品质生活宜居地。加快构建智能化治理体系，重点聚焦城市管理、政务服务、公共安全、应急管理，强化数字技术在政府管理领域的应用。运用数字技术解决社会公共问题，深度开发各类便民应用，重点聚焦交通出行、健康医疗、教育教学、生态环境，拓展数字化公共服务。

（二）聚焦"四个一网"

1. 城市运行"一网统管"

依托重庆市智慧城市运行管理中心"三中心一平台"功能定位，加快全市统一智慧消防综合应用平台、应急指挥调度平台、网格化共治平台等重点应用工程建设，推动全市非涉密业务系统接入，支撑区县打造具备区域特色的智能化应用场景。围绕"住业游乐购"全场景集，推动业务系统深层次开发应用，升级打造"三融五跨"综合性应用场景。持续拓展提升能力平台效能，为市级部门和区县智慧应用建设提供规范化、集约化、一体化能力服务模块。

2. 政务服务"一网通办"

加快"渝快办"平台系统架构优化和功能升级，优化统一身份认证系统，建设非税收入统一支付平台。开展平台移动端界面优化设计，完善服务事项办事指南和办理流程，优化平台移动端"亮证""扫码"功能。以电子社保卡为载体，推出"渝快码"一体化应用，实现扫码确认身份、扫码预约办事和扫码支付，推行政务服务"一码通"。在企业开办、不动产登记、公安等领域打造一批电子签名、电子印章应用场景，推出一批在线开具证明服务，实现零材料提交、零跑动办理。完善"一件事一次办"系统申办受理、材料分发、信息核验等功能。开通"渝快办"平台移动端跨区域"无感漫游"服务，打通"亮证"互认通道，推进电子证照跨区域应用，推动更多"跨省通办"事项"掌上办""指尖办"。

3. 应急管理"一网调度"

整合生产、物流、互联网平台企业和社会组织及公众等资源，实现各类应急资源的统一汇总、分类管理，构建全社会一网协同调度机制。构造涵盖公共安全事件事前、事发、事中、事后各流程的综合管理平台和网格化应用系统，实现流程可视化管理，形成应急管理业务闭环。建立风险源运行体征监控模型，强化对全市安全生产形势影响较大的重点行业领域和影响范围及程度较大的自然灾害的实时监测，推动应急管理由事后处置向事前防范、事前化解、事前管控转变，由单线条应急管理向协同联动转变。按照突发事件种类，自动智能匹配跨部门的应急工作协同和联动，对突发事件做出有序、快速、高效反应。

4. 基层服务"一网治理"

全面推进综治中心规范化建设，实现市、区县、乡镇（街道）、村（社区）四级综治中心信息化规范化建设全覆盖，发挥社会治理实战化平台作用。逐步整合大城智管、社会保障、卫生健康、公共法律服务等已建和未建的党政部门延伸到村的公共服务信息系统，在全市形成纵向贯通市、区县、乡镇（街道）、村（社区）、网格五个层级，横向联通市域社会治理有关成员单位，全面覆盖平安重庆建设目标责任、部门联动、无缝衔接、分级集成、分级分类处理网格事件的工作机制，实现网格化服务管理"多网合一"、全域覆盖。进一步推进"雪亮工程"建设，加强城市与乡村公共安全视频监控建设与联网，构建基于智能化感知预警、网格化集约管理、一体化联动共治的网格化智能化基层治理体系。

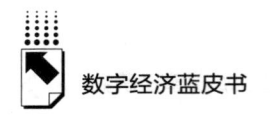

（三）聚焦重点领域

1. 交通出行"全城互联"

打造新一代智能交通服务体系，实现人、车、路、环境协同高效发展，大幅提升交通管理的智能化水平，全面增强市民出行的便捷性。建设全面覆盖、泛在互联的交通基础设施和运载装备运行状态感知体系。建设城市交通智能管理平台，完善智能化交通决策支撑系统，加强交通、公安、城建、规划、城管、旅游、气象等领域信息化综合支撑能力，依托各部门数据资源交换共享和开放应用工作，构建综合交通大数据决策支撑体系。整合交通全行业数据，建设综合交通大数据管理平台，推动建设交通运输行政执法综合管理、危化品运输监管、港口协同管理、智慧公路综合管养决策、交通运输安全生产监管和质量监督等智能化应用。深化与大型互联网出行服务商的合作，加快建设出行服务平台，完善行程预定、路径一键规划、公共交通无缝衔接等功能，打造一站式出行服务品牌。统筹建设智慧停车平台，强化全市停车场实时动态一体化管理。

2. 健康医疗"全民共享"

以"人口家庭、电子健康档案、电子病历"数据资源库为基础，形成健康智能服务大数据资源体系。持续推进二级及以上公立医院"智慧医院"示范建设，充分运用新一代信息技术，提升医院智慧化服务水平，改善患者就医体验。加强医疗卫生服务智能化设备配置，拓展医疗导诊、物资标识、物流仓储、智能穿戴、动态监测、语音识别等场景的智能应用。建立健康医疗大数据公共卫生智能服务体系，重点拓展以妇幼、老年、慢性病等特殊群体为主的智能公共卫生健康管理服务。依托健康医疗大数据和人工智能相关技术，建立疾病智能早筛与预防机制。建设传染病智能预测平台，基于多源、海量和动态数据，实现传染病智能预测预警。建立重大疫情监测预警体系，运用大数据、人工智能、云计算等数字技术，为疫情监测分析、病毒溯源、防控救治、资源调配等提供支持。加大智能影像辅助诊断、智能用药辅助决策、智能培训教育及常见病辅助诊疗、智能语音电子病历等医疗辅助诊断与医学教育智能化应用创新力度。

3. 教育教学"全员可学"

大力推进智慧校园建设，构建物理空间和网络空间有机衔接、智能灵活、开放共享的校园环境。集约化搭建"渝教云"智慧教育平台，推动全市教育信息系统数据、用户、应用、业务和服务集成。优化资源建设、应用与共享机制，扩大优质数字教育资源供给，建立健全智慧教育优质资源供给体系。推动中小学数字资源共建共享，实施"一师一优课、一课一名师"行动，聚合一批优质中小学数字课程资源，并通过网络联校、网络课堂、名师课堂、远程同步智能课堂等渠道，向贫困地区、薄弱学校精准推送，缩小区域和校际教学水平差距，助力"教育扶贫"。推动智能技术深度融入教育教学全过程，促进教学内容、教学形式、学习方式、学习评价创新，实现教学模式转变。运用物联网、虚拟现实、人脸识别等技术，建设智慧教室、智慧实验室、虚拟仿真实训室等智能教学应用场景，为智能化条件下教学模式创新提供有力保障。推进各级教育管理信息系统建设与应用，以大数据带动教育治理科学化，形成运作科学、协同精细、响应及时、流程优化的智能教育管理服务体系。

4. 生态环境"全域美丽"

加快建设生态环境大数据新型基础设施，推动5G、人工智能、物联网、IPv6地址规划、卫星遥感、边缘计算、高性能计算等重庆市重点布局的新型网络基础设施、智能计算基础设施在生态环境领域的落地应用。进一步加密大气、水、土壤、地下水、温室气体、噪声、生态状况、农村环境、核与辐射等环境监测点位，优化站点布局，扩大覆盖范围，逐步形成城乡全覆盖、指标全覆盖的生态环境监测网络。加快建设环境质量、污染源、生态保护等核心基础库，建设生态环境信息"一张图"和数据资源共享服务系统。加强重点任务调度、环境应急指挥、环境形势分析、政务运行监管等场景下的综合应用服务，辅助智能调度、科学指挥、精准研判和高效监管。构建生态环境大数据分析应用模型，充分挖掘生态环境大数据潜在价值，重点探索环境污染成因、环境演变趋势、治理效果模拟、流域水污染产排污与断面水

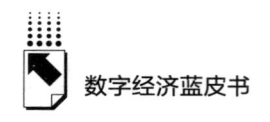

质响应关系等场景下的大数据分析应用。

5. 城市管理"全城智管"

着力在"大城智管"上下功夫、求突破，强化大数据智能化技术在城市管理领域的广泛应用。加快建设立体精准感知系统，优化工作流程和扁平化管理机制，完善万米单元网格管理法和城市事部件管理法。通过应用物联传感技术和智能化设备，对城市管理的人、事、地、物、组织等方面实行立体监测和精准感知。在城市管理维护作业中推广应用智能机器人，加强对区域绿地变迁、城市绿地发展、风景园林建设的动态监测。加强城市管理部门与公安、交通、消防、综治、应急等部门视频资源共享应用，全面整合城市管理领域数据资源，搭建城市管理部件物联和视频智能监控"两张网"。开展智能发现、智能派遣和非现场处置、非现场执法等智能化应用。推进城市管理智能业务系统建设，构建以城市公用设施、环卫、水务、执法、园林绿化等为主体的智能城市管理综合业务系统。

参考文献

贾舒：《中国特色新型智慧城市的多维目标与建设路径》，《长白学刊》2021年第4期。

常丁懿、石娟、郑鹏：《中国5G新型智慧城市：内涵、问题与路径》，《科学管理研究》2022年第2期。

崔巍：《大数据时代新型智慧城市建设路径研究》，《社会科学战线》2021年第2期。

唐斯斯、张延强、单志广等：《我国新型智慧城市发展现状、形势与政策建议》，《电子政务》2020年第4期。

滕吉文、司芗、刘少华：《当代新型智慧城市属性、理念、构筑与大数据》，《科学技术与工程》2019年第36期。

郭雨晖、汤志伟、翟元甫：《政策工具视角下智慧城市政策分析：从智慧城市到新型智慧城市》，《情报杂志》2019年第6期。

党安荣、甄茂成、王丹等：《中国新型智慧城市发展进程与趋势》，《科技导报》2018年第18期。

浦天龙：《打造宜居、韧性、智慧城市》，《人民日报》2022年12月19日，第015版。

B.20
构建"渝快办"政务服务体系 推动数字政府建设提质增效

李宗磊*

摘　要： "渝快办"政务服务体系是重庆数字政府建设的重要内容。本报告分析"渝快办"政务服务体系建设的情况和成绩，总结出可供借鉴的经验。通过客观研判，提出要实现政务服务"一网通办"的目标，仍然面临着一些困难与挑战，需要进一步以平台赋能、标准赋能、数据赋能、技术赋能、制度赋能，不断完善"渝快办"政务服务体系，推动数字政府建设提质增效。

关键词： 数字政府　"渝快办"　电子政务　重庆

数字政府建设是电子政务发展的新阶段。电子政务在我国走过40多年的历程，从"办公自动化""三金工程"到"两网四库十二金"再到"互联网+政务服务""一网通办、一网统管"，数字政府的建设发展之路，是我国推进政府职能转变的重要过程，而加快建设服务型政府，更是有助于不断推进我国国家治理体系和治理能力现代化。随着不断深化的数字政府建设，我国政府网上服务迈向以跨越地理区位、机构部门的一体化政务服务为特征的综合服务阶段。这一跨越使得企业群众办事流程更加便捷、服务渠道更加多样，从而进一步推动电子政务发展。推进"互联网+政务服务"，着力破解企业和群众强烈反映的办事难、慢、差、繁等问题，是数字政府建设的重

---

* 李宗磊，重庆市人民政府电子政务中心主任。

要内容和题中应有之义。近年来，重庆市坚持把推进"互联网+政务服务"作为贯彻落实党中央、国务院决策部署，把简政放权、放管结合、优化服务改革推向纵深的关键环节，加快构建"渝快办"全市一体化政务服务体系，促进政务服务线上"一网通办"、线下"一窗综办"，有力助推了区域营商环境持续优化和政府数字化转型。

一 主要做法及成效

（一）围绕织好"一张网"，打造全市社会治理和公共服务的网上"总门户、总平台、总枢纽"

按照"一网通办"的体系架构、制度建设和路径设计，建成"渝快办"全市一体化政务服务平台，联通38个区县、4个开发区和所有乡镇、村社，并对接国家政务服务平台，实现"国家—市—区县—乡镇—村"五级贯通，为推动政务服务"一网通办"提供公共入口、公共支撑、公共通道。截至2022年12月，"渝快办"平台实名认证用户数达到2500万人，累计完成事项超过2.5亿件，PC端成功实现服务事项"一站式"解决，移动端上线事项1800余项，月活跃用户超过600万人。

（二）围绕只进"一扇门"，推出政务服务"一站式"集成办理

充分发挥政务大厅群众办事重要渠道和线下支撑作用，依托统一平台提升实体政务大厅服务能力，推行"综合窗口受理、并联集成审批、一个窗口出件"工作模式，变"多门"为"一门"。各市级部门依据办件业务量大小，设置综合办事大厅或专门窗口；区县设置行政服务中心（大厅），推动政务服务"三集中三到位"，乡镇（街道）、村（社区）两级分别设置公共服务中心和便民服务中心，方便群众在"家门口"办事，形成了线上线下功能互补、相辅相成的政务服务新模式。同时，聚焦企业办事高频需求，推出审批服务专区服务。市住房城乡建委构建"工程建设项目审批服务专区"，集中办理20余个部门100余项审批服务事项，一般社会投资项目全流

程审批时限由102个工作日压缩至50个工作日以内,一般政府投资项目全流程审批时限由203个工作日压缩至70个工作日以内。

(三)围绕"最多跑一次",推动网上办、掌上办成为政务服务重要渠道

依托"渝快办"平台的服务能力,政府得以大力推动政务服务网上办、掌上办、码上办、就近办,力争让企业群众办事"只跑一次"或"一次都不跑"。一是依托"渝快办"政务服务平台,推进政务服务事项向网上集中。如市市场监管局在平台推出"E企办"快捷服务,将开办企业所需办理的全部事项集中到一个服务中,"一体式"完成营业执照、印章和发票的申领。目前,95%以上的市级行政许可事项网上可办,99%的事项实现"最多跑一次"。二是依托"渝快办"平台移动端,大力推进政务服务向"掌上办"延伸,"渝快办"移动端上线便民服务事项涵盖户政、社保、医疗卫生、交通出行等20余个高频服务部门。三是依托"渝快码",推进政务服务"码上办"。创新推出轻量级随身应用二维码——"渝快码",实现"多码合一、一码核验"。目前"渝快码"已关联了2000多个应用场景和服务,群众通过"渝快码"可以在广阳岛、重庆图书馆、市规划展览馆、红岩联线等文旅场景和部分医院实现线上预约和扫码通行,实现"一码通行""一码就医""一码乘车"。同时,创新推出"渝快办+银行""渝快办+邮政"服务模式,在全市区县政务服务大厅、8000多个行政村和建行营业网点投放1万余个自助终端,在全市各邮政网点设立"政务服务点",入驻企业群众高频的政务服务事项,让群众在"家门口"就能办事。

(四)围绕实施"一体监管",构建政务服务全流程跟踪监管体系

一方面,通过"渝快办"效能监管系统,开展全流程网上跟踪监管,精准定位政务服务中的堵点、卡点,督促相关部门加快办理进程。办事人只需在网上一次提交办事申请,后台自动进入全流程监管,办事人可随时查询办理进度。截至目前,"渝快办"网上服务事项按时办结率达99.99%。另

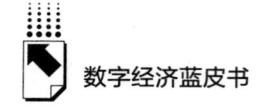

一方面，开展以评促改。构建多元化反馈渠道，办事群众和企业可以通过互联网渠道（网上办事大厅、个人移动端、二维码）、线下渠道（实体自助终端、线下人工窗口）、通信渠道（短信、热线电话）等多种方式对办事效率、服务质量等体验进行评价，从而落实办事"好差评"体系。推动政务服务事项、评价对象、服务渠道3个覆盖率和差评整改率、回访率实现"五个100%"，截至目前，"渝快办"网上办事好评率高达99.98%，差评整改率达到100%。

二 经验与启示

（一）系统整合、信息互通是基石

网络通信是促进政府政务服务"一网通办"的支撑，重点是要做到互通数据、整合服务。重庆市以建立完善"渝快办"全市一体化在线政务服务平台为抓手，融合各市级部门相关数据，将各部门、各机构内分散且独立的程序综合接入"渝快办"政务服务平台，从而将零散的、混乱的服务程序变为整体的、综合的、便捷的办事平台，使得各部门、各机关、各平台、各行业的政务数据能够互通互换，最大限度地满足各政府机关和各部门对于政务服务数据的需求，从而有助于推动各级各部门政务服务数据的共享。

（二）统一标准、规范服务是前提

重庆市坚持合力推进一网通办，首先就是规范标准，统一办事规范、工作流程、服务设置以及系统支撑，建立全市各区县各乡镇统一的标准化体系。先后出台多项地方标准，陆续发布《重庆市政务服务管理办法》和《重庆市深入推进政务服务事项通办改革深化"全渝通办"工作方案》等文件，要求全市各行政机关统一标准办理各行政审批和公共服务，对同一事项无区别标准化办理，夯实了一体化平台的基础。

（三）整合流程、协同业务是重点

推进数字政府建设并非机械照抄线下传统的政务服务流程，而是一个"取其精华、去其糟粕"的过程，以原有的线下服务流程为基础，简化流程、创新方式、协同业务。重庆市政府依托"渝快办"一体化政务服务平台，为企业群众提供"一站式"服务。具体表现为对与办事企业和群众相关的500多项高频服务事项进行优化，通过简化办事流程来大幅减少事务办理和审批耗时从而提高办事群众和企业的服务体验，从而进一步推动更多服务事项全流程在网上办理。

（四）效能监管、考核评估是手段

效能监管是倒逼政府职能部门改进服务、提升效能的重要手段。在"互联网+"时代背景下，重庆建成了"渝快办"政务服务效能监管中心，跨越时间、空间限制，对审批事项进行全过程跟踪监管，对发现的问题及时追查解决。同时，建立完善"渝快办"政务服务效能评价指标体系，在全市各区县开展政务服务效能评价，督促各区县以评促建、以评促改，既提升政务服务效能，又提高企业和群众的获得感和好感度。

三　存在的困难与问题

从近年来重庆市推进"互联网+政务服务"实践来看，要实现政务服务"一网通办"的目标仍面临一些困难与挑战，主要集中在以下几个方面。

（一）网上服务供给还有待进一步丰富

整体来看，当前仍存在人民群众逐渐增加的网上政务服务需求和数字政府建设不平衡不充分之间的矛盾，一定程度上还存在政府"提供的服务不需要、需要的服务找不到""主动上网的服务事项少，被动上网的服务事项多"的现象，网上办事的覆盖度和精细化程度有待提高。

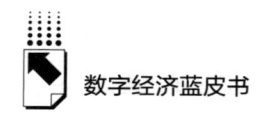

（二）政务数据开放共享还有待深化

政务服务信息资源的整合调用还不够完善，同时共享信息和协同业务方面还有待深度改革，一些行业部门数据开放授权不充分，仍存在申请数据时间长、流程复杂的问题，使用共享数据有次数、时段、频次的限制，同时无法获得实际数据或关联的数据，不利于数据的广泛共享利用，省际以及地方与国家部门之间信息共享和业务协同供需矛盾突出，"信息孤岛"仍然存在。

（三）有关法规保障体系还有待健全

虽然近年来从国家到地方陆续发布了一系列关于推进数字政府建设的相关政策文件，但涉及具体业务细节的有关法律法规缺位，对深化"互联网+政务服务"的支撑力度还不够。如电子证照、电子印章、电子材料、电子档案方面虽然出台了技术标准，但在实际应用中还缺乏配套制度的支撑，法律效力还未完全形成共识。

（四）改革配套制度措施还有待完善

"互联网+政务服务"是一项复杂的系统工程，涉及业务和技术深度融合，涉及深化改革和制度创新，涉及理念变革和利益调整。目前的网上政务服务依旧是各个部门各个机构在平台上运作，只是基本实现在"渝快办"的机械集中，与整体协同服务的目标还有差距。并未对部门之间的流程进行有机改革，需要政府继续加大在机构设置和职能调整方向的改革力度，建立一整套适应数字政府深化改革的组织结构，完善相关配套措施，全面支撑业务协同与高效服务。

四 展望与建议

一方面，加强数字政府建设是顺应当前数字化发展浪潮、信息技术日新月异的潮流。在习近平新时代中国特色社会主义思想的指导下，全面深化数字化改革，建设网络强国、数字中国，充分发挥数字政府建设对数字经济、数字社会、数字生态的引领作用，是提高国家治理体系和治理能力现代化水平的必要措施。另一方面，加强数字政府建设有利于加快转变政府职能，建设法治政府、廉洁政府和服务型政府。2022年6月，国务院印发《关于加强数字政府建设的指导意见》，提出要立足新发展阶段，完整、准确、全面贯彻新发展理念，构建新发展格局，将数字技术广泛应用于政府管理服务，推进政府治理流程优化、模式创新和履职能力提升，构建数字化、智能化的政府运行新形态，不断增强人民群众获得感、幸福感、安全感，为推进国家治理体系和治理能力现代化提供有力支撑。

一是坚持平台引领，着力提升政务服务系统的运行效率。结合民众的具体问题和需求，听取办事企业和群众对于办事流程和服务效率的意见和建议，进一步优化平台用户身份统一认证、证件照片服务、民生服务、公共缴费等基础功能；同时，在整合政务服务PC端、移动端、大厅自助终端与线下大厅人工服务的基础上，依托一体化政务服务平台，形成各渠道、多层次、全覆盖的一体化服务体系，发挥"渝快办"平台在建设数字政府上的枢纽作用。

二是坚持标准赋能，持续推进政务服务标准化建设。强化行政权力清单和办事指南标准化，统一事项清单目录，统筹服务事项和监管事项，建立统一规范的标准体系，推动实现同一事项"同标准受理、无差别办理"，进一步提升业务协同性和服务效率，为推动政务服务"一网通办"和城市治理"一网统管"提供支撑。

三是坚持数据赋能，加快推进数据有序共享、有效利用。进一步加大政务数据开放力度，推进政务数据跨层次、地域、部门、系统、业务有序共享，实现网络通、数据通、业务通，助力政务服务事项办理"减时间、减环节、减材料、减跑动"。加强政务数据与社会数据融合应用，拓展便利服务应用场景，最大限度减轻企业群众办事负担。

四是坚持技术赋能，加快新技术助力智慧政务建设。积极适应智慧政务

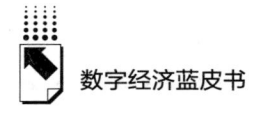

发展的新要求，充分利用互联网、大数据、人工智能、区块链等新技术，统筹数字政府建设与安全，持续推动政府数据"看得见、管得住、用得好"，在保障企业和个人信息安全的前提下，推出一批数字化、智能化应用场景，提升数字政府的智慧化精准化服务水平。

五是坚持制度赋能，建立健全数字政府的制度保障体系。考虑全局性、系统性、协同性和前瞻性，进一步加快完善数字政府建设统筹管理机制，综合调度建设数字政府的各项工作，建立健全符合数字政府建设的相关法规和制度，确保数字政府建设在法律框架下合法、有序推进。

参考文献

翟云：《中国数字政府建设的理论前沿问题》，《行政管理改革》2022年第2期。

王学军、陈友倩：《数字政府的公共价值创造：路径与研究进路》，《公共管理评论》2022年第3期。

王谦、刘大玉、陈放：《智能技术视阈下"互联网+政务服务"研究》，《中国行政管理》2020年第6期。

王伟玲：《中国数字政府形态演进和发展瓶颈》，《行政管理改革》2022年第5期。

张鹏、赵映：《互联网时代政务服务改革的兴起、审视及优化》，《上海行政学院学报》2021年第1期。

张楠迪扬：《"互联网+政务服务"视阈下网上行政审批便捷度：概念构建与分析维度》，《中国行政管理》2022年第1期。

B.21 重庆市数字政府建设：现状、挑战与应对

张永恒*

摘　要： 习近平总书记强调，"增强数字政府效能"。以党的十八届三中全会为起点，我国踏上以"国家治理体系和治理能力现代化"为目标的全面深化改革之路，开启了具有中国特色的国家治理新篇章。本文分析了重庆数字政府建设的现状，总结了山东、浙江等地数字政府建设的典型做法及经验，提出重庆推进数字政府建设应坚持党对数字政府建设工作的全面领导、实施"434"方略等总体思路，以及打造可信赖"整体政府"、构建"数据+服务+治理+协同+决策"的政府运行新范式、建设数智决策大脑、提高基层治理智能应用有效渗透率和到达率等对策建议。

关键词： 数字政府　"渝快办"政务服务平台　政务数据资源　重庆

党的十九大提出，打造数字政府、培育数字经济、构建数字社会。这要求通过数字中国和智慧社会建设，以大数据促进国家治理的现代化，加快创新政府管理和社会治理。《国务院关于加强数字政府建设的指导意见》（国发〔2022〕14号），提出了数字政府建设的目标任务。其中，到2025年，数字政府建设要在服务党和国家重大战略、促进经济社会高质量发展、建设人民满意的服务型政府等方面发挥重要作用；到2035年，数字政府基本建

---

* 张永恒，重庆社会科学院研究员，研究方向为政治经济。

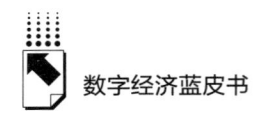

成,要为基本实现社会主义现代化提供有力支撑。这对加快推进法治政府、廉洁政府和服务型政府建设具有十分重大的理论意义和实践意义。

一 重庆市数字政府建设现状分析

所谓数字政府,通常认为是利用新一代信息技术,对政务信息化的管理、业务、技术等架构进行重塑,全力构建政务新机制、新平台、新渠道,全面提升政府各领域的履职能力,推动形成用数据对话、数据决策、数据服务、数据创新的现代化治理模式。

重庆市委、市政府高度重视电子政务建设,改革开放以来,重庆电子政务建设经历"办公设备电子化""部门设备信息化""公共服务网络化""电子政务一体化"阶段。1986年,市委、市政府探索微型计算机办公。1993年,在国家"三金工程"中,重庆市政府规划"21129"工程,着力建设信息港,力争到2005年,重庆基本建成信息港,到2010年,建成重要信息枢纽。1997年6月,"中国重庆"公众信息网正式开通,2002年1月,市政府率先在全国省级政府中取消了纸质公文,全部在网上进行。2001年市政府发布的《关于推进我市电子政务建设的工作意见》明确提出,在"十五"期末要初步建成技术先进、标准统一、功能完善、安全可靠、全市统一的电子政务平台。2003年市政府发布的《关于推进我市电子政务建设的工作意见》提出"211241"计划,对重庆电子政务发展蓝图做了相应规划,对建设技术先进、稳定可靠的电子政务平台做了制度安排。党的十八大以来,市委、市政府按照电子政务的决策部署,积极推进全市电子政务体系建设,编制7项"渝快办"地方标准和电子证照、"一窗综办"、"好差评"系统3个工程标准,电子政务建设取得明显成效。

(一)强化机制建设,加强政务统筹管理

市政府电子政务中心是市政府办公厅所属正处级公益一类事业单位,主要承担统筹协调全市政府系统电子政务相关事务性工作,协同相关市级部门

推进全市政府系统电子政务统筹建设和管理的事务性工作。负责全市"互联网+政务服务"的技术体系建设工作；负责组织"渝快办"全市一体化政务服务平台的建设、管理和运营，线上服务运行效能监测。负责全市电子政务外网骨干网络建设管理和运行维护，推动政府系统行业专网对接融合。负责全市政府网站集约化平台建设管理和运行维护；负责市政府门户网站及其政务新媒体的建设管理和信息发布工作。负责组织开展政府系统电子公文运转等由市政府办公厅牵头的跨地区、跨部门、跨层级应用系统建设。

（二）共享数据，提升政务数据资源和协同能力

建设"渝快办"政务服务平台作为全市社会治理和公共服务的网上总门户、总平台、总枢纽，为全市各级部门网上服务提供公共入口、公共支撑和公共通道。全市118个部门业务系统与"渝快办"平台对接融合，这与浙江、上海、广东等地相当，位于全国前列，归集全市238种电子证照数据超过1亿条，为38个区县45个市级部门4个开发区制作电子印章5000余枚。

（三）构建平台，提升政务服务能力

推进"一网通办"。基本实现了国家、市、区县、乡镇（街道）、村（社区）五级纵向贯通，建成"渝快办"全市一体化在线政务服务平台，接入58个市级政务服务职能部门，联通38个区县、4个开发区和1032个乡镇（街道）、11209个村（社区），并对接国家政务服务平台。促进了线上"一网通办"和线下"一窗综办"协同融合，全面构建"标准统一、就近交件、协同办理、一次办成"的政务服务新模式，提供"7×24小时"不打烊自助服务，方便申请人就近办、多点办、自助办。完成市级电子政务外网骨干网络线路扩容提质，为进一步增强电子政务外网承载能力提供有力支撑。在市政府部门、区县、乡镇覆盖率实现100%的基础上，进一步向村社、企事业单位、高校延伸。增强"渝快办"政务服务平台服务能力，依托智慧城市智能中枢核心能力平台，提供统一的身份认证、电子签名、电子签章等共性

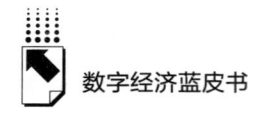

服务。同时，在标准规范体系、安全保障体系落实及政策法规体系完善、新技术在电子政务中创新应用等方面取得较好成效。此外，近年来，重庆出台了《重庆市电子政务外网建设技术规范（试行）》《重庆市政务服务管理办法》《重庆市深入推进政务服务事项通办改革深化"全渝通办"工作方案》等系列制度文件，初步构建起电子政务的制度体系。

（四）形成典型案例——"渝快办"

按照全国一体化在线政务服务平台总体架构和标准规范建设的重庆市政务服务平台，是全市社会治理和公共服务的网上"总平台、总门户、总枢纽"，是重庆深化"放管服"改革，推进"互联网+政务服务"的重要成果。为适应移动互联网发展趋势，2018年11月，重庆市网上办事大厅推出"渝快办"手机小程序，推动政务服务向移动端延伸拓展，2021年7月发布"渝快办"3.0版。截至2022年10月，"渝快办"实名认证用户数突破2000万人，累计办件量超过2亿件，电脑端政务服务事项"一站式办理"实现全覆盖，移动端上线服务事项1800余项，日访问量超过50万人次，成为重庆"互联网+政务服务"的亮丽名片。《人民日报》、新华社、中央广播电视总台等中央媒体和市级主流媒体多次报道"渝快办"的经验做法。

二 相关省市数字政府建设的经验与启示

（一）做法及成效

"数字政府"是"数字中国"体系的有机组成部分，对推动数字经济发展、数字社会建设具有重要意义。近年来，相关省市在推进数字政府建设过程中推出了典型做法，积累了丰富的经验。其中，浙江省的"数字化转型"、广东省的"数字政府"改革、上海市的"一网通办""一网统管"等发展模式非常具有参考借鉴意义。

1. 广东省数字政府建设及成效

广东省围绕全面建成"智领粤政、善治为民"的"广东数字政府",着力实现"四个提升"和"五个全国领先",通过系统化实施数字政府建设,打造省域治理"一网统管"体系,建设"粤治慧"平台,形成对全省整体状态的即时感知、全局分析和智能处置。其中,"四个提升"是指在理念上,要实现由"数字政府"建设向全面数字化发展提升;在技术上,要实现由数字化向智慧化提升;在服务上,要实现由侧重政务服务向治理与服务并重提升;在数据资源处理上,要实现由数据资源管理向数据资产开发利用提升。"五个领先"是指"广东数字政府"建设要实现在政务服务水平、省域治理能力、政府运行效能、数据要素市场化改革和基础支撑能力等五个方面处在全国领先水平。

2. 浙江省数字政府建设及成效

自国家发展改革委、中央网信办将浙江纳入国家数字经济创新发展试验布局以来,浙江省不断强化制度供给,积极推动数据开放,数字政府建设取得积极成效。加快打造"掌上办事之省""掌上办公之省"。浙江省一体化政务服务平台"浙里办"注册用户突破5400多万人,依申请政务服务事项100%网上可办,群众企业办事基本实现"网上办理""最多跑一次"。机关内部"最多跑一次"实现率达100%,部门间办事事项实现"一网通办"。加快打造"掌上治理之省"。上线运行全省统一执法监管系统,掌上执法率已达到90.6%。推进"社会治理一张图"建设,建立网格基础信息动态排查、地址数据统一管理机制。依托"大数据+网格化",实施"一库一图一码一指数"精密智控,实现了疫情防控和复工复产"两战赢"。提升数字赋能企业服务水平。强化"企业码"建设与推广应用,完善"一码一平台"企业长效服务机制,据不完全统计,2020年领码用码企业达263.8万家,9.43万件诉求"码"上解决,立"码"兑现政策资金168.9亿元。持续迭代建设投资在线平台3.0,全省一般企业投资项目的审批事项、材料、环节、费用大幅缩减。构建以信用为基础的新型监管机制。深入实施信用"531X"工程,基本实现行业信用等级差异化监管功能全覆盖。深入拓展信

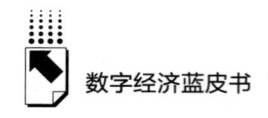

用场景应用，在公共交通、医疗卫生、公积金等重点民生领域开展重点应用，探索形成"一县一场景"，涌现出衢州"信用+融资服务"、温州绍兴医保"信用+行业监管"、长兴县村民诚信档案"信用+基层治理"等多种场景应用，不断提升治理效能和惠民便企获得感。信息基础设施互联互通。近些年浙江省持续健全信息基础设施，增加平台建设应用，促进数据资源整合共享，形成以数据制度为中心的智慧城市新基础设施。比如杭州，当前杭州市基本达到光纤网络全面覆盖，全部市城镇区域综合覆盖，5G网络也在逐步建设中。杭州市依靠"城市大脑"，创建了纵横全覆盖、事项全口径、内容全方面与服务全途径的电子政务云平台，建成统一信息资源共享平台，创建数据资源管理标准与开放共享规范，达到多个数据库的同步与海量处理。

3. 山东省数字政府建设成效

出台公共数据管理法规。近年来，持续开展数据汇聚、共享及开放工作，在数字政府建设中积累大量数据资源，形成数据生成、流转、应用、反馈的闭环流程和立体安全防护体系，为强化全省公共数据管理提供了有效的制度保障。加强公共数据统筹管理，提升政府信息资源的利用水平和政务服务能力。强化基础设施集约利用，避免重复建设及"信息孤岛"。破解跨部门、跨层级政务服务标准不统一、平台不联通、业务不协同等问题。激发民间创新力量，释放公共数据巨大价值。实现公共突发事件处置中的数据共享，提高处置效率和精准性。全链条服务打造企业开办极速时限。行政审批服务局通过数据赋能，创新打造"办成360+政银合作"工作模式，不断推进流程再造，全链条服务群众，实现了"时间最短、材料最简、环节最少"的目标，企业和群众的满意度不断提升。根据群众的需要，行政审批局推进数据互联互通，通过共享交换平台和政务服务平台，打通了公积金系统和社保、医保、税务系统数据，实现了实时共享，政务服务事项全部实行"一号申请、一网通办"，开展网上预约预审、咨询办证服务，让"网络多跑腿，群众少跑腿"；以优化政务服务平台建设、整合办理环节、提高服务指导等方面为切入口，全面推行"一窗受理"；成立"帮办代办服务"、开创

"政银合作""政信合作"、推进"掌上开办""智能审批""企业一日开办"等,延伸帮办链条,通过推进各项配套政策措施,整合企业新开办环节,提高企业开办效率。同时为企业提供"办成360"高质量服务,进一步增强群众和企业的获得感和满足感,营造优质、便捷、高效的营商环境。

(二)启示

广东、山东、浙江等兄弟省市推进开展的数字政府建设工作,为全面提升政府治理水平积累了许多成功有效经验。基于广东的"3+3+3"模式、山东的"1+N"模式、浙江的"四横三纵"模式、北京的"一网通办"模式,以及福建的"大整合、大平台、大数据、大共享、大服务""五个大"模式,我们可获得以下经验借鉴。

1. 注重顶层设计

政府数字化转型是一次纵向到底、横向到边的全局性、全方位改革,必须由主要领导牵头,营造改革必胜的氛围,注重顶层设计,落实数字政府转型系列发文,给予预算保障,分步实施,持续推进。

2. 提升数字化素养

深化对各级政府工作人员的数字化培训。以大数据、人工智能等新型技术为中心的全球新一轮科技革命与产业变革孕育兴起,对政府组织形态与运作方式造成严重的打击,也给很多干部带来"本领恐慌"的剧烈冲击。短时间内要做好各级干部的数字化知识与技能培训工作,集合培训一轮,提高机关公务员使用互联网技能与信息化措施开展工作的意识与能力。从长远来看,要创建适应数字政府发展标准的人才战略与举措,创建人才培养、引入、流动以及应用制度,各个单位部门强化信息化机构与专职工作人员的配备,促进信息化和业务的实际结合。

3. 迭代改善政务服务平台特别是掌上服务平台

网上掌上办事作为群众对数字政府的第一直观感知,需要从用户角度对政务服务网进行场景化、向导式完善,特别是要顺应越来越多的人民群众使用手机办事情的特征,从用户感受方面持续强化政务服务流程与使用

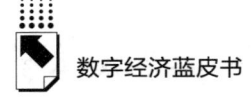

规划，经过用户旅程地图来梳理用户办事场景每一个过程的需要、感知与痛处，用人民群众"来不来用、爱不爱用"的结果考察政务服务成效，强化办事感受。创建完善统一的业务协同平台，对接各服务平台与各个部门单位办公系统，冲破"业务孤岛"，清除"僵尸"信息系统。

4. 成立"数字政府"公众监督咨询委员会

成立"数字政府"公众监督咨询委员会，吸收人大代表、政协委员以及专业技术人员等，直接体现"数字政府"创建最应优先注重与处理的社会民生问题，最大限度了解民情民意，从而推进一流"数字政府"创建。同时，加强安全保密工作。严格贯彻落实网络安全管理、信息与数据安全保密体系，消除公众对信息隐私的顾虑。在促进数字政府创建中需要同步创建完善网络与信息系统密码保障制度，加强监测、预警、应急处理以及政务信息体系上线前安全测评，贯彻落实信息体系安全等级保护、涉密信息体系分级保护、风险评测与安全测评等相关工作。加强政府、企业以及个人分层分级分流标准化制度创建，对于不同密级的政务数据，应用相应等级密码划分不同的安全域开展对应保护。

三 重庆数字政府建设的对策建议

（一）把握重庆数字政府建设面临的主要挑战

1. 统筹规划服务支撑能力有待强化

从市级层面看，电子政务建设管理协调职能分散在多个部门，电子政务网络、政务云平台、大数据资源中心、基础数据库、政务服务平台、信用信息平台等基础平台由不同部门牵头，政务信息系统整合和数据共享力度较弱，信息化项目清单管理、立项审批、概预算评审等流程周期长，传统信息化项目管理方式难以适应当前"小步快跑、快速迭代"的互联网应用新模式。

2. 政务信息资源共享水平有待提高

认识不足，管理协调机构缺乏更加有力的抓手，跨行业、跨部门管理协调不够有力，政务信息资源开发、利用和整合能力偏弱，造成大量政府信息资源的闲置和浪费，一定程度上存在政务信息资源条块分割的现象，难以满足数字政府建设需求。

3. 政务服务的广度和深度有待拓展

全市电子政务应用系统建设存在区域和部门发展不平衡现象，尤其是在"三农"领域，电子政务服务力度不够，存在明显的"数字鸿沟"现象。此外，存在基层组织政务信息发布偏少和更新不及时的现象，基层服务能力偏弱。

（二）谋划重庆市数字政府建设的总体思路

推进重庆数字政府建设，坚持党对数字政府建设工作的全面领导，实施"434"方略，即以坚持"四大导向"为基本理念，以构建"三大体系"为发展目标，以优化"四大机制"为关键路径。一是在基本理念上，坚持"四大导向"。数字政府建设关键不在"数字"，而在于"治"，回归政府治理本位才能抓住对数字政府的基点理解。因此，注重并加强系统性、整体性、协同性、开放性是数字政府的发展趋势和内在要求，也是加快推进政府治理现代化的重要着力点。二是在发展目标上，构建"三大体系"。扎实推进数字化使能业务、数字化治理业务、数据化能力业务体系建设，力争在2035年形成比较完备的数字政府实践体系、理论体系和制度体系等"三大体系"。三是在关键路径上，优化"四大机制"。建立协调推进机制，协调解决"数据孤岛"、效率低下和效果不佳等问题。建立资源统筹机制，强化总体设计，而非各自为政、各搞一套。建立质量评估机制，设立第三方评估机制，确保数字治理系统投入有效、功能好用、绩效客观。建立数据公开机制，推动公共数据资源向公众开放，支持更多主体使用公共数据资源开发和提供公共服务。建立技能培训机制，定期对政府工作人员进行数字能力培训，提高数字治理能力。

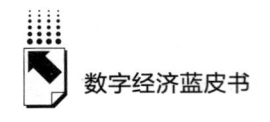

（三）具体的政策建议

1. 打造可信赖的"整体政府"

多措并举，切实增强数字政府效能。数字政府改革建设，重点是改革和创新传统政府的运作模式、传统政务信息化建设模式，在简政放权、减证便民等方面充分运用信息化手段，实现便民高效，最大限度减少企业和群众办事负担。推进政府数字化转型，提升政府治理水平，深化数字化引领、数字化撬动、数字化赋能，系统迭代，整体提升，实现政府履职方式方法的数字化重塑，将政府数字化转型优势转化为强大治理效能，开拓治理体系和治理能力现代化新格局。

2. 重塑体制机制，构建"数据+服务+治理+协同+决策"的政府运行新范式

搭建并完善数字政府业务协同体系，不断推动政务服务流程优化再造，做到量化闭环。建设完善跨部门、跨区域、跨层级的大平台、大系统，提高政府数字化的综合服务能力、综合管理能力和综合决策能力。强化城市级大数据综合应用平台智能感知技术能力和水平，增强城市数据感知、分析、决策和执行环节的畅通性。

3. 重塑组织体系，建设数智决策大脑

加快构建以大数据为支撑的决策体系，建设一屏全览的综合展示可视化平台，打造科学决策"驾驶舱"。提升云网支撑能力，优化完善"多云共治"体系，推动政务应用全面上云。推动公共政务平台集约化建设，重点加强对数据共享交换、公共数据开放、档案信息资源共享服务领域平台的应用。

4. 重塑核心能力，提高基层治理智能应用有效渗透率和到达率

深化拓展网格载体，纵深打造多元网络化联动治理体系，持续实现网格内人、物、事的全天候实时化动态化智能化管理和服务。推进数字化应用渗透到基层治理各领域，打造一批多跨场景，改善基层治理全域化生态环境。聚焦激活数据要素潜能，打造数字流量配置的战略枢纽。

参考文献

习近平:《深入学习坚决贯彻党的十九届五中全会精神确保全面建设社会主义现代化国家开好局》,《人民日报》2021年1月12日。

习近平:《在哲学社会科学工作座谈会上的讲话》,《人民日报》2016年5月19日。

B.22
重庆智能网联汽车与智慧城市的协同发展研究[*]

卢 飞[**]

摘　要： 智慧城市是现代化城市发展的未来趋势，而智能网联汽车是智慧城市发展的关键切入点，两者协同发展将极大提升城市的发展效率和管理效率，显著改善人居环境。近年来，重庆市委、市政府对城市发展阶段和发展基础的深刻把握，以及对智能网联汽车和智慧城市协同发展的前瞻引导，为双智融合奠定了坚实基础。但在双智融合发展中仍然存在诸多瓶颈，建议从政策环境、产业支撑、平台发展、生态构建等方面予以改善，提升双智融合速度和质量，让人民群众在城市中生活更方便、更舒心、更美好。

关键词： 智能网联汽车　智慧城市　双智融合

　　智慧城市是智能网联汽车发展的"基础底座"，智能网联汽车是智慧城市发展的关键切入点，二者具有密不可分的关系。智慧城市是运用物联网、云计算、大数据、空间地理信息集成等新一代信息技术，促进城市规划、建设、管理和服务智慧化的新模式和新理念，是转变城市发展方式的客观需求，是改善和保障民生的重要途径，是调整城市产业结构的有效手段，是推

---

[*] 项目支持：本文系重庆社会科学院2022年应用对策项目一般课题"推动成渝地区双城经济圈建设在国家区域重大战略中的地位作用研究"阶段性成果。
[**] 卢飞，重庆社会科学院城市与区域经济研究所副研究员，研究方向为金融理论与政策、区域经济。

动生态文明建设的战略选择。随着智慧城市与智能网联汽车协同发展的不断深入，智慧城市能将智能网联汽车拥有的大数据、云平台、移动通信、精细管理、智能运营等优势植入城市的基础设施建设、城市管理和公共服务当中，极大提升城市的发展效率和管理效率；而智能网联汽车的产品和服务有效缓解了传统汽车给城市带来的交通拥堵、安全事故、环境污染、停车难等突出问题，显著改善了人居环境，让人民群众在城市中生活更方便、更舒心、更美好。2021年5月，住房和城乡建设部与工业和信息化部共同确立北京、上海、广州、武汉、长沙、无锡6个城市为双智协同发展第一批试点城市；同年12月，确立重庆、深圳、厦门、南京、济南、成都、合肥、沧州、芜湖、淄博10个城市为第二批双智试点城市。重庆汽车产业集群实力雄厚，智慧城市建设也初见成效，但在双智融合方面还存在诸多瓶颈亟待突破。

一 重庆智能网联汽车与智慧城市协同发展成效

（一）双智融合政策体系初步建立

在智能网联汽车建设方面，2018年重庆市政府第32次常务会议指出，汽车产业是国民经济的重要支柱，新能源汽车和智能网联汽车是引领汽车产业转型升级的突破口。要加快实施以大数据智能化为引领的创新驱动发展战略行动计划，推动汽车和先进制造、互联网、大数据、人工智能深度融合，大力发展新能源汽车、智能网联汽车，推动重庆市汽车产业质量变革、效率变革、动力变革。力争到2022年，全市汽车产业转型升级取得明显成效，成为全国重要的新能源汽车和智能网联汽车研发制造基地。随后，重庆市人民政府办公厅先后印发《关于加快汽车产业转型升级的指导意见》《重庆市加快新能源和智能网联汽车产业发展若干政策措施（2018—2022年）》《重庆市支持新能源汽车推广应用政策措施（2018—2022年）》，大力提升汽车产业产品电动化、智能化、网联化、共享化、轻量化水平，打造现代供应链体系，壮大共享汽车等应用市场，实现产业发展动能转换，重庆智能汽车产业发展开始驶入快车道。2022年9月，重庆市人民政府印发《重庆市建设世界级智能网联新能源汽车产业集群发展规划（2022—2030年）》，明确到2025年初步形成世界级智能网联新能源汽车产业集群雏形，智能网联新能源汽车产销量占全国比重达10%以上；打造一批全国领先的智能网联新能源汽车整车企业和品牌、引育一批关键零部件企业、创建一批创新平台、突破一批关键技术、搭建一批应用场景，基本形成智能网联新能源汽车产业新生态，智能网联新能源汽车产业链、供应链服务全国，并具有一定的国际辐射能力。到2030年，建成世界级智能网联新能源汽车产业集群，产业规模达全球一流水平；打造1~2家全球一流的智能网联新能源汽车企业和品牌，形成全球一流的智能网联新能源汽车产业链生态，打造全球一流的智能网联新能源汽车体验之都，智能网联新能源汽车产业链、供应链、创新链具备较强的国际辐射能力。2022年9月和10月，重庆市人民政府办公厅发布《重庆市推进智能网联新能源汽车基础设施建设及服务行动计划（2022—2025年）》和《重庆市建设智能网联新能源汽车零部件供应链体系行动计划（2022—2025年）》，明确了加快推进智能网联新能源汽车基础设施建设及服务、建设智能网联新能源汽车零部件供应链体系的目标和重点任务。

在智慧城市建设方面，2015年重庆市人民政府办公厅印发《重庆市深入推进智慧城市建设总体方案（2015—2020年）》，提出要全面推进网络信息基础设施、信息共享基础设施建设，打造国内一流的光网城市、高速无线城市及具有国际影响力的大数据枢纽，完善社会公共信息资源基础数据库，搭建智慧城市公共信息平台，建成水土政务资源数据中心，改造升级城市智能感知设施，加快构建宽带、融合、泛在及信息共享的智慧化基础设施，基本实现城市中人、物相互感知和互联互通，全面提升全市信息基础设施承载能力及服务水平；强调促进医疗健康、优质教育、社会保障、养老关怀、就业帮扶、交通出行、文化传播、旅游便民、气象预报、智慧社区、智慧商圈等以人为核心的智慧化体系建设，打造信息惠民公共服务平台，为市民提供高效、高质、多样化的公共服务，全面提升城乡居民幸福感。2019年，重庆印发《重庆市新型智慧城市建设方案（2019—2022年）》，提出到2022年重庆将建成全国大数据智能化应用示范城市、城乡融合发展的智慧社会样板，并以新型智慧城市创新建设带动重庆实现新一轮跨越式发展。重庆市委、市政府对城市发展阶段的深刻把握，以及对智能网联汽车和智慧城市发展的准确认知和前瞻引导，为双智融合奠定了坚实基础。

（二）双智融合探索取得成效

重庆是山地城市，拥有极为特殊的交通地形，因而被认为是自动驾驶路测的"全能型考场"，丰富又有特色的测试场景具有较高的参考价值。作为第二批双智试点城市，重庆加快建设智能感知设施、打造车路协同平台、强化场景应用，试验区在交通上的改善与提升成效已经开始显现。

双智融合示范区域建设方面，重庆已在两江新区、永川区等地进行项目布局，2022年3月1日开始实施的《重庆市智能网联汽车道路测试与应用管理试行办法》明确指出，重庆将科学划定智能网联汽车政策先行区，划定道路测试与应用路段和区域，开展智能网联汽车道路测试与应用。

国家级车联网先导区建设方面，两江新区建有全国第四个、西部第一个国家级车联网先导区。目前，两江新区正同步推进"三区一线两点"的路端、场景端和平台端建设，致力打造三大类应用场景。"三区"即礼嘉、悦来、龙盛3个片区，打造车路协同测试场景；"一线"即连接悦来、礼嘉片区的礼悦路，打造集智慧交通、智慧城市、生活休闲于一体的车路协同示范体验场景；"两点"即综合保税区空港功能区、果园港，打造智慧物流车路协同应用场景。2022年底，两江新区将完成400个以上车路协同路口升级，1万台车载单元（OBU）安装，实现全区车联网全覆盖。2022年2月，先导区内的礼嘉智能网联自动驾驶项目正式开放示范运营。此次开通的自动驾驶巴士线路全长6.2公里，共投入5台自动驾驶巴士进行示范运营。礼嘉智能网联自动驾驶项目开放示范运营，标志着两江新区建设国家级车联网先导区取得重大进展。

西部自动驾驶开放测试与示范运营基地建设方面，基地内全国首个L4

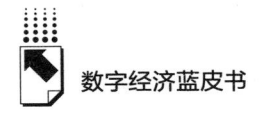

级自动驾驶公交车示范运营项目已开启收费运营。首批投入收费运营的自动驾驶公交车（Robobus）共3辆，巡航车速为每小时近40公里，可实现精准靠站，轻松应对公交站场景及更为复杂的城市道路路况，满足公交正常运营的需求。整个基地建成自动驾驶开放测试道路220公里，部署了包括Robobus和Robotaxi在内的22辆自动驾驶车辆，并对30个路口进行智能化改造。目前该基地已经成为西部地区开放道路里程最长、应用场景最丰富、测试车辆规模最大的基地。通过智能交通项目的推进，试行路段的交通运行效率得到了提升，拥堵情况得到了一定缓解。在由百度承建的90余个智能信控路口中，实现试点道路平均车速提升约5公里/小时，停车次数减少约20%，市民高效行车的同时也降低了驾车出行成本。

二 重庆智能网联汽车与智慧城市协同发展瓶颈

（一）双智融合顶层设计有待强化

双智融合发展是复杂的系统性工程，带来汽车、信息通信、道路交通等多领域的跨界融合，拓展了原有的产业生态格局，这给现行的政策体系、管理机构、法规标准以及管理规范等带来巨大挑战。重庆目前尚未形成面向双智融合的相关整体规划，在涉及的汽车、交通、能源等专项规划中融合度不够；管理体制机制方面还未理顺，存在多主体运营、跨部门协作困难、数据壁垒难以打破等问题；标准规范还未及时建立，存在"一区一策"、基础设施建设资源重复、标准不统一、难以互联互通、成本高等问题；地方立法较为滞后，适应各细分领域发展的政策法规难以应对跨界融合发展，存在智能网联汽车安全监管、数据网络风险防范等难题。例如，双智融合最为需要的车辆及其行驶环境的实时数据，以及公安、交通、规划等部门关联数据，分散于各部门、车企、运营商/设备商及平台企业，数据主体较多，数据权属不清，由于缺乏统一的数据调度管理机制，平台存在数据通信互联互通壁垒及信息孤岛现象，缺少数据或者无数据，不能有效开展相关场景应用和场景跨区域测试应用，也不能提供跨平台、跨层级、跨区域服务，"有应用无客户现象"突出，对全市的示范应用造成较大阻碍。因此，亟须形成跨部门、跨领域的协调机制与清晰的顶层设计。

（二）智能网联汽车技术存在"卡脖子"瓶颈

在发展智能网联汽车上，相比发达国家和跨国车企，重庆在感知部件、"核高基"系统软件、高精地图、车路协同等方面还有比较明显的差距，核心"卡脖子"技术仍然受制于人。其中，汽车芯片自给率不足10%，超过90%的电子芯片依赖进口。高比能量电池和高安全电池、高密度驱动电机、高性能动力电控系统等"三电"核心技术短缺。高速轴承、高端材料、毫米波雷达、软件、传感器等对外依存度高，核心专利被国外企业垄断。此外，本土工业软件企业数量少、实力弱，缺乏规模大、实力强的工业智能化控制集成与工业应用软件开发供应商。

（三）缺乏全市统一的大数据云控基础平台

目前，国家已启动智能网联汽车大数据云控基础平台的建设试点，两江新区、高新区、永川区均已在本区域建设云控基础平台，但各平台在建设标准、数据要求、应用功能、信息安全等方面差异较大，存在设备通信接口、系统平台接口不统一，未建立标准化体系等问题，不能有效进行数据共享和业务协同，实现与国家平台的无缝衔接。更为重要的是，由于无全市统一的大数据云控基础平台，各区域平台的数据标准、数据目录、逻辑架构、系统接口、业务流程、功能组件等无统一标准遵循，导致车辆不能跨区互认，基础设施和智能应用场景不能全市通用。

（四）产业生态构建缺乏系统谋划

双智融合需要汽车产业生态由零部件、整车研发生产及营销服务企业之间的"链式关系"，逐步演变成汽车、能源、交通、信息通信等多领域多主体参与的"网状生态"。目前，重庆智能网联汽车产业、电子信息产业、5G

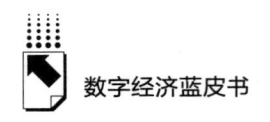

新基建等产业发展存在割裂,产业之间缺乏相互赋能、协同发展的联动,产业链完整度也有待提高。

三 对策建议

(一)加强顶层设计,完善双智融合相关政策及标准

加强政策统筹、部门协调、行业协作、上下联动,形成跨部门、跨行业、跨领域协调发展合力。加强规划引领,将双智融合纳入国民经济和社会发展规划,以及城建、汽车、交通、能源等专项规划。优化体制机制,提升双智融合组织保障能力,设立较高级别的部门联席会议或者工作专班,协调解决双智融合过程中的重大问题。加快完善地方立法、技术标准制定、安全测试认证等工作。加快出台车车通信、车路协同等标准及用例规范;探索在生产准入、质量管控、注册登记、地图测绘、安全监管等方面突破对智能网联汽车的应用限制;加强安全管理,严格落实《网络安全法》《数据安全法》《个人信息保护法》等法律法规,针对双智融合中可能出现的数据与网络安全等网络风险威胁用户财产和生命安全的情况,提前制定好相关政策,增强对车联网企业、产品准入、车辆联网运行、联网关键设备、平台应用服务等关键环节的监管能力,强化数据分类分级、安全评估认证等安全风险管理体系建设。

(二)加快平台建设,组建西部车网(重庆)有限公司

组建西部车网(重庆)有限公司,整合各方资源力量、统一建设模式、集中力量打造生态、助力产业升级,高度融合包括大数据、人工智能、移动互联网、先进制造等领域在内的集成创新成果,促进集成创新与产业化。车网公司着力推动智能网联云控系统建设,通过整体架构设计,以资源共享的方式促进现有基础设施的有机集成;通过示范应用完善架构设计并进行全国统一的智能网联汽车基础设施建设,分摊各单位的建设成本,提高资源有效

利用率，形成产业统一的标准和规范；通过开放式的生态建设加速智能汽车技术研发和迭代，为智能网联汽车商业模式探索提供标准统一的基础设施环境，加速推进智能网联汽车商业化落地进程，助力重庆在智能网联汽车领域实现引领发展。通过车网公司的建设，立足重庆、面向成渝地区双城经济圈，打造重庆市"车、路、云"一体化运营平台，加快推动以云控基础平台为核心的智能网联汽车"中国方案"实践应用，推动重庆市汽车产业转型升级、促进高质量发展、支撑打造世界级智能网联新能源汽车产业集群。

（三）加强创新发展，强化智能网联汽车产业支撑

进一步自立自强加快智能网联汽车产业补链扩链强链，提升智能网联汽车产业创新水平，结合本地智能网联汽车示范场景、技术成熟度、产品解决方案等，研究提出智能网联汽车产业补链扩链强链技术路线图和具体实施方案。利用汽车、电子信息产业生产贸易优势加快产业链上下游技术优势企业导入，推动产业链高度集成实现扩链；推动现有双智融合优势企业向微笑曲线两端延伸，提升企业在产业链中的地位实现强链；加大关键共性技术研发支持力度，统筹利用专项资金、国家重大专项计划等措施，重点突破车载芯片、核心器件、操作系统、车辆线控平台等核心技术实现补链。通过智能网联汽车示范应用，以及支持政策和消费市场环境的营造，围绕产业链上的若干环节进行战略引进和产业孵化。结合智能网联汽车产业链和产业新生态的发展趋势，推动汽车与 ICT 等相关产业融合发展，培育新型产业链。加快汽车产业创新中心建设，促进长安汽车集团、中国汽车工程研究院、重庆车检院和重庆大学汽车学院等单位协同打造"产业链创新联合体"，建立自主可控技术体系。打造公共数据资源库、标准测试数据集、云服务平台等，促进各类通用软件和技术平台的开源开放。按照军民深度融合的要求和相关规定，推进平台技术军民共享共用。

（四）加大融合力度，构建双智融合生态系统

全面加速汽车与装备制造、能源、交通、信息服务等相关产业的融合，

推动汽车产业与智慧城市双转型发展。在产业布局层面，打造空间上高度集聚、上下游紧密协同、供应链集约高效的智能网联汽车产业集群、电子信息产业集群、高端智能装备制造产业集群等，形成围绕双智融合的特色制造业集群、通用制造业集群以及服务业集群。在技术创新层面，结合自身实力，围绕双智融合发展，适度布局颠覆性技术创新、前沿性技术研究、基础性技术研究、核心性技术研究、产品及应用技术研究，突破技术研发与产业化关键技术。在企业建设层面，加快引导培育重庆自己的生态主导型双智融合链主企业，致力于提供双智融合产业链标准、管控双智融合供应链纽带、掌控双智融合产业链上下游清算结算的价值链和专利支付管理枢纽。通过车联网先导区、智能网联汽车测试区等措施，加大车联网基础设施、商业应用、产业集聚等多区域部署力度，加强技术研发、网络建设与运营、商业应用、创新平台等的落地实施，形成多元参与的生态系统。

参考文献

《住房和城乡建设部　工业和信息化部关于确定智慧城市基础设施与智能网联汽车协同发展第一批试点城市的通知》，2021年4月28日。

《住房和城乡建设部　工业和信息化部关于确定智慧城市基础设施与智能网联汽车协同发展第二批试点城市的通知》，2021年12月1日。

重庆市人民政府：《重庆市建设世界级智能网联新能源汽车产业集群发展规划（2022—2030年）》，2022年9月8日。

重庆市人民政府办公厅：《重庆市深入推进智慧城市建设总体方案（2015—2020年）》，2015年9月2日。

重庆市大数据应用发展管理局：《重庆市新型智慧城市建设方案（2019—2022年）》。

《重庆礼嘉智能网联自动驾驶项目开放运营》，央广网，2022年2月21日。

B.23
数字医疗促进重庆卫生健康事业高质量发展的实践探索

重庆市卫生健康委员会

摘　要： 近年来，重庆数字医疗在以大数据智能化为引领的创新驱动发展战略行动计划指引下，不断完善全民健康信息平台支撑体系、整合优化健康医疗数据资源、深化拓展卫生健康智能应用，全面推进数字医疗服务的深度应用和融合发展，为全市卫生健康事业高质量发展提供重要支撑。未来，重庆将围绕《重庆市卫生健康信息化"十四五"发展规划》，强化顶层设计和工作统筹，夯实卫生健康数字新基础、打造卫生健康数字新服务、营造卫生健康数字新生态，加强数字医疗发展的体制机制创新，完善相关标准和政策，推进数字医疗持久健康发展。

关键词： 数字医疗　卫生健康事业　数字健康

随着经济社会和新一代信息技术的快速发展，社会发展和人民生活逐步迈向网络化、数字化、智慧化进程。数字社会的来临，催生了居民日益增长的卫生健康需求，也带来了卫生健康服务模式的变革。同时，新冠疫情也给卫生健康行业带来严峻考验，在疫情冲击下，引发对数字健康发展的进一步思考。近年来，重庆市以实施以大数据智能化为引领的创新驱动发展战略行动计划为指引，按照《重庆市智慧医疗优先行动实施方案（2018—2020年）》和《重庆市智慧医疗工作方案（2020—2022年）》的要求，以实现行业智能治理专业化、居民智能应用个性化、医院智能服务精准化为目标，

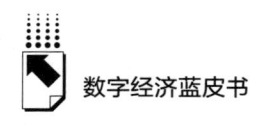

进一步完善全民健康信息平台体系、整合优化健康医疗数据资源、深化拓展卫生健康智能应用，全面推进数字医疗服务的深度应用和融合发展，为重庆市卫生健康事业高质量发展提供了重要支撑。

一 数字医疗促进重庆卫生健康事业发展的实践及其成效

（一）全民健康信息平台的基础支撑不断夯实

以居民全生命周期健康信息为抓手，以业务应用为驱动，加快推进全市卫生健康数据互联互通、共享汇集，推动全民健康信息平台基础支撑体系更加坚实，为数字医疗发展打下坚实基础。一是完成市—区（县）两级全民健康信息平台基础建设，积极推进基层医疗卫生机构信息基础设施配备。持续优化网络基础设施，加快推进"一张网"优化升级，实现全市7557家医疗卫生机构专网接入，平均带宽全面提升。二是建成电子病历、电子健康档案、全员人口家庭信息和基础资源四大数据库，有力支撑了公共卫生、医疗服务、医疗保障、综合管理等业务应用。三是平台基础功能不断完善，市级基本完成数据采集交换、规范上报共享、信息资源目录、居民健康卡注册管理、信息安全、大数据应用支撑等平台基础类功能建设。四是业务协同能力加速提升，建成市级统筹的妇幼健康信息管理系统、疾控信息基础系统、血液管理信息系统、执法监督信息系统、互联网医疗与远程医疗监管系统、中医馆健康信息平台等，逐步推动垂直业务信息化协同，行业数字化水平大幅提升。

（二）医院信息化智慧化水平不断提升

医院信息化建设稳步推进，智慧医疗服务能力更加坚实。一是医院信息化基础建设大幅跃升。全市各级医院实现HIS系统、EMR系统建设全覆盖，LIS、PACS系统建设覆盖率分别达98%、95%，超声系统建设覆盖率提高到

89%。全市超过50%的医院建成集成平台，实现院内数据标准统一、业务高效协同。二是信息互通共享能力持续提升。以评促建示范效果显著，9个区县级信息平台和11家医院信息平台通过国家医疗健康信息互联互通成熟度测评认证；41家医院通过电子病历系统应用水平分级评价四级评审。三是"智慧医院"示范建设稳步实施。自2018年以来，全市累计建成智慧医院57家，加快推动医疗、护理、医技、管理、科教等服务与新一代信息技术的深度融合，改善医疗服务流程，为患者提供智慧便捷连续的医疗全流程服务，有效提升了群众就医体验。

（三）健康医疗大数据汇聚和创新应用不断深化

健康医疗大数据资源汇集体系日益完善，初步建立全市健康医疗大数据基础体系和基础资源数据库。一是建成全市统一的医疗机构数据平台，接入公立医院227家、民营医院17家，基本实现公立医院实时监测全覆盖；建成全市卫生健康数据交换与共享系统，汇集数据251亿条，其中全员人口家庭档案3600多万份，电子健康档案3300多万份，电子病历2500多万份。二是制定卫生健康政务信息资源目录，梳理数据资源目录276个、18000余条字段；推进以电子病历与健康档案数据共享互阅为核心的智慧健康信息服务应用。三是推动健康医疗大数据深度挖掘，开展基于疾病诊断相关分组（DRG）的医疗服务绩效评价，助推服务能力提升和医保支付方式改革；基于多元健康医疗大数据助推公共卫生服务水平提升，发布流感、手足口病两种传染病预测模型及慢性阻塞性肺疾病筛选模型，以多源数据测算市级居民健康预期寿命。

（四）"互联网+医疗健康"服务应用范围不断拓展

一是电子健康卡全面普及应用，全市电子健康卡发卡1041万张，完成1200家医疗卫生机构应用环境改造，群众用卡超1.6亿次。二是实现川渝往来人员在两地医疗机构"扫码就医""一码通用"。截至目前，全市共952家医疗机构可识别四川发放的电子健康卡，累计用卡8.9万次；四川共723家医疗机构可识别重庆发放的电子健康卡，累计用卡40.63万次。三是推动互联网医疗服务创新发展。远程医疗服务覆盖所有区县，23个区县建成区域医学影像（远程读片）中心；家庭医生线上签约、互联网医院等"互联网+医疗健康"服务相继落地，建成互联网医院58家，实现家庭医生线上签约服务全覆盖；开展"5G+卫生健康精准扶贫"试点应用，基本建成5G医疗卫生服务协同平台，助推优质医疗资源下沉；重庆市近80%的二级及以上医院开展各类预约诊疗服务，建成预约诊疗统一"号源池"。四是医学影像云中心等创新模式初步落地，建成重庆市医学影像云中心，接入医学影像报告1200余万份，影像文件超10亿余条，实现市级医疗机构医学影像的跨机构调阅和质控互认，推动数字医学影像创新服务。五是建成"重庆市12320健康信息服务平台"，汇集专业书籍、专家撰写的健康知识3万余条，链接重庆市200余家医疗卫生机构、1400余个预防接种点和10万余名医生，较好地满足了市民健康科普、医疗咨询等需求。

（五）医学人工智能应用实践不断涌现

一是申报并成功入选建设国家智能社会治理实验特色基地（卫生健康），编制实验基地建设方案，谋划未来10年卫生健康智能治理应用场景、机制、模式。二是开展智能公共卫生研究与服务。融合上千万脱敏健康医疗数据和气象、舆情等数据，建立了基于人工智能和大数据的慢性阻塞性肺疾病危险因素筛查模型和流感预测模型，模型准确率均达到90%以上。三是开展智能决策支持研究。以电子病历和人口家庭信息系统等多源个案数据为基础，运用人工智能、大数据相关技术，结合WHO疾病体系和沙利文生命表法计算了220多种疾病的患病率与健康折损，测算了健康预期寿命，该研究是全国第一个公开发布的城市地区级健康预期寿命测算结果。四是加强智能医疗器械设备配置应用，积极推进5G智能远程超声机械臂、手术机器人等大型医用设备配置应用。

（六）疫情防控信息化智慧化保障不断坚实

一是攻坚克难完成南彭、悦来、迎龙等方舱医院信息化建设，打通居民确诊、转运分舱、入舱分床、检验检查、病例归档、出院管理等全业务流程，实现医疗救治与疫情防控信息有效衔接。二是全力支撑全市核酸检测顺利开展。其中，2022年11月1日以来，累计支撑全市4.53亿人次核酸检测"采—送—检—报"全流程服务，日均采集量近1400万人次，单日采集量峰值达2112万人次，全程均高效平稳运行。建立健全核酸检测信息监测机制，持续开展采样进度、检测进度和阳性情况数据监测，为准确反映每日疫情变化提供及时有效的数据支撑。三是开展跨机构跨部门疫情防控信息化建设。推动跨部门数据共享，持续向渝康码、渝快码以及区县卫生健康部门等推送核酸检测数据，有效支撑赋码转码、快速追阳、流调溯源等工作。紧急部署上线重点人群核酸检测台账管理系统，有效支撑全市160余万重点人群的核酸检测动态监测管理。

（七）智慧化"互联网+政务"不断落地

一是建成互联网医疗服务监管系统，实现对全市互联网医院和互联网诊疗服务信息的采集、整合、分析和线上线下一体化监管。二是建成医疗服务行为监管系统，围绕"医疗机构、医务人员、医疗行为"三大要素，形成医疗服务行为监管能力；同步推动与智慧卫生监督执法有机结合，不断完善监管规则和工作机制，构建集"数据采集、数据分析、督促整改、现场核查、裁定判决、责任追究"于一体的全过程、全链条监管体系。三是建成全市医疗机构信息化处方点评系统，在全国范围内率先实现全市170家二级及以上公立医疗机构门急诊全处方信息化点评，建立年度处方点评工作机制并形成相关报告，年均点评处方4600多万张。四是初步建成全市药品使用监测系统，开展供应保障监测、医院药品监测、个性化用药监测，以及"4+7"、国谈药品、集中带量采购药品监测等。五是依托全市统一的"渝快

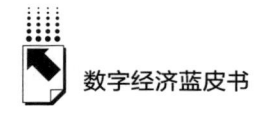

办"政务服务平台开展"出生一件事"、电子证照和"一网通办"等服务事项试点。

二 数字医疗促进重庆卫生健康事业发展面临的困境

（一）统筹管理方面

目前，全市区域间、机构间信息化发展仍不平衡，信息互通还有障碍，还不能很好地适应信息密集的数字健康发展。各业务领域信息系统分散建设，缺少协同发展共建共享的政策规范、业务标准和管理机制。新技术在卫生健康行业的深度应用还有待加强，群众日益增长的信息服务多样性需求与传统的服务模式和能力还不能较好地匹配。此外，信息化整体投入不足，筹资渠道单一，医院基本依靠自筹，区县和市级卫生健康委基本依靠财政投入，支撑数字医疗发展的资金保障机制还没有真正建立。

（二）大数据分析应用方面

区域间、部门间、机构间数据共享仍不顺畅，信息孤岛仍然存在，信息互联互通还有待加强。大部分医疗机构尚未实现较好的数据集成与业务整合，大部分二级及以上医院的电子病历数据还未进入平台汇聚，数据信息资源公开程度还较低。大数据分析应用需要全流程的支撑，目前数据质量，标准规范，计算平台，计算架构，大数据处理、分析、表达等方面还有不足，无法较好地满足大数据的应用需求，数据深度挖掘利用不足。此外，全面掌握医学、数学、统计、计算机等相关学科和应用领域知识的复合型人才缺乏。

（三）标准落地方面

现有数据采集、质控和共享标准体系不能很好地适应数字医疗创新发展要求。信息系统分散建设、标准化程度和数据口径差异以及数据交换共享机制还不健全，使得数据质量和标准执行质量欠佳。同时，国家目前缺少对于健康医疗大数据规范应用和开放共享的相关法律法规，信息安全和数据管理系统尚未建立，缺乏数据所有权、隐私和其他有关法律法规、信息安全等标准规范，技术安全预防和管理能力不足，数据应用价值的体现和运用还不充分。此外，数字医疗发展的监管规则、服务标准、申诉机制、惩处措施等方面存在监管不足，导致数字医疗发展中不规范的问题依然存在。

三 数字医疗促进重庆卫生健康事业高质量发展的思路与主要任务

2021年11月，重庆市卫生健康委员会印发了《重庆市卫生健康信息化"十四五"发展规划》，明确了"十四五"期间重庆市卫生健康信息化工作的指导思想、发展目标和主要任务，为下一步工作指明了方向、规划了路线图。

（一）工作思路和目标

以打造公平可及、系统连续的高质量数字健康服务为目标，以人民健康为中心，以大数据智能化为引领，以卫生健康数字基础设施为支撑，以构建全生命周期的数据管理服务为手段，推动健康医疗大数据跨行业、跨区域协同融合发展，不断催生新形势下"互联网+医疗健康"新业态、新模式、新生态。到2025年，建成国内领先的卫生健康数字化基础，打造成为国内重要的智慧医疗标杆城市，形成在国内具有影响力的数字健康服务能力，推动重庆市卫生健康数字化发展步入全国先进行列。

（二）主要工作任务

从基础、服务、生态三方面来看，共有14项主要任务。

在夯实卫生健康数字新基础方面，提出三项任务"固本强基"。一是构建"卫生健康云"平台和布局行业一张网，加强卫生健康数字化基础能力建设；二是健全基础资源库，建设重大疾病、中医药、卫生监督等公共卫生

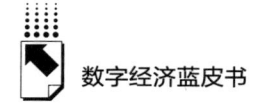

和政务信息主题资源库，形成全市统一的健康医疗大数据资源池，建立卫生健康数据共享交换机制，探索多元协同的大数据共治机制，形成健康医疗大数据资源体系；三是加快卫生健康信息化管理、技术、评估相关标准体系和推进卫生健康基础设施安全防护体系建设，完善数字健康标准安全规范体系。

在打造卫生健康数字新服务方面，重点突出七大场景"应用牵引"。一是强化突发公共卫生智能响应。通过建设传染病智慧化多点触发监测预警系统和完善突发公共卫生事件应急报告监测信息网络系统，增强疾病预防控制智慧化能力，形成一体化的卫生应急指挥决策信息化支撑体系。二是提高智慧医疗服务管理质量。继续深化"智慧医院"建设，推进医疗机构协同救治数字化水平提升，完善短缺药品监测，加强合理用药管理，开展精准药学服务。三是提升中医药信息化服务水平。建设完善中医药大数据体系，推进中医馆健康信息平台建设，实现基层卫生信息系统集成应用；推动中医"智慧医院"和中医"互联网医院"示范建设，推进"互联网+中医药健康"服务，强化基层中医药信息服务能力。四是优化数字健康生活服务方式。完善全市妇幼健康管理信息系统，开展互联网妇幼保健服务管理，提升妇幼保健机构数字化水平；推动全市呼吸医学大数据中心建设，加快构建全市肿瘤数字化防控体系，建设精神卫生管理系统，推动"互联网+"慢病协同服务管理；建立连续、综合、动态的老年健康管理档案，加强医养结合信息化建设和信息服务设施设备适老化改造；建立全媒体健康科普知识发布传播机制，打造官方、权威、专业的健康科普平台，传播推广健康知识和健康生活方式。五是加强数字健康环境监测评价。推动食品安全风险监测评估信息化建设，提升食品安全风险监测敏感性和食源性疾病溯源能力；优化职业病防治综合管理信息系统，强化职业健康各环节智能化辅助分析决策支持；加强健康危害因素监测和智能预警，支撑健康干预措施制定和卫生行政管理决策；制定爱国卫生运动工作综合评价指标和线上评估体系，推进卫生城镇创建以及健康城市、健康细胞建设工作动态监测与线上评价。六是创新数字健康协同治理模式。建立以个人身份信息为索引的人口基础信息协同治理路径,提升人口动态监测能力和人口变动趋势预警水平;加快建立互联互通的分级诊疗信息化支撑体系,实现以"三通"为特征的区县域医共体一体化管理,提升面向基层的远程医疗服务能力;建立基层卫生综合管理信息系统,构建统一的基层机构业务中台,推进基层智能辅助诊疗应用和数字化设备配置;优化升级"智慧卫监"系统,推广行业电子证照应用,提升智能化综合管理能力。七是推动数字健康科教融合发展。积极创建国家级健康医疗大数据应用创新中心,打造产、学、研协同应用平台;搭建医学科研服务平台,充分发挥医疗数据在辅助临床诊断、提升科研效率方面的作用,推进线上线下融合医学教育服务体系建设。

在营造卫生健康数字新生态方面,探索四方面"聚力发展"。一是打造好国家智能社会治理实验特色基地,构建重庆数字健康联盟,集聚卫生健康领域优势资源,联合开展技术攻关,建设标准规范体系,强化宣传引导,营造数字化发展氛围。二是大力发展线上医疗服务新业态,探索智能化卫生健康治理新模式,推动居民健康管理精细化、自主化、智能化;利用卫生健康数据要素市场化建设,催生健康医疗大数据新业态、新模式,赋能数字健康产业。三是创新卫生健康信息化人才引育模式,构建梯度配置的人才队伍;建成产教融合人才示范基地、实训基地、创新中心。四是深化卫生健康领域开放合作。加快推动成渝地区双城经济圈卫生健康一体化发展,加强跨区域跨地域的开放合作等。

四 数字医疗促进重庆卫生健康事业高质量发展的政策建议

(一)强化顶层设计和统筹规划

加强统筹协调,推动《重庆市卫生健康信息化"十四五"发展规划》落地落实。从技术和规则两方面入手,加强信息标准统筹,进一步推动标准的研制和应用工作,建立行业基础标准信息体系,对现有数据逐步实施标准

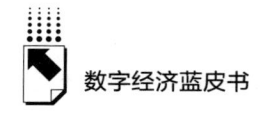

化转化，实现数据的互联互通和共享交换，发挥数据价值。加强对相关信息化建设人员的专业培训指导，在全民健康信息化建设中给予智力支持。

（二）加强有利于数字医疗发展的体制机制创新

创新数字医疗服务模式，实现数字医疗资源共享和医疗服务、健康管理信息共享。创新组织体系，打破医疗机构依照行政关系形成的区域和部门条块分割的格局。创新运行体制，构建"市—区县—社区（乡镇）"以及从市级到国家的符合全体化和区域一体化潮流的网络医疗协同数字信息链。创新服务模式，依托居民电子健康档案和医疗服务信息，丰富数字化医疗方式，提升便民服务水平。

（三）出台推动数字医疗创新应用的标准和政策

强化标准建立、规则制定和行为监管，推动数字医疗规范化发展。针对在线问诊、互联网诊疗行为，建立更加清晰的操作标准和行为准则，提升服务合规性。在《个人信息保护法》《网络安全法》《数据安全法》等基础上，出台包括医疗数据分类、使用主体、使用方式、使用准则等在内的具有可操作性的实施细则和监管办法，严格医疗数据使用。不断创新和丰富数字医疗应用场景，促进高新技术与卫生健康服务融合发展，出台相关标准和政策，明确试点创新应用范围，鼓励应用创新，推动数字医疗与健康产业创新发展。

参考文献

曹艳林、张可、易敏、赵瑞芹：《数字时代的医疗数字化与数字医疗》，《卫生软科学》2022年第10期。

林陶玉、冯文明、方鹏骞：《协同创新视域下数字医疗联合体建设路径分析》，《中国医院管理》2022年第7期。

李言、毛丰付：《中国区域数字产业发展的测度与分析》，《河南社会科学》2022年第 3 期。

陈姬雅、娄雪萍、王蓉蓉等：《数字医疗推动 DRG 点数支付改革的精细化管理》，《卫生经济研究》2021 年第 12 期。

李旭东、李阳：《国内外数字医疗产业模式实践进展——对比分析的视角》，《工业技术经济》2020 年第 7 期。

李兰娟：《数字卫生：助推医改 服务健康——中国数字医疗的现状与展望》，《中国实用内科杂志》2012 年第 6 期。

B.24
重庆市数字经济发展的法治保障研究

叶 明 陈 亿*

摘 要： 数字经济的可持续、健康发展离不开法治的保障。重庆市近年来高度重视数字经济法治建设，有关立法工作取得显著成效，数字经济监管能力也稳步提升。然而，在新形势下，重庆市数字经济的发展仍然面临一些挑战。一方面，协调统一的数字经济法律规范体系尚未建成，具体体现为数据治理配套规则体系有待完善，数字经济立法较分散，缺乏统一的数字经济促进条例；另一方面，协同高效的数字经济监管机制仍需健全，传统的条块监管、事后监管、管制型监管模式受到挑战，公权力机关监管手段也需提质升级。未来需进一步夯实数字经济发展法治基础，加强制度供给、夯实制度基础，转变执法理念、创新监管模式，建设智慧司法、强化司法保障，凝聚社会力量、实现多元共治。

关键词： 数字经济 法治保障 数据治理 数字监管

随着数字技术对经济社会发展全领域、全过程的融入，数字经济正在成为重塑经济结构、重组要素资源、改变竞争格局的核心力量。党的十八大以来，党中央高度重视发展数字经济。党的十九届五中全会提出，"要发展数字经济，推进数字产业化和产业数字化，推动数字经济和实体经济深度融合，打造具有国际竞争力的数字产业集群"。近年来，党中央审时度势、运

---

* 叶明，法学博士，西南政法大学法学院教授，博士生导师；陈亿，西南政法大学经济法学院硕士研究生。

筹帷幄，陆续出台《数字经济发展战略纲要》《网络强国战略实施纲要》，从国家层面为数字经济发展谋篇布局。2021年全球数字经济大会数据显示，我国的数字经济发展规模已经连续多年位居第二。

作为国家数字经济创新发展试验区之一，重庆市积极抢抓新一轮科技革命和产业变革机遇。"十三五"期间，全市上下大力实施创新驱动发展战略，加快推动数字产业化、产业数字化，促进实体经济和数字经济融合发展，充分发挥数据要素资源价值，全市数字经济发展呈现良好态势，取得了积极成效。① 如今，重庆数字经济发展已进入全国"第一方阵"。②

法律是市场经济运行的"底线"，也为数字经济运行设定了高质量发展的空间和轨道。③ 数字经济作为新兴经济形态，正在改变和重塑社会主体的行为关系和社会组织形态，适用于传统经济的法律规范体系、政府监管机制和社会治理格局也应重新调整和适应。在此背景下，重庆市有必要建立完善的数字经济法治保障体系，以促进数字经济行稳致远。

一 重庆市数字经济发展法治保障的现状

我国《"十四五"数字经济发展规划》提出要建设政府主导、多元参与、法治保障的数字经济治理格局目标。作为国家数字经济创新发展试验区，重庆市正大力提升数字经济发展法治保障水平，促进数字经济规范有序发展。

（一）数字经济立法工作稳步推进

近年来，重庆市数字经济相关立法工作已初见成效。截至2022年9月，

---

① 重庆市人民政府印发的《重庆市数字经济"十四五"发展规划（2021—2025年）》（渝府发〔2021〕41号）。
② 《数字经济加速驶入"快车道"》，新华网，https：//baijiahao.baidu.com/s? id = 1740004824990794212&wfr = spider&for = pc。
③ 张昀骥、肖忠意：《数字经济法治体系建设重点领域与有效路径》，《人民论坛》2022年第5期。

以"数字经济"为关键词搜索，重庆市围绕信息通信技术、制造业数字化、服务业数字化、外商投资、数字政府等领域，先后出台1部地方性法规、24份地方规范性文件以及2份地方司法文件，对各行业融合创新发展和数字化转型提出要求并提供支撑，对重庆市数字经济的可持续发展具有积极意义。

值得一提的是，重庆市数字经济立法坚持问题导向，聚焦平台经济、网络安全、数据治理等领域重点发力。一是陆续出台《重庆市人民政府办公厅关于促进平台经济规范健康发展的实施意见》《电子商务平台落实法定责任行为规范》等政策法规，为营造良好的平台经济发展环境提供了法律支撑。二是出台《关于加强网络安全和信息化工作的实施意见》，修订《重庆市网络安全事件应急处置机制》，加强关键信息基础设施安全防护，构建起"谁主管谁负责、谁运行谁负责"和"属地化管理"的网络安全责任体系。三是陆续推动出台《重庆市公共数据开放管理暂行办法》《重庆市政务数据资源管理暂行办法》《重庆市公共数据分类分级指南（试行）》等一批制度文件，明确了数据治理工作的重点任务、主要制度和标准规范。经过充分调研、论证，2022年3月通过《重庆市数据条例》，从数据处理与安全、公共数据资源管理、数据交易和要素市场培育、数据发展应用与区域协同等方面，对数据产业的发展和管理作出全方位规定，为推进重庆市依法治数、促进数字经济高质量发展提供了基本的法律保障。

（二）对数字经济的监管能力不断强化

"十三五"期间，重庆市对数字经济的监管水平不断提升，集中体现在以下三方面。

第一，创新实施"云长制"，数据共享开放取得突破性进展。以推动数据"大集中、大融合"为路径，初步建成数字城市大数据资源中心、重庆云平台等支撑载体，政务信息化系统迁云上云、整合接入、数据汇聚治理等工作取得突破性进展。依托城市大数据资源中心，科学谋划"2+4+N+N"数据治理架构，市政务数据共享系统升级扩容，市公共数据开放系统上线运行；电子证照、法人、自然人、自然资源和空间地理四大基础数据库与68

个数据资源池实现集中部署，优化营商环境、精准扶贫等 4 个主题数据库加速建成，进一步推动政务信息系统数据共享、互联互通和业务协同。建立完善全市数字经济统计、监测体系，探索数字经济应用示范高地建设的体制机制，形成经验模式。

第二，加强重点领域治理。一是大力推进《重庆市优化营商环境条例》在数字经济领域的贯彻落实，对不适应数字经济发展的资质资格、行政许可等事项进行逐步、分类清理，大力释放市场主体创新活力。二是鼓励促进平台经济健康规范发展，建立重庆市促进平台经济规范健康发展联席会议制度，压实网络平台企业主体责任，创新平台经济发展业态，建立健全适应平台经济发展的治理体系，营造平台经济发展的良好法治环境。三是守牢网络安全底线，加强数据安全风险防范和个人信息数据保护，组织开展数字平台违法采集使用个人信息专项治理、政务数据安全风险评估，督促属地 App 整改个人信息收集处理有关问题。[1]

第三，为适应数字经济新业态跨区域的特点，重庆市积极探索开展区域协调监管。依托成渝地区双城经济圈发展战略，川渝两地签署合作备忘录，成立大数据协同发展工作协调小组，制定联席会议和情况通报制度，建立大数据协同发展长效工作机制，协同解决重大突出问题。推动川渝政务数据共享系统互联互通，加快跨地域政务数据、公共数据、社会数据融合，实现两地省级共享系统跨域联通、目录互挂（重庆市共享目录 3534 类，四川省共享目录 1646 类）。[2]

二 重庆市数字经济发展法治保障的主要问题

尽管当前重庆市数字经济发展态势向好，数字经济法治保障成效显著，

---

[1]《打好"组合拳"，提升数字经济治理能力》，重庆日报《2022 年 8 月 11 日》，https://baijiahao.baidu.com/s?id=1740822052965501925&wfr=spider&for=pc。
[2] 重庆市人民政府印发的《重庆市数据治理"十四五"规划（2021—2025 年）》，（渝府发〔2021〕42 号）。

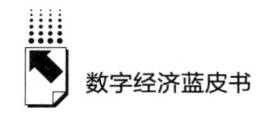

但在新形势下仍然面临一些问题和挑战，协调统一的数字经济法律规范体系尚未建成，协同高效的数字经济监管机制有待健全。

（一）数字经济治理框架和规则体系有待完善

当前重庆市数字经济高速发展与数字经济法律规范之间仍然存在不同步、不协调等问题，如部分重点领域立法空白、有关规范层级不高、实用性不强等。

第一，数据治理配套规则体系有待完善。数据要素是数字经济深化发展的核心引擎，是数字经济时代最具创新价值和关键意义的生产资料。重庆市数据资源规模庞大，但价值潜力尚未充分释放，实践中政府数据壁垒仍然存在，政务数据、公共数据和社会数据的共享利用场景不足、融合开发机制不健全，数据要素资源作用发挥大打折扣。2022年7月1日，《重庆市数据条例》（以下简称《条例》）正式施行，初步划定数据活动有关主体权利义务，为数据活动合规提供根本指引。然而，《条例》作为重庆市数据治理领域基本性法规，由于适用范围较广，对于某些数据活动领域仅能作出概括性规定。因此，在《条例》落地实施后，应尽快搭建起配套的规章规范等，形成以《重庆市数据条例》为基础，以公共数据共享和开放、数据安全、数据授权运营、数据要素市场培育等规章政策和标准规范为补充的数据治理规则体系。[1]

第二，数字经济立法分散化，缺乏统一的数字经济促进条例。《法治中国建设规划（2020—2025年）》明确提出，加强信息技术领域立法，及时跟进研究数字经济、人工智能等领域相关法律制度，抓紧补齐短板。一方面，地方数字经济立法能够充分发挥地方的主观能动性，显示出其引领性和创新性，另一方面也为国家层面的系统立法奠定基础、积累经验。[2] 为响应号召，多地率先开展数字经济促进型立法。2021年3月1日，《浙江省数字

---

[1] 重庆市人民政府印发的《重庆市数据治理"十四五"规划（2021—2025年）》（渝府发〔2021〕42号）。

[2] 孙云清：《完善立法，推动数字经济高质量发展》，《人民日报》2021年10月28日，第19版。

经济促进条例》实施，成为全国第一部聚焦促进数字经济发展的地方性法规；《深圳经济特区数字经济产业促进条例》于2022年9月5日正式颁布，以数字经济核心产业促进为主线，聚焦数字经济产业发展的全生命周期和全链条服务进行制度设计。截至2022年9月，全国已有7个省份出台数字经济促进条例，极大地推动了地方数字经济高质量发展。当前，重庆市数字经济领域立法虽已初见成效，但总体上仍呈分散化，且相关立法层级较低，难以全面保障重庆市数字经济的发展。

（二）数字经济监管机制面临挑战

发展数字经济对数字管理协同发展的行政能力提出更高要求。当前，重庆市数字政府、数字社会建设持续深化，数字经济治理体系和治理能力现代化建设取得显著成果。然而，数字经济领域产业、技术发展速度快，新业态、新模式不断涌现，法律规范的天然滞后性决定了其数字经济的法律监管必然受到诸多挑战。

首先，传统的条块监管模式受到挑战。数字经济强调通过数字技术与实体经济深度融合，2021年，我国产业数字化规模达到37.18万亿元，数字产业化规模为8.35万亿元，占数字经济比重分别为81.7%和18.3%。[1] 从监管角度看，数字经济发展的产业内容多样性、跨区域性以及其所依托平台的功能复杂性等特征，给传统的条块监管模式带来较大挑战。[2] 例如，市场监管部门与交通部门、工信部门、卫健委等部门就数字经济运行的一般性监管与智慧出行、数字知识产权、"互联网+"医疗等领域的行业性监管之间存在协调难题。[3] 此时传统的条块监管模式就容易出现多头监管或监管空白问题。

---

[1] 中国信息通信研究院：《中国数字经济发展报告（2022年）》，http://www.caict.ac.cn/kxyj/qwfb/bps/202207/t20220708_405627.htm。
[2] 王文华、陈丹彤：《数字经济营商环境的法治刍议》，《重庆邮电大学学报》（社会科学版）2021年第6期。
[3] 陈兵：《法治视阈下数字经济发展与规制系统创新》，《上海大学学报》（社会科学版）2019年第4期。

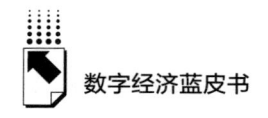

其次，传统的事后监管、管制型监管模式需要调整。由于数字经济发展瞬息万变，传统的事后监管模式难以防范技术型法律风险。此外，由于长期受到管制型经济发展模式影响，产业政策在市场经济运行中或多或少处于优于竞争政策的地位，数字经济领域的竞争不充分。由于数字经济发展存在诸多不确定性，为促进数字经济的发展，数字经济市场应得到"最小干预"，此时公权力机关介入监管的时间节点便显得尤为重要，因此事后监管、管制型监管模式需要调整。

最后，监管方法和手段需要提质升级。数字经济发展中的风险具有技术性和隐蔽性等特点，监管队伍在没有全面准确掌握数据经济运行规律和基本特征的情况下，要想做到科学监管数据经济，可谓困难重重。因此，当前重庆市数字经济的监管队伍在监管方法和手段方面还存在较多局限。

三 重庆市数字经济发展的法治保障对策

展望未来，重庆市数字经济将迈向繁荣成熟期，竞争有序、成熟完备的数字经济现代市场体系建设，离不开法治的保障。针对重庆市数字经济发展态势和特点，应从以下几个方面着手强化和完善数字经济的法治保障。

（一）加强制度供给，夯实制度基础

为回应新时代数字经济发展需求，重庆市应结合数字经济发展新业态和新阶段，坚持问题导向，丰富立法形式，统筹规划、循序渐进，形成契合重庆市数字经济发展特点和现实需求的规范框架和体系。

首先，加强顶层设计，继续统筹推进数字经济领域的立法工作。第一，在开展数字经济地方促进立法时，要明确划定各级政府部门的职责和任务，确保规则更具可操作性；第二，应结合重庆市数字经济发展基础和特色，坚持目标、问题和需求导向，聚焦本地数字经济领域的突出问题提供制度对策；第三，建立数字经济发展容错机制，设置强有力的激励保障措施。可以借鉴其他地方数字经济促进条例中所建立的容错免责机制、发放科技创新

券，对于数字经济发展工作中出现失误但符合规定条件的，不做负面评价等措施。①

其次，加快推进数据治理配套规定的制定和修改工作。一是数据处理与安全方面，推动出台数据安全管理办法，深化落实数据分类分级保护制度，健全完善全市数据安全体系，提升数据安全保障水平。二是公共数据资源管理方面，修订先前出台的两部地方政府规章，使其内容与《重庆市数据条例》有关规定保持协调统一；推动出台政务数据运营管理办法，探索建立政务数据运营制度，开展政务数据授权运营试点。三是数据要素市场培育方面，推动出台数据交易管理办法，加快数据交易中介服务、数据权属确认、数据价值评估、数据交易收益分配等配套制度建设，探索建立数据产品和服务进场交易机制。

（二）转变执法理念，创新监管模式

首先，倡导开放包容、谦抑审慎的治理理念。数字经济是当今最具活力的经济领域，阶段性问题可能会稍纵即逝，现有理论和实践常常难以提供明确答案。因此，数字经济领域行政执法应当坚持纠错型而非扼杀型执法理念，采用行政约谈等柔性执法手段展开事前监管，为数字经济发展提供相对宽松的法治环境。

其次，建立数字经济发展联席会议制度，探索完善跨部门、跨地域协同监管机制。数字经济具有跨领域、跨地区特点，应加强统筹协调，探索建立数字经济联席会议制度，负责贯彻落实中央决策部署，推进实施数字经济发展战略，研究和协调数字经济领域重大问题，协调制定重点领域规划和政策，加强与有关行业、其他地区数字经济协调推进工作机制的沟通联系等。

最后，优化监管手段与方式。我国数字化治理正处在用数字技术治理到对数字技术治理，再到构建数字经济治理体系的深度变革中。② 面对新一轮

---

① 孙云清：《完善立法，推动数字经济高质量发展》，《人民日报》2021年10月28日，第19版。
② 中国信息通信研究院：《中国数字经济发展报告（2022年）》，http：//www.caict.ac.cn/kxyj/qwfb/bps/202207/t20220708_405627.htm。

数字经济变革浪潮，重庆市应加快建设智慧政务，实现智慧监管。一是完善服务事项办事指南和智慧政务。推动公安、税务、社保等部门互联网端信息系统与"渝快办"平台深度融合，实现政务服务事项"统一入口、统一预约、统一受理、统一赋码、协同办理、统一反馈"，推进政务服务事项全流程网上办理。二是建立智慧市场监管平台，以法人基础数据库为核心，统一将基本信息、执法监管信息、信用信息、监测预警信息、检测认证信息等整合到市场主体名下，"标签化"绘制企业，分类分级进行监管、风险智能研判、异常行为监测提醒。

（三）建设智慧司法，强化司法保障

司法机关应当顺应信息化、网络化发展趋势，以数字正义为数字重庆建设保驾护航。一方面，人民法院要紧跟数字中国建设步伐，将科技创新和司法改革深度融合，建立多元化、数字化、智能化的纠纷解决方式，探索满足数字时代需求的诉讼、裁判和调解规则，持续优化数字经济时代的司法供给，努力创造更高水平的数字正义。[①] 另一方面，司法机关应加大对数字经济相关权益的司法保护力度。依法科学划定数字经济新兴主体的法律责任[②]，加大对数字知识产权的保护力度，做到宽严相济，充分发挥法律的指引、评价、教育、预测和强制功能，增强市场主体对法律的遵守度和信任感。

（四）凝聚社会力量，实现多元共治

数字经济治理是一项复杂的系统工程，除了政府要发挥主导作用，还需要平台、行业组织、企业和社会公众多方之间协调配合，走依法治理、互动参与、协同合作的治理之路，形成多方主体良性互动、共建共享共治的数字

[①] 姜伟：《加强数字法治 为数字中国建设保驾护航》，《人民法院报》2021年11月1日，第2版。

[②] 黄骥：《强化数字经济健康发展的法治支撑》，上游新闻网，https://www.cqcb.com/yulunchang/2022-04-25/4856330_pc.html。

经济治理模式。

首先,引导平台自治。互联网平台重塑了现代社会的行为方式和社会关系,在现代经济、社会和政治生活中占据重要地位。应当积极引导平台经营者加强内部管理和安全保障,尤其是在数据安全和隐私保护、商品质量保障、食品安全保障、劳动保护等方面,警示平台经营者在数字经济中加强合规性体系建设,发挥企业内部控制机制作用,协同提升法治实效。[1]

其次,加强行业自律。行业组织是现代社会治理中逐步形成的组织形式,是行业成员与政府之间的桥梁。加强行业自律一方面有助于降低立法和执法成本,另一方面也有利于提高行业组织成员参与意识,在政府监管和自我规制之间建立起良性互动、双向合作关系。应当积极支持和引导行业协会等社会组织参与数字经济治理,鼓励制定行业标准规范、自律公约,并依法规范监督行业内企业的经营行为,为数字经济治理提供必要补充。[2]

最后,激励市场主体和社会公众积极参与共治。一方面,探索建立与企业切身利益相关的激励机制,激发企业的社会责任意识,搭建"政府+企业"共建共治平台,推动企业参与共建共治;另一方面,进一步拓宽群众参与渠道,完善社会举报和监督机制,督促主管部门、平台经营者等及时回应社会关切,推动公民个人依法合理表达诉求,依法依规参与数字经济活动,调动更多力量推动构建共建共享共治的数字生态体系。

四 结语

数字技术的高速发展和深入应用,颠覆了传统的商业模式,在极大促进经济增长的同时,也给市场经济法治的运行带来了挑战。当前,重庆市数字

---

[1] 《国务院关于印发"十四五"数字经济发展规划的通知》(国发〔2021〕29号)。
[2] 申卫星:《"十四五"数字经济高质量发展需要法治护航》,《中国经贸导刊》2022年第3期。

经济立法工作初见成效，数字经济监管水平不断提高，但面临数字经济发展新形势，仍然存在数字经济治理框架和规则体系不完善、监管能力有待提高等问题。对此，应持续加强制度供给，转变监管理念、创新监管模式，建设智慧司法、促进多元共治，通过法治赋能数字经济高质量发展，引领数字技术应用向善向上，保障重庆市数字经济做优做强、平稳高质量发展。

B.25
重庆数字经济人才队伍建设研究

王 涛*

摘 要： 数字经济的快速发展催生了数字经济人才需求，各地纷纷采取措施加快促进数字化人才的培养和集聚。重庆作为数字经济全国"第一方阵"，强机制、建平台、聚产业、优服务，多措并举，大力推动数字经济人才队伍建设。本文介绍了北京大学大数据分析与应用技术国家工程实验室关于数字生态与人才建设的研究，以及北京大学重庆大数据研究院在数字经济人才队伍建设方面的探索经验，以期为重庆数字经济人才队伍建设发展提供参考。

关键词： 数字经济 数字生态 人才建设 人才政策

一 重庆市数字经济和数字经济人才发展概况

党的十八大以来，中央高度重视发展数字经济，出台了一系列规划和政策措施，促进了我国数字经济的快速发展。习近平总书记在主持党的十九届中央政治局第三十四次集体学习时指出，"发展数字经济是把握新一轮科技革命和产业变革新机遇的战略选择""不断做强做优做大我国数字经济"。重庆市深入贯彻落实习近平总书记重要讲话精神，全市上下大力实施以大数

---

* 王涛，北京大学重庆大数据研究院副院长，中关村数智人工智能产业联盟副秘书长，重庆数字经济研究中心特聘专家，曾任北京大数据研究院博雅大数据学院执行院长、大数据教育联盟副秘书长、星环信息科技（上海）股份有限公司星环大学执行校长、北京大学大数据分析与应用技术国家工程实验室郑州中心副主任，长期从事大数据、人工智能、基础软件、工业软件、行业应用软件和数字化转型等领域的产业发展研究、标准化推进和科技成果转移转化工作。

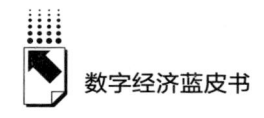

据智能化为引领的创新驱动发展战略行动计划，构建"芯屏器核网"全产业链，集聚"云联数算用"全要素群，塑造"住业游乐购"全场景集，加快推动数字产业化、产业数字化，促进数字经济和实体经济融合发展，充分挖掘大数据商用、政用、民用价值，着力用智能化为经济赋能、为生活添彩。2019年10月20日，《国家数字经济创新发展试验区实施方案》正式确定重庆市为首批6个"国家数字经济创新发展试验区"之一。2019~2021年，重庆市数字经济增加值连续3年增长15%以上。按照《重庆市数字经济"十四五"发展规划（2021—2025年）》，到2025年，重庆市数字经济总量将超过1万亿元。截至2021年末，重庆数字经济企业已达1.85万家，重点平台企业351家，数字经济在GDP中的比重为24%。

人才作为数字经济发展的基础和主体，是推动生态体系创新和产业发展的第一资源，是驱动数字经济发展的关键要素。近年来，重庆市围绕"高水平建设'智造重镇''智慧名城'"目标，加快建立人力资源与数字经济产业协同发展的产业体系，大力推动数字经济人才的引育集聚，统筹推动人才与产业发展同频共振，全市大数据智能化等数字经济有关学科专业人才规模超过25万人。

与此同时，我们也应看到，重庆数字经济人才存在总量不足、结构不优等问题。而数字化人才紧缺背后折射出培养体系不健全、分布不均衡、存量资源缺乏有效利用以及城市营商环境不佳等多重因素。例如，张洪、万晓榆等通过采集2019年9月至2020年7月重庆市数字经济供需人才数据，给重庆市数字经济供需人才画像，分析重庆市人才发展形势。调查结果显示，2020年重庆市数字经济人才政策体系建设良好，人才发展势头向好，但政策环境、人才供需等方面仍存在不足，造成人才供给与人才需求存在一定的路径失配。

二 重庆市数字经济人才队伍建设举措

（一）强机制

中共重庆市委组织部、重庆市科学技术局、重庆市人力资源和社会保障局等政府部门相继出台一系列人才政策，形成了较为完备的人才政策体系。如2017年出台的《重庆市引进海内外英才"鸿雁计划"实施办法》，2018年出台的《重庆市科教兴市和人才强市行动计划（2018—2020年）》，2019年出台的《重庆市引进高层次人才若干优惠政策规定》《重庆英才计划实施办法（试行）》，2020年出台的《重庆市支持大数据智能化产业人才发展若干政策措施》，2021年出台的《重庆市博士"直通车"科研项目实施细则（试行）》等。2022年5月，重庆市人力资源和社会保障局办公室印发《中国重庆数字经济人才市场建设方案》，围绕数字经济人才"引、育、留、用、转"等关键环节，集综合性的人力资源要素市场、专业化的人力资源服务平台、全国化的人力资源创业基地等功能于一体，致力于为数字经济人才、数字经济企业（单位）提供一站式人力资源服务解决方案（见表1）。

表1 2017~2022年重庆市人才政策

序号	出台时间	发布单位	名　称
1	2022年6月25日	重庆市人力资源和社会保障局、重庆市科学技术局	《关于开展外籍"高精尖缺"人才认定工作的通知》
2	2022年5月20日	重庆市人力资源和社会保障局办公室	《中国重庆数字经济人才市场建设方案》
3	2021年7月9日	重庆市科学技术局	《重庆市海外引才引智科技工作站管理办法》
4	2021年6月3日	重庆市科学技术局	《重庆市博士"直通车"科研项目实施细则（试行）》
5	2021年5月22日	重庆市科学技术局、中共重庆市委组织部、重庆市教育委员会、重庆市财政局、重庆市人力资源和社会保障局、重庆市知识产权局	《重庆市进一步促进科技成果转化的实施细则》

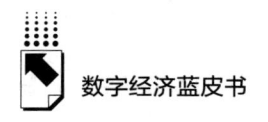

续表

序号	出台时间	发布单位	名称
6	2021年4月19日	重庆市人力资源和社会保障局、重庆市财政局	《重庆市留学人员回国创业创新支持计划实施办法》
7	2020年11月16日	重庆市科学技术协会	《重庆市院士专家工作站建设管理办法》
8	2020年11月10日	重庆市科学技术局	《重庆市科学技术奖励办法实施细则》
9	2020年8月12日	重庆市人力资源和社会保障局等5个部门	《重庆市支持大数据智能化产业人才发展若干政策措施》
10	2020年7月31日	中共重庆市委组织部等6个部门	《进一步加快博士后事业创新发展若干措施》
11	2020年5月29日	中共重庆市委组织部等12个部门	《重庆英才服务管理办法（试行）》
12	2020年4月22日	重庆市人力资源和社会保障局	《关于在工程技术领域实现高技能人才与工程技术人才职业发展贯通的实施意见（试行）》
13	2020年4月3日	中共重庆市委组织部、重庆市人力资源和社会保障局	《重庆市分类推进人才评价机制改革的实施方案》
14	2019年12月27日	重庆市人民政府办公厅	《重庆市引进科技创新资源行动计划（2019—2022年）》
15	2019年12月9日	中共重庆市委组织部等6个部门	《金融业专业人才申报"鸿雁计划"评审认定方案》
16	2019年8月20日	重庆市人才交流服务中心、重庆市金融发展服务中心、重庆银行股份有限公司	《关于做好高层次人才"人才贷"及相关金融服务落实兑现的通知》
17	2019年8月5日	中共重庆市委组织部	《重庆英才·优秀科学家项目实施方案（试行）》《重庆英才·名家名师项目实施方案（试行）》《重庆英才·创新创业领军人才项目实施方案（试行）》《重庆英才·技术技能领军人才项目实施方案（试行）》《重庆英才·青年拔尖人才项目实施方案（试行）》
18	2019年6月24日	重庆市人力资源和社会保障局	《关于开辟"绿色通道"引进事业单位高层次紧缺人才的通知》

续表

序号	出台时间	发布单位	名称
19	2019年6月11日	重庆市人力资源和社会保障局	《重庆市引进高层次人才若干优惠政策规定》
20	2019年6月3日	中共重庆市委办公厅、重庆市人民政府办公厅	《重庆英才计划实施办法(试行)》
21	2019年5月28日	重庆市公安局出入境管理局	《14项出入境优惠政策措施服务指南》
22	2018年10月31日	中共重庆市委、重庆市人民政府	《重庆市科教兴市和人才强市行动计划(2018—2020年)》
23	2018年10月26日	重庆市科学技术局、重庆市财政局、重庆市地方金融监督管理局	《重庆市天使投资引导基金管理办法》《重庆市创业种子引导基金管理办法》
24	2018年9月28日	重庆市科学技术局	《重庆市自然科学基金项目实施办法(试行)》
25	2017年9月11日	重庆市人力资源和社会保障局	《重庆市引进海内外英才"鸿雁计划"专项资金管理办法》
26	2017年9月11日	重庆市人力资源和社会保障局	《重庆市特殊人才职称评定办法》
27	2017年5月5日	重庆市科学技术委员会	《重庆市市级科研院所绩效激励引导专项实施细则(试行)》
28	2017年4月19日	重庆市人力资源和社会保障局	《重庆市博士后资助资金管理办法》
29	2017年4月12日	重庆市人民政府	《重庆市引进海内外英才"鸿雁计划"实施办法》
30	2017年4月1日	重庆市人力资源和社会保障局、重庆市教育委员会	《重庆市院校教师与企业工程师(技师)"双师"职称评定办法》
31	2017年3月20日	重庆市人力资源和社会保障局	《重庆市博士后创新人才支持计划》

资料来源：重庆英才网。

(二)建平台

建立数字技能人才培养试验区。2021年11月18日，人力资源和社会

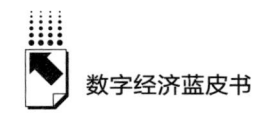

保障部批复同意重庆市建立"智能+技能"数字技能人才培养试验区，支持重庆在数字技能人才培养、使用、评价、激励等方面大胆探索、先行先试，逐步形成"一城、双核、三区、多点"雁阵功能布局，打造具有影响力的数字技能人才高地，为全国数字经济高质量发展提供有力人才支撑。

建设高能级人力资源市场。2022年1月21日，"中国重庆数字经济人才市场"正式挂牌。重庆市将按照"立足重庆、辐射西部、面向全国"的总体定位，坚持政府引导与市场主导相结合、公共服务与经营性服务相结合、人力资源服务与数字经济产业相协调的原则，紧紧围绕数字经济人才的"引、育、留、用、转"，突出"引"，做好数字经济人才引进服务；创新"育"，开展数字经济人才培育评价；着力"留"，提供分层分类贴心服务；落实"用"，服务数字经济人才事业发展；探索"转"，强化创业孵化、成果转化服务。同时，建设数字经济人才市场体系、搭建数字经济人才服务平台、建立重庆市数字经济人才联合会（或联盟）、举办数字经济人才系列活动等，建设国内一流、国际知名的专业性创新型国家级人才市场。

构建人力资源服务产业园体系。成立专业的数字经济人力资源产业园，引导行业集聚发展。2021年5月25日，在"重庆英才·智汇北碚"启动仪式上，重庆市数字经济人力资源服务产业园正式揭牌。该园区是重庆诞生的第四家市级人力资源服务产业园，园区未来将重点培养数字经济人才、工业互联网人才。2022年7月6日，重庆市大数据人力资源服务产业园（以下简称"产业园"）在重庆市垫江县开园。这是重庆市首个专业性人力资源产业园，由重庆市人力资源和社会保障局和垫江县政府共同出资建设，旨在推动人力资源与数字经济等产业深度融合，完善重庆市人力资源服务产业园区总体布局，加快垫江及渝东北三峡库区城镇群人力资源服务业和经济社会发展。

（三）聚产业

重庆近年来着力构建"芯屏器核网"全产业链，培育壮大智能产业，加快推进智能制造，推动数字经济与实体经济深度融合。两江数字经济产业园、仙桃数据谷、中国智谷（重庆）科技园……重庆数字经济发展过程中硕果累累。

与此同时，不断拓展数字经济新领域，主要体现在智能产品和智能赋能两个方面。在智能产品方面，重庆坚持科技创新与补链成群"双轮驱动"，"芯屏器核网"全产业链持续发力，通过狠抓"芯屏器核网"构建，近几年全市规模以上电子制造业产值年均增长17.5%，对同期全市工业增长的贡献率达到51.1%。在智能赋能方面，重庆坚持智造转型和产业提质"齐头并进"，构建智能制造、工业互联网、5G联动生态体系。

（四）优服务

产教融合，培养数字经济技术型人才。支持重庆市高校加强数字经济相关专业学科建设，深化职业院校产教融合，搭建"高校—科研院所—企业"供需平台，培养知识型、创新型人才，为数字经济产业提供不竭人才源泉。高校以"政府搭台、学院主导、企业融入"为建设理念，增强数字经济内生发展动力。加强数字关键核心技术创新，做好数字经济人才"引、育、服"，着力培养具备服务国家大数据战略大局的数字经济技术型人才，让越来越多的学院技术人才成为重庆打造"智造重镇"、建设"智慧名城"的硬核力量。

举办数字经济引才、交流活动。陆续举办2022年"百万英才兴重庆"数字经济专场引才活动、"数字经济产业发展及数字技能人才培养"交流会，探索数字经济产业发展带来的人才需求结构变化，企业对数字人才的需求画像，以及如何培养数字技能人才。此外，组织邀请市内外数字经济产业园区、行业领先企业，数字经济专业排名靠前高校等，与重庆市大数据局、经信委等部门的数字经济相关重点单位成立数字经济人力资源发展联盟。

三 数字生态与人才建设

2021年10月，北京大学大数据分析与应用技术国家工程实验室联合多家单位在重庆发布《数字生态指数2021》，全面评估了我国各地数字生态现状。北京大学党委常委、副校长、大数据分析与应用技术国家工程实验室主任张平文院士指出，发展数字能力的核心在于人才建设，包括不同行业的科研、工程、技术、管理等各级人才。分类分级的人才融合，是推动数字经济与实体经济融合，促进产业链与创新链融合的关键。

数字人力指数结果显示：数字人力资本分布高度不均衡，有明显的区域集聚特征。根据各地的人才状况和变化趋势制定人才政策，增加人口的区域流动、跨行业流动、跨职业流动，提升地区的数字人力资本，是地方创新与发展的基础。而营造良好的数字生态可以充分发挥数字化优势，降低人才流动壁垒和提升市场资源配置效率，进而推动各地的人才建设，实现人才供给与需求的有效匹配。

（一）人才建设需要发挥数字化优势

人才建设应当顺应数字时代发展趋势，发挥数字化优势。数字技术及应用的以下特征与人才政策制定息息相关。第一，数字技术及应用创造新市场和新就业。例如，数字技术的普及推动"零工经济"等灵活就业的出现。数字技术细分市场、深化社会分工，使市场中的劳动要素资源充分发挥作用。第二，数字技术及应用推动职能岗位迭代升级。数字技术的发展催生出新的工作职能岗位，既可满足数字人才日益增长的就业需求，也可通过职位迭代推动各行业人才整体数字能力水平的提升。第三，数字技术及应用推动人才供需匹配。基于就业匹配的数字产品得到广泛使用，一方面可精准识别市场中数字人才和用人单位的相关需求，也可对人才和企业进行细致画像，通过人才适配机制提高劳动力市场资源配置效率；另一方面，数字化应用可充分发挥数字空间的独特优势，连接国内优势资源与国际优秀人才，推动我国数字产业"走出去"、国外优秀人才"引进来"，提高我国各行业的人才吸引力。第四，数字技术及应用改进知识技能的获取模式。获取定制化的学习内容，提高主动学习、持续学习的意识，激发各行业人才的创造活力。数字技术不仅丰富了人们获取知识的渠道，还使人们能够更加便捷地获取定制化的学习内容，提高主动学习、持续学习的意识，激发各行业人才的创造活力。第五，数字技术及应用有助于精准刻画人才需求和需求的变化。数字技术不仅有利于推动各地人才库的建立，更有利于了解人才的需求和不同时期的需求变化，更精准地为人才服务。

（二）人才建设需要数字化市场对劳动资源的有效配置

人才建设要结合中国的人口流动现状与趋势，提升劳动力市场资源配置效率。人口大规模流动将长期存在——第七次人口普查结果显示，2020年全国人户分离人口 37582 万人，较 2010 年增长 15438 万人。目前，主要有四大趋势。第一，以"就地"和"就近"为主的城乡流动。城乡流动是中国人口流动的主流模式，2020 年，从乡村向城市流动的人口规模增长到城城流动人口的 3.03 倍。随着新型城镇化战略和乡村振兴战略的推出，人口城镇化体现出以"就地"城镇化和"就近"城镇化为主的显著特征。第二，省内人口流动规模占据优势且增速明显。无论是从人口流动规模还是人口流动强度上看，省内人口流入均高于跨省人口流入。2020 年，全国省内流动和跨省流动人口规模分别为 25098 万人和 12484 万人，分别比 2010 年增长 85.35% 和 45.13%，跨省人口流动率呈下降趋势，省内人口流动率则增加了 5.63 个百分点。第三，人口向沿海地区以及特大城市聚集。虽然流动人口向少数特大城市聚集的趋势没有显著变化，但是在以特大城市为中心的城市群内部出现了分散化——向周边城市转移的迹象。以长三角为例，该区域空间交错，大中小城市齐全且数量众多，为不同梯队人才提供了丰富的流入选择；产业、服务综合配套，为人才安置、满足需求提供了齐全的配套设施与快速的响应机制，具有容纳人才的强大韧性和稳定空间格局。因此，该地各级城镇的流动人口规模均快速增长，增速普遍高于上海，扩散效应明显，已经形成大中小城市共同吸纳流动人口的空间连绵化特征。第四，出国留学人员回流加速，国际人才吸引力有待加强。自 2011 年起，中国每年学成归国人员占出国留学人员比例逐渐提升，超过 80%，但国际人才输入以及人才吸引力相对较弱。即使是国际化和开放程度在国内名列前茅的深圳、广州等

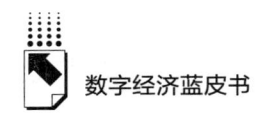

城市，其外籍人才占总人口的比例分别为0.2%和0.36%，远低于发达国家10%的平均水平。

（三）从数字生态视角看人才建设

营造良好的数字生态有助于发挥数字化优势，促进人才流动，加强市场对劳动资源的有效配置。数字生态指数分析从多个维度印证了这一结论——许多分指数（或子指标）都与跨地域、跨行业、跨职能的人才流动密切相关。例如，图1展示了跨地域人才流动与人工智能产业发展指数、大数据产业发展指数、企业数字化转型指数、数字经济投资者信心指数、外卖订单活跃度、网约车订单活跃度、夜经济活跃度、直播与短视频App活跃度等子指数（或子指标）的正向相关性。这说明数字技术及应用，尤其是数字产业的蓬勃发展，带动了人才的跨区域流动，使得人才在地理空间上实现更优化的分布，实现跨区域劳动力市场的供需匹配。进一步数据分析显示，这些数字生态分指数（或子指标）与跨行业和跨职能的人才流动也呈现正向相关性。这说明数字技术及应用不仅改变了市场的行业结构，催生了新兴市场，进一步细化了劳动分工，还改进了知识技能的获取模式，推动人们获取新技能，适应新的职能岗位。数字生态的繁荣发展有利于人才在不同行业和不同职业之间的"跨界"，实现人才的"二度配置"与知识、技能的溢出效应，创造新就业的同时，推动原有市场中各行业劳动力供需关系达到新的均衡。

四 研究院在人才队伍建设方面的探索

（一）基本情况

北京大学重庆大数据研究院（以下简称"研究院"）于2021年3月17日正式注册成立，是在重庆市人民政府指导下，由重庆高新技术产业开发区管理委员会和北京大学共同举办的具有独立法人资格的重庆市属事业单位。

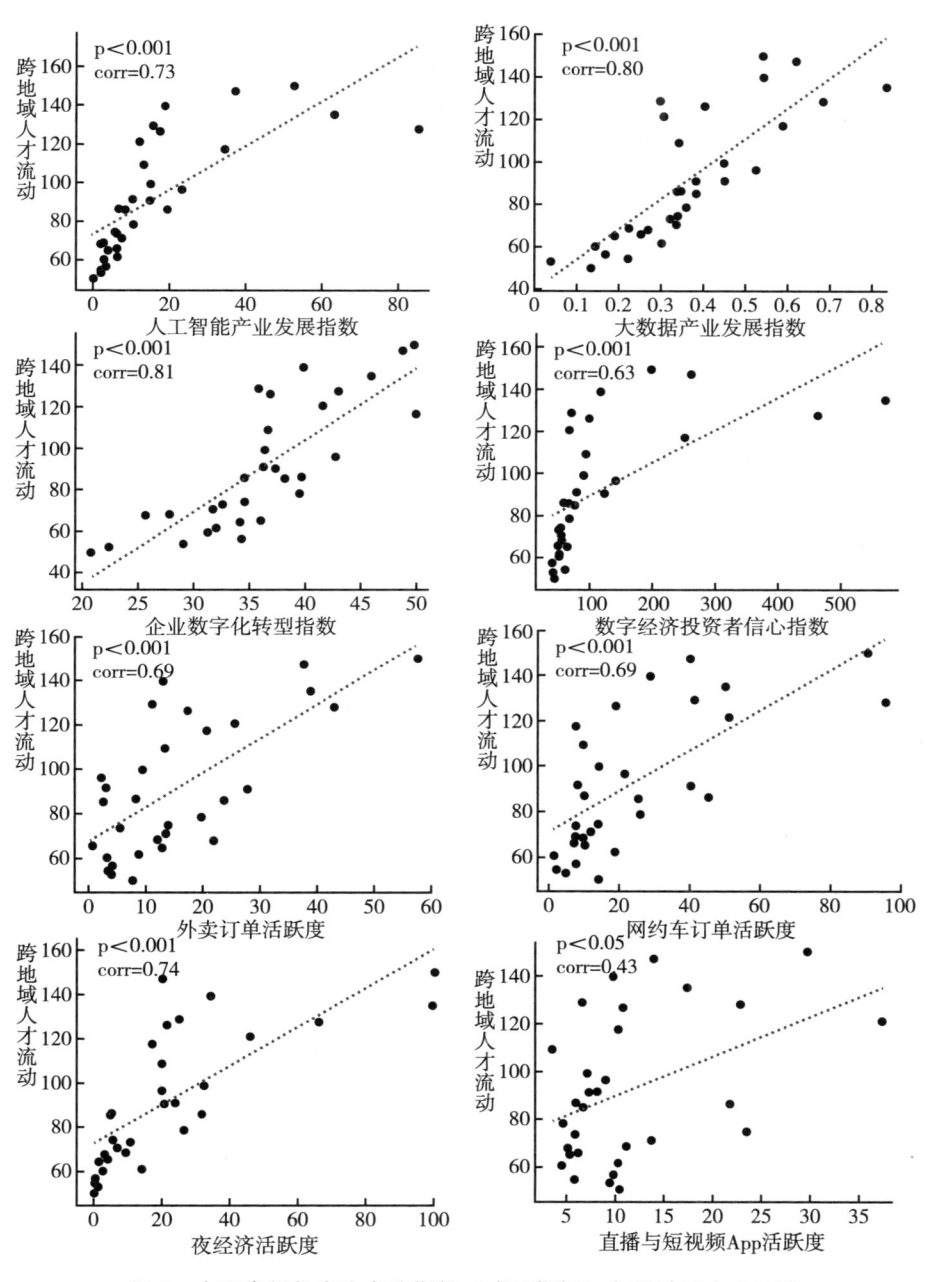

图 1 中国省级数字生态分指数（或子指标）与跨地域人才流动

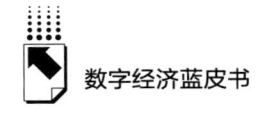

立足西部（重庆）科学城，研究院以国家重大战略需求和重庆市深入实施大数据智能化为引领的创新驱动发展战略需求为导向，开展颠覆性和前沿引领创新研究，持续承接北京大学和北京大学大数据分析与应用技术国家工程实验室的基础研究成果和应用示范研究成果，围绕产业链部署创新链，聚焦大数据智能化和数字化转型的核心科学技术问题和创新应用需求，凝练科研攻关方向，加速前沿技术的基础研究成果向实验发展创新和应用创新的转化。

人才是创新的根基，创新驱动的关键是人才驱动。研究院搭建强竞争力的数字经济人才聚集平台，大力推动数字经济人才的引育集聚。在西部（重庆）科学城组建复合型数字经济人才团队、高效完成问题汇集与凝练、加速转化与落地、接收反馈与创新，打通需求从产生到解决的关键链路，探索学术创新链与产业链有效衔接的引领范式。截至9月9日，研究院已引进并落成2个中心、14个实验室，在岗人员170人，科研人员占比84.71%，包括2位院士的团队、12位国家级人才、36位海外引进人才，硕博士学历占比为64.12%。依托北京大学十余个院系在基础学科、应用学科交叉融合，持续探索"有组织的科研"的多重优势，研究院攻坚科学计算、系统仿真、工业互联网、区块链、图数据库与知识图谱、中医药大数据、智慧医疗、智慧金融、智慧气象、智慧城市等新一代信息技术，致力于研发基础软件、工业软件，以及面向大数据智能化的行业应用软件和平台系统等产品成果，并将在西部（重庆）科学城持续开展转移转化工作。

（二）具体做法

在吸引人才、聚集人才、激发人才活力方面，研究院针对不同人才采用不同的引才模式，严格采用"柔性引进高层人才、定向招聘核心人才、积极培育产业人才、协同发展科研队伍、属地组建基础团队"的方式，组建以高水平科研能力为主的复合型团队。多种方式吸引、聚集人才，为创新提供有力支撑。

在发挥人才作用方面，研究院高度重视平台资质建设，已获批建设国家级博士后科研工作站、国家自然科学基金优秀青年科学基金项目（海外）依托单位、科技部国家科技计划项目申报单位、北京大学大数据分析与应用技术国家工程实验室重庆研究基地、北京大学思想政治实践课教育基地等；受邀成为重庆市工业软件应用发展协会第一届副会长单位；成功入选2021重庆市引进类高端研发机构、重庆市第二批"专精特新"中小企业服务包名单；积极争取工业软件创新合作中心北京大学重庆基地、国家自然科学基金依托单位、中国工业与数学学会重要企业团体会员等资质支持，不断提升平台吸引力和竞争力。通过一系列"组合拳"强化平台资质为人才提供多方位发展的土壤。

在运营管理方面，让事业激励人才，让人才成就事业，为各类人才搭建干事创业的平台。颁布实施《绩效考核管理办法》《技术转化管理办法》，利用有效的激励机制更好激发人才的潜能，激励人才做好科研创新和职业规划。

五　小结

综合而言，人才建设应当抓住数字化机遇，营造良好数字生态。数字生态的发展水平越高，选择新的地方、进入新的行业、尝试新的职能岗位的可能性就越大。这些流动有利于推动实体经济与数字经济的融合。人才能否自由、便利地跨地域、跨行业、跨职能流动，反映了市场配置资源效率的高低。重庆市应当充分发挥市场对劳动资源的有效配置，注重因地制宜，规避为了吸引人才而同质化恶性竞争，基于重庆本地产业结构、资源禀赋结构和比较优势，制定适合重庆发展定位与目标的人才政策，从而更加有助于重庆打造具有影响力的数字人才高地，为全国数字经济高质量发展提供人才支撑。

参考文献

重庆市人才交流服务中心：《全国首个数字经济人才市场在渝挂牌要怎么干？》，重

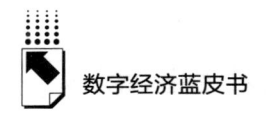

庆市人力资源和社会保障局网站，2022 年 1 月 21 日。

王彩艳、杨敏：《全国首个数字经济人才市场在重庆正式启动》，《重庆日报》2022 年 1 月 22 日。

王淳、刘波：《2021 重庆英才大会 | 打造国家级人才市场！中国重庆数字经济人才市场揭牌》，上游新闻，2021 年 11 月 20 日。

吴陆牧：《补齐数字经济人才短板》，《经济日报》2021 年 12 月 28 日。

张洪、万晓榆：《重庆市数字经济人才供需研究》，载《重庆经济社会发展报告（2021）》，社会科学文献出版社，2021。

郑湘琪：《2022 智博会 | 重庆：加快推进智能制造，推动数字经济与实体经济深度融合》，环球网，2022 年 8 月 26 日。

张平文等：《数字生态指数 2021》，北京大学大数据分析与应用技术国家工程实验室，2021 年 10 月。

应用案例篇

B.26
中新（重庆）国际互联网数据专用通道建设：发展与展望

重庆市大数据应用发展管理局

2015年11月，在习近平总书记和新加坡总理李显龙的见证下，中新两国签署《关于建设中新（重庆）战略性互联互通示范项目的框架协议》，在中国西部地区设立第三个政府间合作项目，选择中国西部唯一直辖市——重庆市作为项目运营中心。中新（重庆）战略性互联互通项目落户重庆后，渝新双方围绕"现代互联互通和现代服务经济"主题，在金融服务、航空产业、交通物流、信息通信技术等重点领域，高起点、高水平、创新性地推动项目合作，致力于带动中国西部地区乃至更广泛区域开放发展。

按照习近平总书记关于扩大对外开放和实施中新互联互通项目的重要指示要求，为充分发挥信息通信技术互联互通效应及重庆—新加坡"双枢纽"作用，渝新双方就构建中新（重庆）国际互联网数据专用通道（以下简称"中新国际数据通道"）达成一致。2019年9月，在工业和信息化部、新加坡贸易及工业部、新加坡资讯通信媒体发展局和重庆市委、市政府的大力推

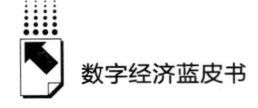

动下，中新国际数据通道在新加坡正式开通，重庆市委书记陈敏尔、新加坡贸工部部长陈振声出席开通仪式并共同见证，受到国内外主流媒体广泛关注。

两年多来，在工业和信息化部、重庆市人民政府和新加坡贸易及工业部、通讯及新闻部的统筹指导下，围绕抢抓数字经济发展机遇，出政策、拓应用、建平台、促发展，中新国际数据通道项目建设呈现几个显著特点。

一　战略定位明确

在中美贸易摩擦不断升级、多边经贸合作相对停滞不前、新冠疫情全球蔓延的大背景下，我国与东盟等 RCEP 国家贸易合作持续发展，东盟跃居中国第一大贸易伙伴。中新国际数据通道作为重庆乃至西部地区连接新加坡及东盟国家的重要信息通道，是西部地区构建国内国际双循环新发展格局的桥梁纽带，是贯彻落实共建"一带一路"、长江经济带、西部大开发等战略的重要载体，是中新（重庆）战略性互联互通示范项目的重要标志性工程，是中新互联互通项目陆海新通道的信息高速公路，是深化数字经济国际合作的重要基础设施。

国家发改委、工业和信息化部等国家部门对中新国际数据通道带动西部开放发展寄予厚望，已将通道项目纳入国家《西部陆海新通道总体规划》。重庆市政府与新加坡资讯通信媒体发展局签署《关于共建中新国际数据通道战略合作备忘录》，提出将中新国际数据通道打造成为连接"一带一路"与"国际陆海贸易新通道"的主要信息传输通道，逐步形成以重庆—新加坡为"双枢纽"、服务中国西部与东南亚的国际通信网络体系。西部 12 省（区、市）、海南省及湛江市签署《合作共建西部陆海新通道合作的框架协议》，提出充分利用中新国际数据通道打造西部地区面向新加坡及东南亚等地区的信息高速公路，促进信息资源互联互通与共享共用。

二　性能优势突出

目前，中新国际数据通道具备260Gbps带宽服务能力，根据运营商实测数据，时延70~80ms，比互联网降低75%；丢包率低于0.5%，比互联网降低80%，具备"高速率、大带宽、低时延、高可靠"特点，服务覆盖重庆市两江新区数字经济产业园、仙桃国际大数据谷、重庆市区块链数字经济产业园、中国智谷（重庆）科技园、西永微电子产业园、璧山高新技术产业开发区等8个园区，支撑跨境协同办公、高清会议、联合研发、跨境交付、科研数据下载等应用场景，畅通企业"走出去"和"引进来"的信息通路，赋能数字经济和数字贸易发展。

三　应用快速起步

渝新双方依托通道成功举办系列重要政务和商务活动，包括中新互联互通项目联合实施委员会（JIC）第五次及第六次会议，2020线上智博会开幕式暨峰会和2020年、2021年中新国际数据通道发展论坛等重要会议，成功开展了线上致辞、线上签约、线上对话、线上访谈等活动，充分展示了通道优越性能和示范效应，受到国际国内广泛关注，《人民日报》、中央电视台、新华社、《重庆日报》、华龙网、《联合早报》、亚洲新闻台等多家中新两国主流媒体进行了宣传报道。新加坡资讯通信媒体发展局柳俊泓局长在专访中表示"通道数秒钟建立连接让新加坡和重庆合作更加紧密"。在疫情常态化防控背景下，依托通道搭建中新企业合作一站式云服务平台及国际路演产业转化中心，促成300余家中新企业、3000多人次的跨国线上交流和合作对接，上线认证中新企业697家、服务机构57家，发布服务、产品及需求信息766项，让企业"足不出户"即可开展国际洽谈合作。同时，吸引陆海新通道公司、海扶、信科通信与新加坡太平船务、工艺教育局、斐瑞医院等数十家中新龙头企业（机构）基于通道开展合作，

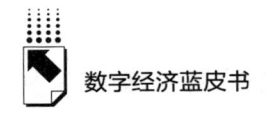

启动智慧物流、远程医疗、智慧教育、高清视频等领域的创新应用。

2021年8月，重庆、云南、贵州、四川、广西等西部5省（区、市）签署中新国际数据通道共建共享共用协议，共同推进行业组织、企业开展通道合作，打造服务西部省份与新加坡（东盟）的国际合作交流平台，中新国际数据通道合作初步实现从"点对点"向"面对面"拓展。

四 下一步工作

争取跨境数据流动试点。探索构建以数据分类分级规则、数据跨境流动安全评估规则等为主体的数据跨境流动规则体系，建设中新国际数据通道监测平台，建立数据跨境流动安全监管机制，积极争取中央网信办、国家发展改革委等部门支持，探索依托中新国际数据通道开展渝新跨境数据流动试点。

聚力打造应用场景。充分发挥中新基础电信运营商主体作用，调动中新信息通信优势企业积极性，加快推进中新国际数据通道在国际物流、智能制造、数字内容、国际金融等重点领域的应用。

增强通道辐射带动效应。深化西部5省（区、市）共建共享共用中新国际数据通道倡议，优先推动四川等省开展中新国际数据通道合作。加大中新国际数据通道性能、政策、成果宣传力度，定期开展"走出去"和结对共建活动，推动更多区域、更多企业应用通道，不断提升通道影响力和覆盖面。

加大产品服务创新力度。推动运营商降低通道资费，丰富套餐形式，根据企业（用户）需求提供多样化、定制化服务。建立与通道应用推广相适应的激励机制，引导更多企业应用通道。鼓励互联网龙头企业等采购通道带宽，整合云服务、网络加速等服务，构建云网一体化服务体系，满足企业跨境发展需求。

B.27
重庆"东数西算"建设进展与展望

重庆市大数据应用发展管理局

一 重庆市推进"东数西算"工程情况

为深入贯彻习近平总书记作出的"建设全国一体化的国家大数据中心"重要指示精神，2022年2月，国家发展改革委等四部门批复建设京津冀、长三角、粤港澳大湾区、成渝、贵州、内蒙古、甘肃、宁夏等八个算力网络国家枢纽节点，规划建设重庆数据中心集群等十大数据中心集群，启动实施"东数西算"工程，促进算力资源与产业发展、科技创新、能源供给等合理匹配。重庆市抢占数字经济发展机遇，加快推动算力基础设施建设。

重庆市数据中心在空间布局上，呈"一核两区多点"格局。"一核"，即两江（水土）云计算产业园；"两区"，即西部（重庆）科学城高性能计算集聚区和广阳湾智创生态城先进绿色计算集聚区；"多点"，即在万州、涪陵、长寿、綦江、云阳等地布局数据中心。

在云计算布局上，云计算数据中心、超级计算数据中心、人工智能计算数据中心构成的多元算力体系基本成形：云计算数据中心，可提供9万个机架、45万台服务器的支撑能力，上架率68%。超级计算数据中心，已建成京东探索研究院超算中心、中国科学院重庆绿色智能技术研究院，中科曙光先进数据中心即将建成投用。人工智能计算数据中心，华为智算中心即将建成投用，规划智能算力1100P，一期400P。

产业企业上云赋能，支撑打造了忽米网、水土云、广域铭岛等工业互联网平台、产学研协同创新平台；助推企业上云11万家，其中工业3.5万多

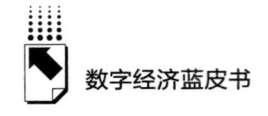

家、商业7万多家，更好地为生产、流通、消费各个环节提供专业化个性化服务；支撑阿里、腾讯、百度、浪潮、蚂蚁、京东、顺丰、华为、紫光等重点平台企业在渝业务运营。

二 重庆数据中心集群内各起步区建设情况

《国家发展改革委等部门关于同意成渝地区启动建设全国一体化算力网络国家枢纽节点的复函》（发改高技〔2022〕88号）中明确重庆数据中心集群起步区为重庆市两江新区水土新城、西部（重庆）科学城璧山片区、重庆经济技术开发区。要求尽快启动起步区建设，逐步落地重点建设项目，支持发展大型、超大型数据中心，建设内容涵盖绿色低碳数据中心建设、网络服务质量提高、算力高效调度、安全保障能力提升等，落实项目规划、选址、资金等条件。

（一）起步区数据中心建设情况

两江新区水土新城：全国一流数据中心集群和全市数据中心的核心承载地，建成超大型、大型数据中心9个，具备8万个机架、39万台服务器支撑能力，约占全市总量的85%。区域约1.25平方公里，已经汇聚了腾讯、浪潮、中国联通、中国电信、中国移动、两江云计算、重庆有线、腾龙、万国数据、远洋等十大数据中心，均按国际T3+、国标A级数据中心标准实施建设。

重庆经济技术开发区：目前已建、在建、拟建数据中心主要有江南大数据产业园（联通—京东云）一期、中国移动（重庆）江南数据中心、易华录数据湖产业园等。

西部（重庆）科学城璧山片区：西部（重庆）科学城先进数据中心项目占地面积约20亩，项目结合先进计算领域的最新科研成果，实现数据中心、云计算、大数据一体化的新型算力网络节点，融入国家"东数西算"工程体系。

（二）配套保障情况

1. 网络配套情况

国家级互联网骨干直联点方面。重庆是全国19个国家级互联网骨干直联点之一，直联点带宽达到590G，已实现与全国38个主要城市的网络直联。

加大5G规模组网建设力度。截至2022年6月，重庆每万人拥有5G基站数达16.4个，排西部第一，全国第六。

IPv6方面。重庆市IPv6规模部署成效位居全国第三。全市IPv6用户数达3989.44万人，占比为87.25%；纳入监测的互联网应用中，IPv6支持度已达77.75%。

中新（重庆）国际互联网数据专用通道方面。中新（重庆）国际互联网数据专用通道是我国唯一一条面向单一国家点对点的数据通道，具备"高速率、大带宽、低时延、高可靠"特点，与四川、贵州、云南、广西等西部省（区、市）签署共建共享共用通道协议。

2. 电力配套情况

两江新区水土新城：园区数据中心主变容量总计128.6万kVA，远期主变容量可达208.9万kVA，建成华能冷热电三联供可满足两江水土国际数据港的发展需求。

重庆经济技术开发区：已按照电力网架规划设计，具有提供可再生能力利用的条件，供能稳定可靠。

西部（重庆）科学城璧山片区：共4路高可靠等级保障10kV市电，系统总装机总容量20000kW。

三 重庆数据中心企业情况

为积极融入国家"东数西算"工程，推动全国一体化算力网络成渝国家枢纽节点建设，促进全市数据中心集约化、规模化、绿色化发展，"东数

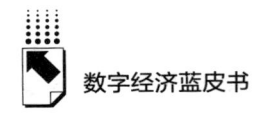

西算"（重庆）产业联盟（以下简称"联盟"）于 2022 年 4 月揭牌成立。联盟是由数据中心、云计算和算力相关企业自愿组成的开放性、非营利性社会组织。首批会员单位包含各基础电信运营商、政务云服务商等数十家企业。

四 下一步工作安排

（一）统筹全市数据中心规划布局

为推动全市数据中心绿色高质量发展，市大数据发展局将推动出台《全国一体化算力网络成渝国家枢纽节点（重庆）实施方案》和《重庆市推动数据中心和 5G 等新型基础设施绿色高质量发展实施方案》，明确目标任务，强化工作措施。

（二）推动集群内三个起步区建设

推动重庆数据中心集群内三个起步区［两江新区水土新城、西部（重庆）科学城璧山片区、重庆经济技术开发区］建设，指导起步区所在区（开发区）分别制定出台相关建设方案和扶持政策。原则上，全市大型、超大型数据中心，以及超算、人工智能计算、高性能计算等先进计算基础设施，优先支持在集群内的起步区布局、建设。

（三）探索创建国家（重庆）算力调度中心

深化"数字重庆"云平台多云管理系统建设，完善云资源监测指标体系，创新云资源动态监测和协同调度，逐步实现全市云资源的统一管理，基于业务需求打造面向应用的"一朵云"。积极承接国家"东数西算"工程，确保算力资源效益最大化。

B.28
两江数字经济产业园打造数字产业标杆

重庆两江新区经济运行局

近年来，数字经济发展速度之快、辐射范围之广、影响程度之深前所未有，正在成为重组全球要素资源、重塑全球经济结构、改变全球竞争格局的关键力量。习近平总书记在主持中央政治局第三十四次集体学习中强调，"发展数字经济是把握新一轮科技革命和产业变革新机遇的战略选择"。两江新区作为全市数字经济创新发展试验区和核心区，2018年初设立了全国首个以"数字经济"命名的重庆两江数字经济产业园。园区规划面积50平方公里，包括照母山、水土、龙兴和两路寸滩四大片区。两江新区按照市委、市政府大力发展数字经济的重大战略部署，进一步提高站位，设立两江数字经济产业园管委会和两江数字经济产业发展领导小组，统筹两江新区数字经济产业发展工作，研究制定数字经济产业发展规划、产业政策和重点任务；由国资平台公司两江产业集团具体负责两江数字经济产业园的规划建设、招商引资、创新服务、生态培育等园区建设全周期工作。经过四年多快速发展，数字经济产业逐步壮大，重庆数字经济核心地位日益凸显。

一 数字经济产业发展亮点及成效

两江数字经济产业园自2018年1月开园以来，依托建设国家数字经济和新一代人工智能创新发展试验区"双核心区"先行优势，以引进培育集成电路和新一代信息产品制造、软件和信息技术服务、产业数字化"一硬一软一融合"产业为重点，大力发展"AI+""大数据+""5G+"等新型业态，构建更具吸引力的数字经济产业创新生态，推动和吸引重点产业、行业

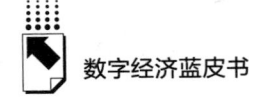

领军企业向特色区域、高能级产业楼宇聚集。经过四年的建设发展，已取得初步成效。

数字产业规模稳步增长，截至2021年底，两江数字经济产业园规模以上数字产业化部分产值（营业收入）达到2089.8亿元，同比增长19.6%，规模以上数字产业化部分增加值455.2亿元，同比增长23.9%。产业门类齐全，全面覆盖全市十二大智能产业，软件服务、大数据和物联网三个领域发展最快，其中，软件服务业实现营收273.91亿元、增长45.5%，大数据产业实现营收146.47亿元、增长60.1%，物联网实现营收55.74亿元、增长23.4%。

二 经验总结

一是大力引育科技创新主体。数字经济创新主体加速向园区汇聚，2021年新增注册数字经济企业909家，累计注册6351家，活跃企业主体3239家。新增入库科技型企业463家，累计达到1275家，新增高新技术企业76家，累计达到328家，"专精特新"企业64家，占两江直管区比例为53.78%，已成为全市数字经济产业创新高地；礼嘉智慧公园累计建成60个体验场景130个体验项目，是数字经济新技术新产品的重要展示窗口；拥有市级重点软件企业34家，是全市软件企业数量最多的区县。创新孵化能力持续增强，新增孵化企业超过80家，汇聚区级以上双创平台45个。猪八戒、赛伯乐等国家级双创孵化平台成功孵化泛在网络、易智网等一批优质项目。工信部智能终端软件协同攻关中心、华为（重庆）人工智能创新中心等创新平台相继落地。腾讯、广域铭岛等国家级工业互联网"双跨"平台建成运营。

二是高位布局数字基础设施。两江数字经济产业园拥有全国唯一的"四节点一通道两中心"，目前，国家级互联网骨干直联点带宽达到590G、骨干互联网直连城市达到38个。国家工业互联网标识解析顶级节点（重庆）上线运行取得显著效果，新区接入国家顶级节点累计标识注册量超122

亿次。全国首个落户的"星火·链网"区块链超级节点上线试运行。F根镜像节点加快建设，中新（重庆）国际互联网数据专用通道推动中新两地信息通信领域创新发展。两江新区云计算数据中心已汇聚腾讯、浪潮、腾龙等十大数据中心，已形成约3万个机柜服务能力，可容纳服务器近40万台、占全市总量80%以上，纳入全国一体化算力成渝枢纽节点建设。

三是积极融入区域开放合作。积极融入成渝地区双城经济圈建设，联动成都天府新区，设立成渝数字经济产业联盟，已吸纳两地数字经济重点企业60余家，打造双城联动产业发展平台，构建两地数字经济产业生态圈。贯彻落实全市"一区两群"协调发展战略，积极探索飞地建园，打造两江数字经济产业园万州分园，推动数字经济产业园品牌走出新区，已促成猪八戒、博拉网络项目落地。

四是打造智能化应用展示品牌。打造全市"智造重镇""智慧名城"展示窗口，建成礼嘉智慧公园、礼嘉智慧馆，举办智博会闭幕式、2021中国国际工业数字化创新发展峰会等系列活动。持续深化更新体验场景，形成"智慧生活的一天"序列场景，以及智慧起居、智慧生活、智慧工作、智慧艺趣、云尚中心、智慧集市六大体验空间。打造两江工业互联网体验中心、重庆两江新区展示中心、画游千里江山故宫沉浸艺术展，打造"5G+北斗"支撑下的国家车联网先导区示范线路。累计建成60个体验场景、130个体验项目。

B.29
渝中倾力建设基层智慧治理平台 奋力推进新时代基层治理现代化

渝中区大数据发展局

习近平总书记强调，运用大数据、云计算、区块链、人工智能等前沿技术推动城市管理手段、管理模式、管理理念创新，从数字化到智能化再到智慧化，让城市更聪明一些、更智慧一些，是推动城市治理体系和治理能力现代化的必由之路，前景广阔。陈敏尔书记指出，着力发挥智治支撑作用，高水平推进智能治理基础建设，高起点推进智能治理深度应用，高标准强化信息安全保障，让基层治理更聪明、更智慧、更精细。2021年9月，渝中被确定为全市首个基层智慧治理平台建设试点区。近一年来，区大数据发展局在市大数据发展局的指导下，认真落实区委、区政府部署要求，积极抢抓试点机遇，坚持目标导向、问题导向、需求导向，充分运用大数据智能化手段为基层减负、为治理赋能，大力建设"1+4+N"区级基层智慧治理平台，为渝中建设"四化"现代都市、打造"四区"首善之地提供数据支撑、强化智慧保障、创新治理途径。

一 坚持目标导向，突出集成融合，打造一个"数据智库"

依托区级智能中枢数据中台，积极下沉市级数据、统一归集区级部门数据、全面采集街道社区数据，建成基层治理主题数据库，有效打破信息壁垒、切实破除"数据烟囱"，全区各类基层治理信息数据实现"一库通"。一是推动市区数据联通。依托市、区数据共享交换系统，打通试点数据上报、下沉通道，建立区县数据资源池同步机制，通过智能中枢数据中台向区级部门提供数据服务和技术支撑，下沉市级部门目录1383条、数据953万条，上报基层治理有关的区级部门目录29条、数据46万条。二是推动区级数据联用。扎实开展全区基层治理资源梳理和信息化系统对接，指导协助22个区级部门完成基层治理政务数据梳理工作，梳理基层治理主题目录43条、数据量372万条。三是推动基层数据联采。积极开展静态管理下社区服务管理全量数据汇聚工作，充分依托767个网格，全面摸排51.3万常住人口基本情况，全面归集组织机构、商务楼宇、金融机构、物业管理、保障机构等5类机构情况，完成15个区级部门59条目录、60万条数据采集，11个街道21条目录、94万条数据采集，实现基层治理数字准、底数清、基础实。

二 坚持问题导向，突出增效减负，建强四个"基础功能"

以智能中枢为底座支撑，最大化调用智能中枢数据中台、业务中台、数字孪生平台等多方面共性能力，建立四大基础功能，切实推动基层治理集约智能、便捷高效。一是基础信息数据"一网管尽"。依托基层治理主题库，分类归集党建、城管、民生等各领域数据信息，细化梳理人、房、小区等主体间关联逻辑，结合实际动态更新，推动纸质资料"触网""上云"，让数据资源即时鲜活、可靠有效。制定实施数据归档存储、保护使用、产权归属等规章制度，建立健全信息数据安全保障体系，厘清基层治理信息开放和共享边界，明确数据拥有者、使用者、管理者权限，严防敏感及隐私信息泄露和数据损失。二是全域工作报表"一应俱全"。着力解决"上面千条线、下面一根针"困境，开发区、街道、社区三级智能化报表功能，推动民政、城管、住建、应急等78项基层治理业务报表"上线""进网"，嵌入报表模板、关键字检索、智能填写、自动汇总等功能，填报时可通过关联基层治理主题库查询获取和便捷录入基础数据，多个下级单位向上报送的同类表格将自动归集为一张表格，大幅精简流程、节约成本、提升质效。三是网格事件流转"一键直达"。以智能中枢业务中台为基础,建立"区、街道、社区、网格"四级事件流转体系,问题事项通过居民小程序、网格员移动端等"神经末梢"一键上报,本级无法或无权解决的及时报告上级,形成网格上报、社区初审、街道复核、区级统揽的闭环工作流程,实现"小事就地解决、大事全网联办"。四是网格地图展示"一目了然"。结合"党建+网格""多网合一"等机制,采用全域二维GIS地图、三维倾斜摄影等技术手段,完成全区11个街道、79个社区网格地图可视化,通过地图展示辖区所有人口、楼房、企业门店、学校医院、市政设施等分布情况,精准掌握辖区内人、地、物、事、情,真正实现"一屏观全域、一网管全城"。

三 坚持需求导向,突出提质赋能,上线N个"智慧场景"

围绕"衣食住行学、老弱病残孕、生老病死安"等群众最关切事项,结合基层工作人员高频业务事项,在基层智慧治理平台增加N个应用场景,及时受理诉求、帮助解决问题,切实推动"智慧名城"建设成果全民共享。一是精细上线运行。基于基层党建、民生保障、平安建设、城市管理等社区日常工作,着力将群众办理频率较高的事项与智慧社区平台建设有机结合,大力推动信息技术与基层场景深度融合,开发投用老年人补贴、人生关怀补贴、新冠疫苗接种查询等智慧化应用20项,大大提升基层工作人员的工作效率和质量。二是动态更新完善。坚持"开放式"设计,鼓励各街道、社区、部门积极向区大数据发展局提出新的场景需求,同时通过微信小程序端广纳群众真实意见,助推平台进一步增加更多实用性功能;聚焦平战结合,拓展有关疫情防控专题的应用场景,推动把基层智慧治理日常之功,转化为静态管理战时之力。三是常态运营维护。联合第三方专业运维运营公司后台监测各个模块运行情况,安排专人做好系统运维、安全监控、用户运营、问题协调等保障工作,及时发现、处置运行过程中的相关问题,系统收集错漏内容,逐项针对性改进,进一步提升应用的科学性、稳定性、准确性。

B.30
垫江县聚焦全域数字化转型 加快推进数字经济与实体经济融合发展

垫江县经济和信息化委员会

近年来，新一轮科技革命和产业变革快速发展，互联网由消费领域向生产领域快速延伸，工业经济由数字化向网络化、智能化深度拓展，制造业转型需求与信息技术加速渗透，共同催生工业互联网平台。加快发展工业互联网，促进新一代信息技术与制造业深度融合，是顺应技术、产业变革趋势，是加快制造强国、网络强国建设的关键抓手，是深化供给侧结构性改革、促进实体经济转型升级，也是实现"碳达峰、碳中和"目标，持续推进可持续发展的客观要求。

一 发展背景

中小企业是国民经济的"毛细血管"，也是建设现代化经济体系、推动经济高质量发展的重要基础，对于支撑产业链总体稳定发挥着重要作用。依托新一代信息技术筑牢数字经济底座，形成产业升级的"智能加速器"，为实体经济数字化、网络化、智能化转型提供网络设施、平台和技术支撑，推动生产制造、服务体系的智能化升级、产业链延伸、价值链拓展，扩大有效供给和中高端供给，提升供给体系质量，对于推进中小企业数字化转型，提升微观主体活力，畅通国民经济循环，保持产业链供应链稳定，提升价值链水平具有重要意义。中小微企业在川渝地区集中度高，其中垫江及川渝东部周边区县占比高达99%以上。这些企业在配套成渝地区主导产业方面发挥着基础性作用，但数字化水平整体偏低，因此其数字化转型势在必行，不能"迟到"，更不能"缺席"。

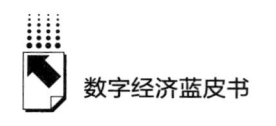

二 实践探究

（一）发展思路

垫江县认真贯彻习近平总书记重要讲话精神，深入贯彻党中央、国务院有关数字经济的任务部署，主动融入成渝地区双城经济圈建设战略部署，主动对标市委、市政府"制造重镇""智慧名城"建设任务，秉承"实体经济是根基、数字经济是引擎、数据要素是动力"理念，创新"要素数字化、场景企业化、企业平台化、平台产业化、人才本地化"的五化路径，聚焦县域内数量占比99.98%的中小微企业，自主研发区域性中小企业数字化转型服务综合体，加快推进中小企业"上云用数赋智"，切实推动动能转换、产业升级、治理转型。2020年，垫江县作为重庆建设国家数字经济创新发展试验区重要节点城市，肩负创新建设全域性普惠型工业互联网、加快推进企业数字化转型升级发展的试点任务。在市委市政府指导下、市级部门支持下，全县上下主动适应时与势的变化，努力育先机、开新局，以全域推广普惠型工业互联网为本地企业数字化转型发展赋能，由破零开局，到一域覆盖，再到区域推广，取得了阶段性效果。

（二）发展路径

一是聚焦企业数量。围绕县域内99.98%的中小微企业数量，因势利导、顺势而为，加快壮大疫情催生的新业态、新模式，高效引进全市排名前列的工业互联网企业——允成科技打造全域性普惠型工业互联网，顺势引进国内领先的金融科技企业——誉存科技，由新加坡政府10名"智囊"之一的陈玮博士带领其团队打造数字普惠金融平台。

二是提高科技含量。制定出台《垫江县2020年支持企业上云上平台奖补暂行办法》，按照"众筹、联建、共享、多赢"原则，采取政府引导、市场运作的方式，建立"平台让一点、政府补一点、企业出一点"联合激励

垫江县聚焦全域数字化转型 加快推进数字经济与实体经济融合发展

机制，破零发展全域性普惠型工业互联网，加快推进中小企业"上云用数赋智"。全域性普惠型工业互联网平台实现全县 672 家企业上云（含第一、第二、第三产业企业），在同一行政区内实现上网上云企业（设备）数量之多、部署效率之高，均属国内罕见、业内罕见。2021 年允成科技工业互联网标识解析综合型二级节点、渝建筑工建筑业二级节点入围"重庆市 2021 年第一批工业互联网标识解析二级节点"，是两群区县中的唯一。

三是获取数据全量。在打造上述全域性普惠型工业互联网基础上，与重庆银行等金融机构深化合作，携手建设"垫小二"数字普惠金融平台，开展创新型普惠金融产品的合作试点，"技术+金融"双管齐下，试点推动工业互联网汇集、企业授权的有关生产运营数据与政务数据、第三方征信数据和金融机构数据等数据生产要素在该平台高效集聚并催生"化学反应"，将中小微企业"厂门背后的数据"数字化、显性化。平台现有合作银行（金融机构）20 余家，上线产品 54 个，累计帮助 724 家企业实现融资贷款 26558.8 万元、首贷率达 78.39%，成功申报"区域性数字化转型促进中心"。

四是提升生态含量。以数字经济为"引擎"，联动川渝东部毗邻区县，共同探索设立"明月山绿色发展示范带"发展基金，以绿色金融供给，建立多层次融资渠道，创新"一种需求、一个场景、一家企业"扶持模式，运用示范试点、专项工程等政策工具，以全域性应用场景培育壮大数字经济龙头企业，培育壮大区域内创新型中小企业，全力把有条件的垫江本土、重庆本地的科技型种子企业送进快车道、扶上直升梯，推动挂牌上市，争取重庆第一批科创板企业有"垫江造"，进而赋能明月山绿色发展示范带建设，不断提升生态质量。

五是拓展服务体量。目前，川渝东部毗邻的梁平区、邻水县、大竹县等多地均对垫江探索表示出浓厚兴趣，签订《明月山绿色发展示范带合作协议》，明确以垫江县为主导，携手梁平、邻水等川渝东部毗邻六地共建共享"全域性普惠型工业互联网"新型基础设施，开展跨行业、低门槛、快部署服务，在此基础上助推区域内上网上云的中小企业数字化转型，并已进入实质性合作推广阶段。

B.31
探索"平台+龙头企业"合作模式 飞象工业互联网助力企业转型升级

重庆飞象工业互联网有限公司

重庆飞象工业互联网有限公司（以下简称"公司"）由中国电子信息产业发展研究院、阿里云计算有限公司与重庆市南岸区政府三方共同建立，总部位于重庆市南岸区国家物联网产业示范基地，是具有云计算、大数据、物联网整体方案三大核心服务能力的工业互联网平台运营企业。公司在杭州、广州、青岛成立了分公司，分别聚焦于各地区纺织、汽车、消费品等重点行业。同时，公司在中国智谷（重庆）科技园建立飞象工业互联网生态创新中心，在中国（杭州）工业互联网小镇运营阿里云 supET 工业互联网创新中心。公司是重庆市"专精特新"企业、成渝地区工业互联网及智能制造资源池服务商、广东省制造业数字化转型产业生态供给资源池服务商。

一 飞象工业互联网平台

（一）平台整体情况

飞象工业互联网平台在阿里云物联网平台的基础上，全面整合阿里巴巴集团生态在电商销售平台、供应链平台、物流平台等多方面的能力，为数字化转型的制造业企业、服务商以及园区、政府，提供工业互联网领域全面的支撑平台（见图1）。

（二）平台架构

飞象工业互联网平台为制造企业搭建基于业务中台和数据中台的整体解

探索"平台+龙头企业"合作模式 飞象工业互联网助力企业转型升级

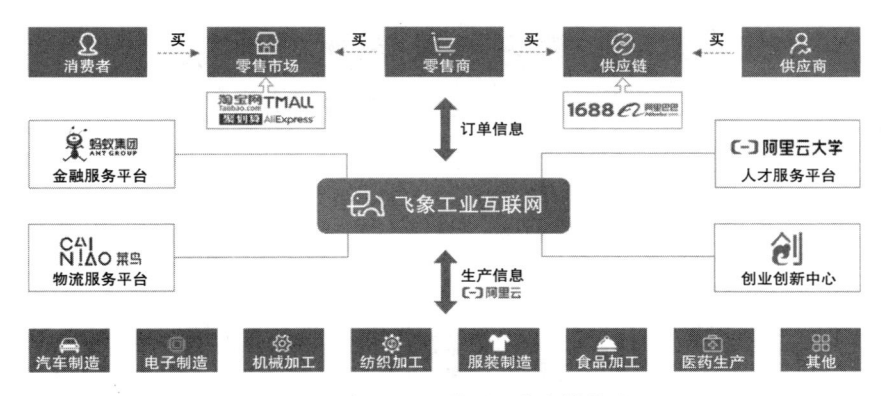

图1 飞象工业互联网平台支撑能力

决方案，构建了一套用数字化控制并管理资源、收集分析历史信息、基于数据分析结果进行业务决策和优化的技术和方法。并将制造企业中的对象通过数字模型来表示，通过统一系统平台、统一门户入口、统一权限管理和统一的数据模型来集成制造企业从产品研发、生产、销售、物流到售后整个价值链过程中需要的所有工业应用，实现业务协同处理。

（三）平台发展情况

截至2022年2月，飞象工业互联网平台累计接入企业超过23000家，服务企业超过4800家，聚集生态伙伴超过320家，与行业龙头企业、产业链创新企业合作建成行业级平台8个，与汽车、家电、食品等10余个行业合作数字化项目超过100个。

二 "平台+龙头企业"模式

飞象工业互联网和行业龙头企业、产业链创新企业共建"平台+龙头企业"的合作模式，包括与长安福特合作的汽车行业工业互联网平台、与重庆农投良品合作的农产品工业互联网大数据平台、与飞力达合作的飞力达智慧物流平台等多个工业互联网平台（见图2）。

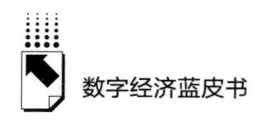

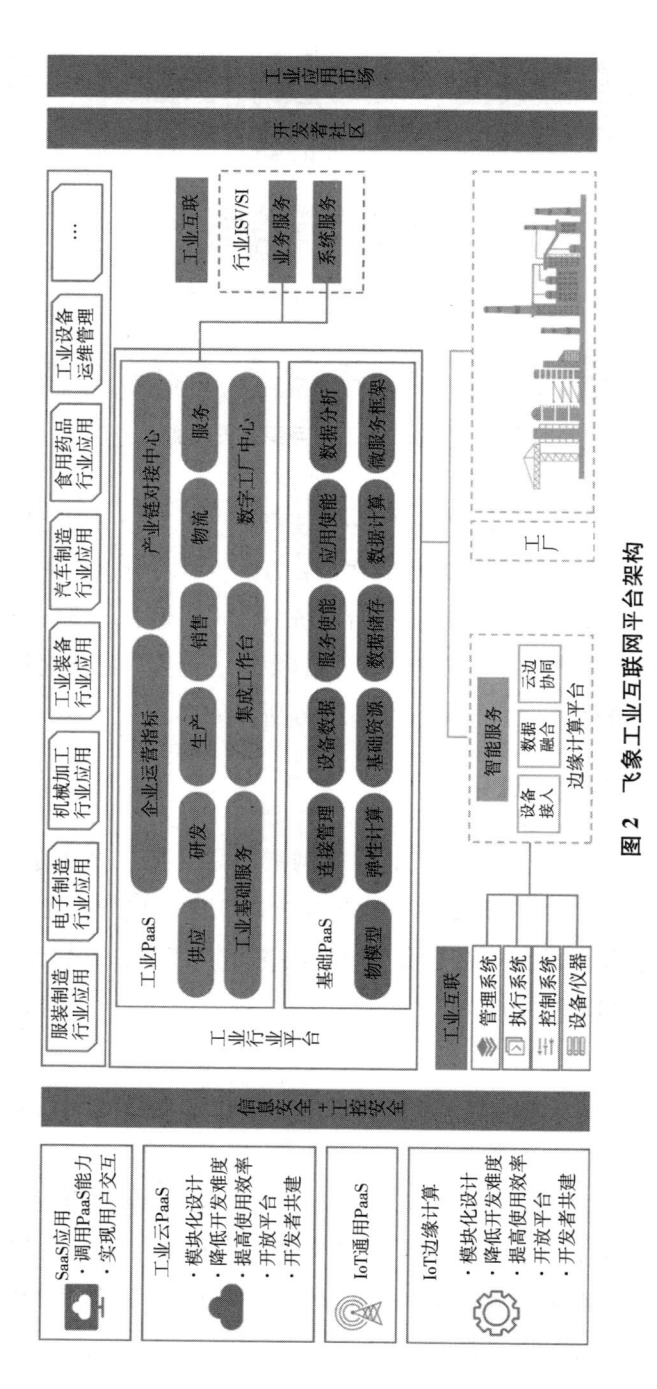

图 2 飞象工业互联网平台架构

"平台+龙头企业"模式将行业龙头企业、产业链创新企业等生态伙伴的行业经验和应用场景相结合，打造了农产品大数据、汽车供应链、三轮摩托车、智慧物流、纸包装共享制造、小家电等行业级平台，为制造企业提供低成本、低门槛、高效率、高可靠的数字化转型服务。

2021年，飞象工业互联网"平台+龙头企业"合作模式作为典型案例被收录进国务院国有资产监督管理委员会研究中心的《中国企业协同创新发展实践研究》中；2022年，飞象工业互联网"龙头+供应链"数字化转型新模式作为典型案例被收录于工业和信息化部发布的《中小企业"链式"数字化转型典型案例集（2022年）》中。

三 典型案例

长安福特汽车有限公司（以下简称"长安福特"），成立于2001年4月25日，总部位于重庆市两江新区，由长安汽车股份有限公司和福特汽车公司共同出资成立。长安福特现有重庆、杭州、哈尔滨3个生产基地。现共有7个工厂，分别为5个整车工厂、1个发动机工厂和1个变速箱工厂，其中重庆已成为福特汽车继底特律之外全球最大的生产基地。

（一）客户痛点

汽车是一个装配产品，由各个零部件组装而成。不同的整车技术，其内部构造也不同，但它们所需的零部件大概在2万件。对于整车厂而言，每家整车厂生产的车不同，其自制的零部件比例相互不同，对于年销量超21万辆的长安福特而言，有效管理供应链上企业，切实提高沟通协作效率是当前需要重点解决的问题。长安福特供应链管理面临的痛点如下。

各个环节管理水平参差不齐。长安福特的供应链是由许多厂商组合而成的，如果对各供应商的管理参差不齐，将严重影响整个供应链的正常运作以及生产排期。汽车供应链作为供应链管理的典型系统，涉及许多上下游合作商，包含很密切的供需关系。汽车生产企业作为供应链的中心厂商，上游供

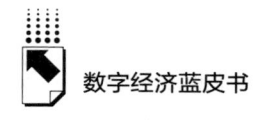

应商与之交互频繁，一旦出现管理不善的问题，很快就会波及整个供应链体系。

信息交互障碍目前正严重制约着长安福特汽车供应链的发展。在长安福特供应链中的众多厂商信息化基础参差不齐，部分供应商还相对较弱，这必然容易造成信息交互出现断层；而长安福特的信息化程度很高，管理基础等设施较完善。上下游供应商信息化基础薄弱，使之与其信息交互困难重重。

（二）客户诉求

构建一套贯穿汽车智能制造全产业链、全生命周期的解决方案，实现工业互联网数据的全面感知、动态传输、实时分析，贯通客户、整车与零部件供应商之间的业务数据，促进供应链协同创新，优化供应链管理并提升生产效率，为智能制造、个性化定制生产模式创新提供良好的支撑和契机。同时，培育供应商数字化转型意识，帮助链上企业持续健康发展。

（三）解决方案

飞象工业互联网积极探索"平台+龙头企业"合作模式，携手长安福特共建汽车行业工业互联网平台，以帮助链上企业项目开发、生产制造、质量管理、仓储管理、供应链管理为切入点，加速推动长安福特链上企业向协同化、定制化、柔性化方向转型，力争成为行业新范式。其主要做法如下。

以平台为载体，为链上企业提供技术支撑。飞象工业互联网与长安福特共建汽车行业工业互联网服务平台，以供应商技术支持为服务切入口，围绕供应商管理、项目立项选点、生产件批准程序、工艺文件、知识图谱、主资源排程、问题改善跟踪等核心管理方向搭建SaaS化应用，将大企业成熟有效的知识经验和能力，通过技术模块化和知识经验软件化，快速向中小企业复制推广，深度链接长安福特一级供应商808家、二级供应商263家，帮助长安福特与供应商在产品开发过程中大幅提升协同效率。

打造工业App应用中心，构建智能发展新格局。在深度调研链上企业需求后，以供应链协同平台为基础，建设工业App应用中心与平台运营中心。工业App应用中心陆续引入工业数据管理、财务管理、仓库管理等近百款应用，包含覆盖生产制造各个环节的软硬件，让链上企业灵活选择采用标准化工业App或行业专用App，借此达到快速导入的效果，同时可以弹性选择减少导入成本，并且大幅降低智能应用导入失败的概率。

多措并举，助力链上中小企业持续健康发展。为进一步提升链上企业的产品质量，破除部分链上企业"不会转、不能转、不敢转"的痛点，引入"智能制造咨询""数字化直播""数字化标杆工厂游学""数字化人才培养"等项目，以咨询、培训等方式，夯实供应链企业在产品追溯、设备预测性维护、人员管理等方面的能力，培育供应商数字化转型意识，为企业创新发展提供"新引擎"（见图3）。

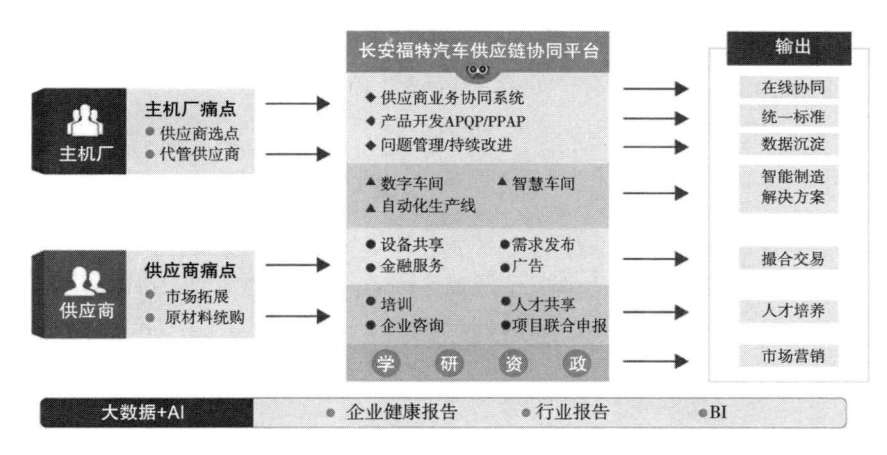

图3　长安福特汽车供应链协同平台

（四）实施成效

飞象工业互联网与长安福特共建的汽车行业工业互联网平台自上线以来，运行了30余个整车/整机项目，涉及2000余个零部件，覆盖长安福特的供应链上企业，供应商选点流程效率提升30%左右；所有供应商的信息和绩效在线管理，供应商信息和绩效获取效率提高约40%，同时促进了跨越团队的供应商管理；MPR上线了168个经验教训库，涉及55个工艺和

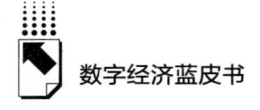

113个零件制造过程。工业App中心引入云看板、云仓储、云智控、AR智能视讯等10余款通用应用，注塑云、机加云等20余款专门针对具体工业场景的应用，还有AR眼镜、边缘计算、网关、视频监控、环境监测等百种物联网设备上云硬件产品，与近300家供应商开展数字化转型诊断与探讨，助力长安福特全生态链上企业在质量、成本、交付方面转型升级。

社会科学文献出版社

皮 书

智库成果出版与传播平台

✤ 皮书定义 ✤

皮书是对中国与世界发展状况和热点问题进行年度监测,以专业的角度、专家的视野和实证研究方法,针对某一领域或区域现状与发展态势展开分析和预测,具备前沿性、原创性、实证性、连续性、时效性等特点的公开出版物,由一系列权威研究报告组成。

✤ 皮书作者 ✤

皮书系列报告作者以国内外一流研究机构、知名高校等重点智库的研究人员为主,多为相关领域一流专家学者,他们的观点代表了当下学界对中国与世界的现实和未来最高水平的解读与分析。截至2022年底,皮书研创机构逾千家,报告作者累计超过10万人。

✤ 皮书荣誉 ✤

皮书作为中国社会科学院基础理论研究与应用对策研究融合发展的代表性成果,不仅是哲学社会科学工作者服务中国特色社会主义现代化建设的重要成果,更是助力中国特色新型智库建设、构建中国特色哲学社会科学"三大体系"的重要平台。皮书系列先后被列入"十二五""十三五""十四五"时期国家重点出版物出版专项规划项目;2013~2023年,重点皮书列入中国社会科学院国家哲学社会科学创新工程项目。

皮书网

（网址：www.pishu.cn）

发布皮书研创资讯，传播皮书精彩内容
引领皮书出版潮流，打造皮书服务平台

栏目设置

◆ **关于皮书**
何谓皮书、皮书分类、皮书大事记、
皮书荣誉、皮书出版第一人、皮书编辑部

◆ **最新资讯**
通知公告、新闻动态、媒体聚焦、
网站专题、视频直播、下载专区

◆ **皮书研创**
皮书规范、皮书选题、皮书出版、
皮书研究、研创团队

◆ **皮书评奖评价**
指标体系、皮书评价、皮书评奖

◆ **皮书研究院理事会**
理事会章程、理事单位、个人理事、高级
研究员、理事会秘书处、入会指南

所获荣誉

◆ 2008年、2011年、2014年，皮书网均在全国新闻出版业网站荣誉评选中获得"最具商业价值网站"称号；

◆ 2012年，获得"出版业网站百强"称号。

网库合一

2014年，皮书网与皮书数据库端口合一，实现资源共享，搭建智库成果融合创新平台。

皮书网　　"皮书说"微信公众号　　皮书微博

权威报告·连续出版·独家资源

皮书数据库
ANNUAL REPORT(YEARBOOK) DATABASE

分析解读当下中国发展变迁的高端智库平台

所获荣誉
- 2020年，入选全国新闻出版深度融合发展创新案例
- 2019年，入选国家新闻出版署数字出版精品遴选推荐计划
- 2016年，入选"十三五"国家重点电子出版物出版规划骨干工程
- 2013年，荣获"中国出版政府奖·网络出版物奖"提名奖
- 连续多年荣获中国数字出版博览会"数字出版·优秀品牌"奖

成为用户
登录网址www.pishu.com.cn访问皮书数据库网站或下载皮书数据库APP，通过手机号码验证或邮箱验证即可成为皮书数据库用户。

用户福利
- 已注册用户购书后可免费获赠100元皮书数据库充值卡。刮开充值卡涂层获取充值密码，登录并进入"会员中心"—"在线充值"—"充值卡充值"，充值成功即可购买和查看数据库内容。
- 用户福利最终解释权归社会科学文献出版社所有。

数据库服务热线：400-008-6695
数据库服务QQ：2475522410
数据库服务邮箱：database@ssap.cn
图书销售热线：010-59367070/7028
图书服务QQ：1265056568
图书服务邮箱：duzhe@ssap.cn

卡号：129537476353
密码：

S 基本子库
SUB DATABASE

中国社会发展数据库（下设12个专题子库）

紧扣人口、政治、外交、法律、教育、医疗卫生、资源环境等12个社会发展领域的前沿和热点，全面整合专业著作、智库报告、学术资讯、调研数据等类型资源，帮助用户追踪中国社会发展动态、研究社会发展战略与政策、了解社会热点问题、分析社会发展趋势。

中国经济发展数据库（下设12专题子库）

内容涵盖宏观经济、产业经济、工业经济、农业经济、财政金融、房地产经济、城市经济、商业贸易等12个重点经济领域，为把握经济运行态势、洞察经济发展规律、研判经济发展趋势、进行经济调控决策提供参考和依据。

中国行业发展数据库（下设17个专题子库）

以中国国民经济行业分类为依据，覆盖金融业、旅游业、交通运输业、能源矿产业、制造业等100多个行业，跟踪分析国民经济相关行业市场运行状况和政策导向，汇集行业发展前沿资讯，为投资、从业及各种经济决策提供理论支撑和实践指导。

中国区域发展数据库（下设4个专题子库）

对中国特定区域内的经济、社会、文化等领域现状与发展情况进行深度分析和预测，涉及省级行政区、城市群、城市、农村等不同维度，研究层级至县及县以下行政区，为学者研究地方经济社会宏观态势、经验模式、发展案例提供支撑，为地方政府决策提供参考。

中国文化传媒数据库（下设18个专题子库）

内容覆盖文化产业、新闻传播、电影娱乐、文学艺术、群众文化、图书情报等18个重点研究领域，聚焦文化传媒领域发展前沿、热点话题、行业实践，服务用户的教学科研、文化投资、企业规划等需要。

世界经济与国际关系数据库（下设6个专题子库）

整合世界经济、国际政治、世界文化与科技、全球性问题、国际组织与国际法、区域研究6大领域研究成果，对世界经济形势、国际形势进行连续性深度分析，对年度热点问题进行专题解读，为研判全球发展趋势提供事实和数据支持。